KB035475

A WORLD
IN DISARRAY

미국 외교정책과 구질서의 위기,
그리고 한반도의 운명

A WORLD
IN DISARRAY
혼돈의 세계

리처드 하스 지음 | 김성훈 옮김

매일경제신문사

나의 스승인

로버트 터프츠, 톰 프랭크, 앨버트 후라니,

앨러스테어 뷰캔, 마이클 하워드에게 바친다

《혼돈의 세계A World in Disarray》 한국어판 서문을 쓰게 되어 기쁘게 생각한다. 2017년 1월 이 책이 영어판으로 발간된 후에도 많은 사건이 발생했지만, 이 책에서 논의된 기본 주제는 여전히 타당하다. 어느 시대든 국제관계는 질서와 무질서 간에 힘의 균형이 반영된 산물이며, 최근 몇 년간은 무질서 쪽으로 추세가 바뀌었다. 그 추세 변화는 다양한 역사적·구조적 힘의 결과이면서도 동시에 많은 국가들, 특히 미국의 결정으로부터 영향을 받았다.

　지역은 물론 글로벌 차원에서 혼돈이 갈수록 심화되는 상황이 목도되고 있다. 중동은 여전히 전 세계에서 가장 불안정한 지역이며, 외견상으로는 전혀 끝날 기미가 보이지 않는 수많은 국가 간 혹은 국내 분쟁들이 지속되고 있다. 유럽은 한동안 가장 평화롭고 예측 가능한 지역이었지만, 우크라이나에 대한 러시아의 무력 사용과 테러리즘, 난민의 대거 유입, 유럽연합EU: European Union에 대한 정치적 도전 등으로 어려움을 겪고 있다. 아프리카와 라틴아메리카는 전통적인 지정학적 구도로부터 상대적으로 자유롭지만, 다양한 위협으로부터는 자유롭지 못하다. 테러리즘, 기후변화, 사이버공간 활동 등 다양한 글로벌 차원의 도전들에 대응하고자 마련된 제도도 아직 미흡하다.

아시아는 겉으로 보기에는 안정적이지만, 과거 수십 년과 비교했을 때 점차 불안정해지고 있다. 아시아의 안정은 오랫동안 중국의 자제, 미국의 개입, 그리고 한반도에서 전쟁 부재라는 세 개의 큰 축에 상당히 의존해왔다. 이러한 세 개의 큰 축이 영원히 지속되리라고 가정할 수 없다. 중국이 남중국해 영유권을 일방적으로 주장하고 있는 반면, 미국은 환태평양경제동반자협정TPP: Trans-Pacific Partnership과 파리기후협정에서 탈퇴함으로써 전통적인 동맹국들로부터 미국이 자신들을 앞으로도 계속 지지해줄지 의구심을 야기했다.

북한이 초래한 변화도 이에 못지않게 중요하다. 북한 문제는 동북아 지역 및 전 세계에 혼돈을 가중시키면서 동시에 그러한 혼란상을 반영하고 있다. 북한 정권은 핵탄두를 탑재한 탄도미사일이 수변국뿐만 아니라 전 세계 어디라도 타격할 수 있는 능력을 개발하려는 것 같다. 이런 목표를 추구하는 동기가 무엇인지는 북한이 아주 폐쇄적이고 권력이 집중되었기에 정확히 파악할 수가 없다. 정권 생존이 목적일 수도 있고, 미국이 한국을 도와주려고 취하는 조치를 제한하기 위한 목적일 수도 있다. 언젠가는 한반도 전체를 북한 주도로 통일하겠다는 야심을 실현하기 위한 능력을 키우겠다는 목적일 수도 있다. 동기가 무엇이든 간에 현 정권이 북한을 지배하는 이상 북한의 모든 핵무기와 미사일을 제거하겠다는 목표는 요원해 보인다.

북한이 최신 핵무기와 미사일을 개발할 수 있다는 사실은 시사하는 바가 크다. 기초적인 과학 지식과 제조업 능력을 갖춘 나라가 초보적인 핵무기와 미사일을 대량으로 개발하겠다고 마음먹으면 성공할 수 있다. 필요한 정보의 상당 부분이 이미 널리 퍼져 입수가 가능하다. 외부의 도움을 차단하고 억제할 수는 있지만, 완전히 막기란 불가능하다. 일부 국가들은 지원 금지 의무에도 불구하고 지원을 계속할 것이다. 경제제재와 외교로 효과를 거두기에는 한계가 있다.

역사를 통틀어 볼 때, 국가들은 자신이 스스로 판단하기에 당면한 전략적 이익을 우선시할 뿐 글로벌 차원의 고려 사항(이 경우에는 핵무기 확산 방지)을 먼저 따지지는 않는다. 가령, 중국은 핵확산에 반대하기는 하지만, 그보다는 한반도의 분단과 완충국가로서의 북한을 더 원한다. 이러한 우려로 인해 중국이 북한을 경제적으로 압박하는 데 한계가 있을 것이다.

북한 사례는 또한 핵확산금지조약NPT: Nuclear Nonproliferation Treaty의 효력이 제한적이라는 사실도 보여준다. NPT는 합법적인 핵보유국으로 승인된 5개국(미국, 러시아, 중국, 영국, 프랑스) 외의 핵무기 확산을 막기 위해 1970년에 체결되었으나, 이 조약에 가입해야 할 의무는 없으며 자발적으로 참여하도록 했다. 따라서 국가들이 서명하지 않거나, 북한처럼 마음을 바꿔 탈퇴할 권리도 있다. 그렇게 한다고 해도 자동으로 처벌할 수 없다.

최근 상황을 보면 핵문제를 둘러싸고 국제체제와 현실 간에 상당한 괴리가 있다는 사실을 알 수 있다. 핵무기 확산을 막아야 한다는 규범이 분명히 있기는 하지만, 일단 어떤 나라가 핵무기를 개발하거나 획득할 경우 어떻게 할지에 대해서는 특별히 합의된 컨센서스consensus나 관련 조약이 없다. 이스라엘, 인도, 파키스탄, 북한 사례가 이러한 현실을 입증하고 있다.

북한이 계속해서 핵무기와 미사일을 개발하고 보유량을 늘리며 정확도나 위력을 강화해나간다면 억제나 미사일 방어를 통해 '관리'가 된다 하더라도 여러 측면에서 글로벌 차원의 혼돈을 가중시킬 것이다. 어찌 되었든 핵무장이 필요하다고 생각하는 지도자들은 이러한 성공적인 핵확산 사례에 주목할 것이다. 이런 상황에서는 세계 안정을 유지하기가 훨씬 더 힘들어지고, 세계가 불안정해질 경우 더 큰 대가를 치러야 한다.

북한이 핵무기와 미사일을 보유하게 되면 더 공세적인 태도를 취할 것이다. 북한 정권이 핵무기나 기술을 테러단체에 판매할 수도 있다. 다급한 상황에 몰리면 핵무기를 사용할 수도 있는데, 만일 그럴 경우에 미사일 방어 체계가 100퍼센트 확실하다고 보장할 수 없다. 북한이 핵무기를 사용하지 않더라도 주변국인 한국, 일본, 심지어 대만까지도 미국의 동맹 안보 공약이나 확장 억제를 신뢰하지 못하고 자체 핵무장의 유혹을 느낄 수도 있다. 추가적인 핵무장이 전망되면 중국이나 북한이 이를 저지하기 위한 군사조치를 검토할 수도 있다.

또한 미국에 의해서도 혼돈이 가중될 수 있다. 미국은 위협이 커지고 있다gather고 보고 예방적preventive 군사조치를 취하거나, 혹은 위협이 임박했다imminent고 보고 선제적preemptive 군사조치를 취하기로 결정할 수도 있다. 예방적 군사조치를 취한다 하더라도 이미 알려진 모든 무기를 파괴할 수 있는 것도 아니고, 알려져 있지 않은 무기를 파괴할 수도 없기 때문에 북한의 모든 핵과 미사일을 파괴하는 건 불가능하다. 이와 더불어 예방적 타격이건 선제적 타격이건 북한의 보복이 뒤따를 것이며, 이는 제2의 한국전쟁으로 이어져 엄청난 위험과 비용이 발생할 것이다.

이러한 여러 고려 사항들이 관련국의 정책 결정 지도자들에게 큰 부담을 주고 있다. 미국과 중국은 서로 직접 충돌하는 일이 발생하지 않도록 하면서 자국의 이익을 추구하는 방안을 모색해야 할 것이다. 한국과 미국은 이제 미 본토를 타격할 수 있는 북한의 위협에 대한 미국의 우려와, 한반도에서 전쟁을 막아야 한다는 한국의 일관된 우려를 모두 고려하여 공통된 입장을 마련해야 한다. 물론 향후 몇 개월, 몇 년간 어떤 결정이 내려지고 어떤 일이 발생할지 예측할 수 없다. 다만, 아시아 지역 전체와 특히 한반도가 더욱 혼돈을 겪게 될 것이라는 점은 확실해 보인다. 얼마나 더 혼란해질지는 물론 지켜보아야 할 것이다.

2017년 9월, 뉴욕에서

리처드 하스

서문

이 책 《혼돈의 세계》는 '혼돈의 나라A Country in Disarray'라는 장으로 끝난다. 이 책의 원고를 완성한 후 2016년 미국 대선 결과가 나왔는데, 이번 대선을 통해 미국 사회에서 오랫동안 지속된 깊고 다양한 분열상이 적나라하게 드러남에 따라 나의 판단이 결국 옳았던 것으로 판명되었다.

이번 대선 결과 중 하나로 미국 외교정책의 미래와 방향성이 더욱 불확실해졌다는 점을 꼽을 수 있다. 이 책의 부제(원서의 부제는 '미국 외교정책과 구질서의 위기American Foreign Policy and the Crisis of the Old Order'다)가 시사하는 것처럼 구질서에 대한 지지가 무너졌다. 이는 국내적으로 경제에 대한 높은 불안감과 더불어, 미국이 그간 전개해왔던 외교정책의 이익과 비용에 대한 높아진 의구심이 낳은 결과라고 볼 수 있다. 이러한 불안감은 세계화, 자유무역, 이민과도 종종 연계되며,

그간 전개된 외교정책 중에는 중동 지역에서 끝날 기미가 보이지 않는 많은 전쟁에 대한 미국의 지속적인 관여와 유럽 및 아시아 지역의 동맹국 지원도 포함된다. 무엇보다 대선에서 승리한 도널드 트럼프가 미국 제일주의America First를 촉구했다는 점이 의미심장하다.

전 세계는 미국의 대선 결과에 주목했다. 우방국과 적대 세력, 그리고 그 중간에 있는 모든 사람들은 미국이 전 세계에서 그동안 펼쳐왔던 정책을 앞으로도 기꺼이 지속할 것이라는 믿음에 대해 전례가 없을 정도로 의구심을 표명하고 있다.

양과 질의 측면에서 상당히 어려운 도전들로 가득 찬 보고서들과 함께 이러한 상황이 제45대 미합중국 대통령을 기다리고 있다. 전임자와 마찬가지로 미국 대통령은 국가안보 분야에서 재량권이 상당히 크다. 물론 미국이 앞으로 어떤 종류의 외교정책을 전개할지, 다른 국가들이나 행위자들이 이에 대해 어떻게 대응할지 미리 알 수는 없다. 그러나 역사의 한 시대가 막을 내리고 있고 다른 시대가 열리는 가능성을 진지하게 검토해보는 것도 나쁘지는 않다.

목
차

3부 미래

서론

2016년 6월 23일, 국민투표에 참여했던 영국인들은 아슬아슬한 표 차이로 영국의 유럽연합 회원국 자격을 끝내는 데 동의했다. '브렉 시트Brexit'에 찬성한 사람들은 아마도 낮은 경제성장으로 인한 좌절 감, 이민에 대한 분노, 실업에 대한 두려움, 아니면 낭비벽이 심해 보 이는 국가들을 지원하겠다고 나서는 전혀 동떨어진 정서를 가진 브 뤼셀 소재 국제기구에 자신들의 세금이 과도하게 지출되고 있다는 불만을 표시하려는 차원에서 찬성표를 던졌을지도 모른다. 일부 투 표자들은 순전히 집권 정치인에 대한 항의 차원에서 그랬을 수도 있 다. 하지만 이유가 어찌 되었든 간에 그 결과는 엄청났으며, 영국과 유럽뿐 아니라 미국과 전 세계의 미래에까지 영향을 주었다.

물론 구체적인 조건에 따라 달라질 수 있겠지만, 만일 브렉시트 가 실제로 발생해서 영국이 EU를 탈퇴한다면, 이는 영국의 와해뿐 아니라 EU의 부분적인 해체로도 이어질 수 있다. 만약 그런 일이 발생한다면, 끊임없이 전쟁에 시달려왔던 유럽 대륙을 제2차 세계대전 후 전례가 없을 정도로 안정과 번영으로 이끌어왔던 유럽 통합이라는 역사적 구상이 위기에 놓일 수 있다. 또한 미국과 가장 가깝고 가장 중요한 파트너이자 동맹국으로 간주되었던 영국 입장에서 볼 때 이제 미국과의 '특수 관계special relationship'도 위기에 처하게 된다.

그러나 브렉시트나 혹은 그보다 더한 최악의 사태를 어떻게든 막을 수 있다고 하더라도 영국과 같은 나라에서조차 이 정도의 지지가 나왔다는 사실은 우리들 대부분이 가정했던 것보다 실제로 우리에게 주어진 선택지가 없다는 사실을 보여준다. 포퓰리즘과 민족주의가 득세하고, 세계화 및 국제 문제 개입에 대한 반발감이 만연해 있다. 그로 인해서 무역과 이민에 대한 관용적인 태도부터 동맹을 유지하고 적극적으로 해외 문제에 개입하겠다는 의지까지 그동안 지속되던 입장과 정책에 대한 의구심이 계속 제기되고 있다. 이러한 의구심은 절대로 영국에만 국한된 것이 아니다. 유럽 전역, 미국, 그리고 여타 거의 모든 지역에서 이러한 징후들이 나타나고 있다.

이러한 모든 상황은 25년 전에 만연했던 낙관주의나 자신감과는 전혀 다르다. 당시 낙관적이면서 자신감이 넘쳤던 근거 중 하나로 1989년 11월 9일에 있었던 베를린 장벽의 붕괴(하필이면 날짜가 공교롭게 9월 11일이 아니라 11월 9일이다)를 들 수 있다. 베를린 장벽 붕괴는 제2차 세계대전 종식 후 40년간 국제관계를 규정해왔으며, 전례가 없을 정도로 첨예하게 대립했던 미국과 소련의 냉전이 마침내 평화적이고 성공적으로 종식될 것이라고 예견한 사건이었다.

베를린 장벽이 붕괴되고 1년이 채 안 되어 전 세계는 쿠웨이트를 정복하려는 사담 후세인을 저지하고자 단결했다. 만약 후세인의 시도가 성공했더라면 엄청난 파장이 있었을 것이다. 제41대 미국 대통령 조지 H. W. 부시는 이라크의 행동과 그 결과를 단기적 측면이나 지역적 맥락이 아니라 역사적 측면에서 바라보면서 탈냉전 시기를 여는 사건으로 이해했다. 부시 대통령과 참모들(여기에는 나도 포함되는데, 당시 백악관 국가안보회의NSC: National Security Council에서 중동, 걸프 지역, 남아시아 담당 선임보좌관을 역임했다)은 당시 전개되던 상황을 새로운 지정학적 시대의 특성으로 이해하고, 이것이 하나의 선례가 될 수 있다고 인식했다. 향후 탈냉전 시대 세계가 질서 혹은 무질서 중 어느 방향으로 가게 될지 기로에 놓인 상황이었고, 그 향배는 후세인의 침략과 정복 활동에 어떻게 대응하느냐에 달려 있었다.

이와 같이 지역적이면서도 글로벌하고, 직접적이면서도 간접적인 이유로 미국은 널리 알려진 조치를 취했다. 그 목표를 달성하고자 미국은 유엔 안전보장이사회(안보리) 내 14개 회원국들과 긴밀한 협조를 통해 이라크의 침공을 격퇴시켰고, 이라크가 쿠웨이트를 정복하더라도 실익은커녕 엄청난 대가를 치러야만 하는 제재 조치를 마련하고 시행했다. 다양한 방식으로 기여했던 10여 개 국가들의 대규모 다국적군이 쿠웨이트를 침공한 이라크가 사우디아라비아를

혼돈의 세계

위협하지 못하도록 했고, 제재를 통해 이라크를 쿠웨이트로부터 몰아내려는 외교적 시도가 실패하자 무력을 동원하여 이라크를 축출하고 쿠웨이트의 독립과 정부를 회복시켰다.[1]

이 정책은 대부분 성공했고, 부시 대통령과 브렌트 스코크로프트Brent Scowcroft 국가안보 보좌관은 이라크의 침공을 격퇴하고 쿠웨이트의 주권을 회복한 집단적 노력이 좋은 선례가 되었다면서 희망찬 언급을 했다. 부시 대통령은 이런 희망을 1990년 9월 의회 양원 합동 연설에서 다음과 같이 강조했다.

> 페르시아만의 위기는 매우 엄중하지만, 동시에 역사적인 협력 시대로 전진해나갈 수 있는 보기 드문 기회이기도 합니다. 이처럼 어려운 상황에서 …… '신세계 질서'가 등장할 수 있습니다. 테러의 위협으로부터 보다 자유롭고, 보다 강력하게 정의를 추구하며, 보다 확고하게 평화를 추구하는 새로운 시대가 바로 그것입니다. 새로운 시대에는 동(공산 진영)과 서(자유 진영), 남(개도국)과 북(선진국)의 세계 모든 국가들이 조화롭게 번영할 수 있습니다. 인류는 백 세대를 거치면서 너무나도 찾기 어려운 평화의 길을 모색해왔지만, 천 번의 전쟁이 이러한 인류의 노력을 저버렸습니다. 오늘날 우리가 그동안 알고 있던 세계와 전혀 다른 새로운 세계가 태어나려고 진통을 겪고 있습니다. 새로운 세계에서는 법의 지배가 정글의 법칙을

대체할 것입니다. 새로운 세계에서는 국가들이 평화와 정의에 대한 공동의 책임을 인식할 것입니다. 새로운 세계에서는 강자가 약자의 권리를 존중할 것입니다. 저는 헬싱키에서 미하일 고르바초프 소련 대통령과 이런 비전을 공유했습니다. 고르바초프 대통령과 유럽, 페르시아만, 그리고 전 세계의 지도자들은 우리가 오늘날 직면한 이 위기를 어떻게 다루느냐에 따라 다가올 세대의 미래가 결정될 것이라는 점을 이해하고 있습니다.[2]

약 25년이 지난 현재, 이처럼 낙관적인 신세계 질서는 아직 명백히 실현되지 않았다. 국제관계의 다양한 영역과 세계 도처에서 발생하는 현상은 오히려 신세계 무질서에 가깝다. 만약 '세계질서 주식회사'가 상장되어 주식이 거래되었다면 폭락 수준은 아니더라도 적어도 10퍼센트 이상 가치가 하락하는 조정 과정을 거쳤을 것이다. 심지어 통상적으로 20퍼센트의 주가 하락으로 이어지는 하락 장세에 들어섰다고 보아야 할지도 모른다. 더 나쁜 사실은 주가 반등의 기미가 보이지 않고 계속 하락 추세에 있다는 점이다.

물론 강대국 간 전면적인 충돌이 없고, 세계화로 인한 문제를 관리하려는 국제 협력이 어느 정도 진행되고 있으며, 상당한 수준으로 국가와 국제기구 사이에 국제경제정책이 조율되고 있다는 점과 같이 세계가 안정적으로 발전하고 있다는 사실을 보여주는 중요한 사례를 부인하려는 것은 아니다. 실제로 많은 사람들의 수명이 예전보다 훨씬 길어졌고 건강한 삶을 영위하고 있으며, 수억 명의 남성, 여성, 어린이들이 절대 빈곤으로부터 해방되었을 뿐 아니라 그 어느 때보다도 많은 사람들이 중산층의 삶이라고 부를 수 있는 생활수준을 영위하고 있다. 실제로 비관주의자들이 주장하는 것보다 세상이 훨씬 살기 좋다는 점을 주장하면서 글을 쓰는 사람들도 있다. '바그너의 음악이 듣기보단 괜찮다Wagner's music is better than it sounds'(클래식 음악이 부담스러울 수도 있지만 듣기 좋다는 의미-옮긴이)는 케케묵은 농담을 따라 하자면, 세상은 보기보단 괜찮다.[3]

낙관적인 세계관이 아주 매력적이기는 하지만 그다지 오래가지는 않았다. 오히려 냉전 종식 및 이라크 패전과 더불어 발생한 사건들이 더 밝은 방향으로 향하는 역사 흐름의 전환점이 되었다. 비록 실패로 끝났지만 무력을 동원해 외교 목표를 달성하려는 사담 후세인의 시도는 결코 예외가 아닌 것으로 판명되었다. 지난 25년간을 돌아보면, 정당성 없이 현상유지status quo(기존 질서를 의미하는 국제정치학 용어-옮긴이)에 도전했던 후세인의 시도는 새롭고 안정적인 세계의 도래보다 앞으로 어떤 일이 닥쳐올 것인지 알려주는 전조가 되었나. 사실, 주요 강대국의 대립은 점점 심각해지고 글로벌한 문제는 갈수록 악화되고 있는 데 반해 대응책은 턱없이 부족하며, 일부 지역에서는 갈등이 상존하거나 잠재해 있는 우려스러운 상황과, 세계질서를 흔드는 위협에 대처하기 위한 외교정책 시행에 걸림돌이 되는 미국 등 주요국의 국내 정치 무능이나 변화를 도외시한다면 그 또한 순진하고 위험하기조차 한 발상이라고 할 수 있다.

오늘날 세계는 어떤 모습인가?

좀 더 상세하게 설명하기 전에 이 책의 제목과 관련해 나는 '혼돈 disarray'이라는 단어를 심사숙고해서 선정했다는 점을 강조하고자 한다. 나는 사전과 유의어 사전을 샅샅이 찾아 현 상황을 가장 잘 표현하는 단어를 찾아냈다. '무정부anarchy'나 '대혼란chaos'이라는 단어를 쓰지 않기로 했다는 점도 강조하고자 한다. 나중에 다시 언급하겠지만, 이 두 단어는 중동 상황을 설명하기에는 너무 절박하다. 그리고 전 세계 상황에 적용하기에도 적절하지 않다. 그럼에도 신세계 질서가 존재한다는 주장은 망상에 가깝다. '혼돈'은 다른 어떤 단어보다도 현재의 세계 상황과 앞으로의 전개 방향을 가장 잘 묘사하고 있다.

이런 평가에서 나오는 질문은 다양하면서도 중요하다. 왜, 그리고 도대체 어떻게 이렇게 되었는가? 어떻게 한때는 장밋빛이었던 세계가 오늘날과 같은 상황에 이르게 되었는가? 이러한 흐름이 불가피했는가, 아니면 다른 식으로 전개될 수도 있었는가? 그리고 정확히 현 상황은 어떠한가? 오늘날의 세계를 단순히 역사 대장정의 마지막 장으로 간주하면 어떨지, 그리고 무엇으로 인해 근본적으로 달라졌는가? 많은 부분이 안 좋아 보이는 게 확실하지만, 도대체 얼마나 나쁜 상황인가? 더 나빠질 수도 있는가? 그리고 당연히 이러한 점들을 다룰 수만 있다면, 무엇을 할 수 있고 해야만 하는가에 대한 질문도 있다.

이러한 질문들과 여타 관련 질문들을 다루기 위해 《혼돈의 세계》를 썼다. 이 책은 예전에 내가 썼던 책들과 마찬가지로 사전에 미리 계획된 것은 아니었다. 이 책은 MI6(영국의 해외 정보기관으로서 CIA와 유사하다) 국장을 역임했고 2014년 당시 케임브리지대학교의 펨브로크 칼리지 학장을 맡고 있었던 리처드 디어러브Rechard Dearlove와의 통화에서 시작되었다. 디어러브 전 국장은 펨브로크 칼리지에 강좌가 개설되었다고 설명하면서 차기 학사년도의 '실무자-학자practitioner-scholar' 프로그램에 관심이 있는지 나에게 문의했다. '국가 운영 및 외교 분야 후마니타스 객원교수The Humanitas Visiting Professor of Statecraft and Diplomacy'라는 직위를 듣자마자 내 마음속에 남아 있던 일말의 사양하려는 생각도 사라졌다. 직위나 기회 둘 다 놓치기에는 너무나도 아까웠다.

나는 2015년 4월 세 차례에 걸쳐 강연했고, 개별 강연은 1시간의 강의와 30분의 질의응답으로 이어졌다. 아울러 내가 먼저 발표하고 세 명의 학자와 많은 사람들의 비판을 접수한 다음에 이를 다시 반박하는 형식으로 진행된 심포지엄에도 참석했다. 늘 그렇듯이, 저술과 강연 활동은 내가 한동안 구상해왔던 아이디어를 발전시키고 구체화하는 데 도움이 되었다. 다른 사람들의 피드백은 금상첨화가 되었고, 적어도 내 아이디어가 '비단'은 되기를 희망했다.

이 책은 강연 내용과는 상당히 다르다. 일부는 강연과 저술이라는 형식의 차이 때문일 수도 있다. 말로 하면 그럴 듯해도 글로 쓰면 말이 되지 않는 경우가 더러 있기 때문이다. 하지만 내가 케임브리지대학교에서 강연한 내용과 이 책에서 기술한 것에 차이가 나는 더 큰 이유는 그사이 나의 아이디어가 발전해서 더욱 정리된 내용이 반영되었기 때문이다. 내가 생각했던 것 이상으로 관련 주제에 많은 내용이 추가되었다.

강연과 그 이후 저술 활동이 아무것도 없는 공백 상태에서 진행되지는 않았다. 이 당시는 그다지 상대적으로 평화로운 시기도 번영하는 시기도 아니었다. 오히려 2015년과 2016년 상반기는 세계적으로 상당한 격동과 시련의 시기였다. 제1차 세계대전 후 수립된 질서가 중동 지역 대부분에서 해체되고, 이란의 핵 야망과 이슬람국가ISIS: Islamic State of Iraq and al-Sham의 확장으로 이 지역 대부분이 불안정해졌다. 시리아, 이라크, 예멘과 리비아에서 모두 다 실패국가failed state 혹은 실패국가로 치닫고 있는 국가들의 특성이 나타났다. 특히, 시리아는 상황이 얼마나 잘못될 수 있는지 보여주는 대표적인 사례가 되었다. 시리아 인접국뿐 아니라 유럽까지 위협이 파급되는 과정에서 수십만 명의 시리아인이 목숨을 잃었고, 전 국민의 절반 이상이 난민 혹은 국내피난민IDP: Internally Displaced Persons이 되었다. 그 결과 부분적으로는 전 세계의 난민과 국내피난민의 숫자가 6,000만 명을 넘어 급증했다.

러시아는 크림반도 지역을 자국 영토로 병합했으며, 적극적으로 우크라이나 동부 지역을 불안정하게 만들고 있다. 또한 러시아는 수십 년 만에 처음으로 중동에서 대담한 활동을 하려는 의지와 능력을 과시했다. 그리스와 채권국들은 신규 차관을 연장하는 방안을 도출하는 데 골머리를 앓고 있다. 그리스 금융 위기에서 촉발된 위험이 반드시 그리스와 유로존에만 한정된다는 보장도 없다. 브렉시트의 전망은 영국과 유럽의 미래에 대한 실존적인 질문을 던졌다. 태평양에서 전쟁이 종식된 지 70년이 지난 후, 수많은 영토 분쟁과 역사적 반목으로 점철된 동아시아 지역에서 민족주의와 긴장이 고조되는 가운데 중국은 남중국해 영유권 주장을 강화하고 있다. 중국 당국은 내부적으로 정치적 혼란과 경제성장 둔화를 두려워하면서도 정치적 탄압과 환율 및 주식시장 개입을 지속하고 있다.

경제성장 둔화는 중국에만 국한되지 않았고 전 세계적인 현상이 되었다. 그 결과 에너지와 상품 가격이 하락했고, 가격 하락은 다시 경제성장 둔화로 이어졌다. 건전한 재정정책과 심도 있는 구조조정이 부재한 상황에서 각국 중앙은행 총재들이 취할 수 있는 조치에는 한계가 있었다. 아르헨티나, 멕시코, 그리고 특히 브라질 등 라틴아메리카의 주요국들은 국내 정치 문제로 정부 신뢰가 약화되어 곤경에 빠졌으며, 그 결과 경제적 성과에 대한 신뢰도 떨어졌다.

아프리카 3개국은 에볼라 바이러스 발병에 맞서 싸우고 있었다. 전 세계 여러 국가들이 독자적으로 자국 내 에볼라 발병에 대비했다. 몇 달이 지나자 또 다른 질병인 지카 바이러스가 세계무대에 등장했다. 더 많은 국제적 대응을 촉구하는 프란치스코 교황과 세계 지도자들의 노력에도 불구하고 기후변화는 국제사회의 대응보다 더 빠른 속도로 진행되고 있었다. 2015년 12월 파리에서 개최된 기후 회의는 대체로 성공을 거두었다고 평가받고 있지만, 개별 국가들의 행동 방식이나 기후변화 문제의 수준을 어느 정도 의미심장하게 긍정적인 방향으로 변화시킬 수 있을지는 미지수다. 사이버공간은 역량뿐 아니라 위협도 커진 반면 이를 규제하는 규율은 거의 없는 새로운 영역인데, 북한의 젊은 지도자를 암살하는 내용이 담긴 영화의 보복 차원에서 진행된 것으로 보이는 북한의 소니 픽처스사 해킹 사건이 대표적 사례다. 전통적인 테러리즘은 중동 지역뿐 아니라 파리, 니스, 브뤼셀, 캘리포니아의 샌버너디노 등 도처에서 흔한 일상이 되었다.

설상가상으로 국가 차원에서도 상황이 악화되고 있다. 갈수록 많은 정부들이 국내에서 경제성장 둔화, 고용률 감소(실업률 증가), 퇴직연금 및 건강보험 재원 충당 방안에 대한 우려, 빈부 격차 확대 등으로 인한 정치적 결과에 대처하는 데 어려움을 겪고 있다. 경우에 따라 이러한 어려움에 덧붙여서 제대로 작동하지 않는 정치(정당이나 개인, 혹은 둘 다)로 말미암아 정책을 둘러싼 타협안을 도출하기도 더욱 힘들어지고 있다. 포퓰리즘과 극단주의가 성숙한 민주주의 국가와 권위주의 국가에서 널리 퍼져가고 있다. 그 결과 선순환의 반대 현상이 발생하고 있다. 세계화에서 비롯된 도전들이 국내 문제들을 야기했고, 이러한 국내 문제들로 인해 정부는 글로벌 차원의 문제를 다루는 데 더욱 어려움을 겪게 된다.

이 모든 것들은 겉으로 드러나 눈에 보이는 것들이다. 하지만 수면 밑에는 엄청난 결과를 확실하게 초래할 구조적 변화가 있다. 오랫동안 국제관계에서 지배적인 행위자였던 국가들은 국제사회의 다른 행위자들에 대한 영향력을 조금씩 잃어가고 있고 일부 선별적인 경우에는 상당 부분 상실했다. 과거보다 권력이 다수에게 분산되었다. 기술 분야도 마찬가지다. 정책 결정 과정에서도 더욱 권한이 분산되었다. 실질적이면서 상상할 수 있는 모든 것들이 국경을 넘나들며 대량으로 빠르게 유통되는 세계화의 흐름 속에서 정부는 때로 관리는커녕 감시조차 못하고 있는 게 현실이다. 세계화가 초래한 도전과 이러한 도전에 대응하는 세계의 능력 간의 격차가 여러 중요한 분야에서 갈수록 커지고 있는 것처럼 보인다. 미국은 세계에서 가장 강력하기는 하지만 전 세계 권력에서 차지하는 비중이 줄어들고 있다. 미국이 갖고 있는 막강한 힘을 영향력으로 전환시키는 능력도 마찬가지로 약화되고 있는데, 이는 미국 국내와 외부 세계의 정치·사회·인구·문화·경제 분야의 변화 추세를 반영하고 있다. 그 결과 전 세계적으로 원심력이 우세해지고 있다.

나 혼자만 이렇게 생각하는 것은 아니다. 미군 장성 중 최고위직인 합참의장이 미국의 새로운 군사전략을 작성하면서 서문을 이렇게 작성했다는 점은 주목할 만하다. "오늘날 전 세계 안보 환경은 본인이 지난 40년간 군 복무를 하면서 목도한 이래 가장 예측이 불가능하다. …… 우리의 상대적인 군사적 우위가 약화되기 시작한 반면 전 세계적인 무질서는 갈수록 심각해졌다."[4] 반년이 지난 2016년 초 미국 국가정보국장은 "주요 강대국의 지정학적 경쟁이 국제 규범과 제도에 도전하고 있으며, 그 추세가 갈수록 치열해지고 있다"고 언급했다.[5] 그로부터 불과 며칠 전에는 헨리 키신저가 "전 세계적인 대변동이 정치적 수완으로 해결할 수 있는 수준을 넘어섰다"는 글을 기고했다.[6] 영국이 EU에서 탈퇴하기로 투표하면서 이러한 비관론이 더욱 거세졌다. 한 영국 칼럼니스트는 다음과 같이 말했다. "착각하지 마라. 영국이 EU를 탈퇴하기로 투표한 것이야말로 미국의 후원으로 1945년 후에 창설된 자유민주주의 질서에 가장 큰 타격이었다. 그야말로 판도라의 상자가 열렸다."[7]

새로운 운영체제가 필요한 세계질서

혹시 독자 여러분 중에 특정 정파에 치우친 주장을 찾고자 이 책을 집었다면 실망감을 안게 될지도 모른다. 나는 민주당 출신이건 공화당 출신이건 상관없이 최근 대통령들의 정책에 많은 문제를 제기했다. 아주 단순하게 말해서, 21세기는 흔히 근대라고 간주되는 그 전의 네 세기와는 아주 다르기 때문에 관리하기가 아주 어려운 시대가 될 것이라고 판단했고, 그래서 이 책을 쓰게 되었다. 나는 이로 인한 잠재적 결과를 크게 걱정하고 있다. 마크 트웨인은 역사가 그대로 반복되지 않을지는 몰라도 운율은 반복된다고 언급한 적이 있다. 때에 따라서 이는 사실이기도 하다. 하지만 미래에는 과거의 운율이 반복될 가능성보다(조화롭게 될 가능성은 차치하고), 질적으로 상이하면서 자주 귀에 거슬리는 불협화음이 날 가능성이 훨씬 더 높다는 점을 지적하고자 한다.

이 책은 3부로 구성되어 있다. 1부는 17세기 중반의 근대국가 제도의 발생에서부터 20세기 제1·2차 세계대전을 거쳐 냉전의 종식에 이르는 국제관계사를 조망하고 있다. 이는 비록 역사가 좋든 나쁘든(많은 경우 안 좋았지만) 극적인 변화를 겪었음에도 불구하고, 이 기간 동안 세계체제는 상당한 수준으로 연속성을 유지하면서 운영되었다는 전제를 깔고 있다(세계질서 1.0으로 생각해보자).

2부는 지난 25년을 되돌아보고 있다. 냉전 종식 이후 지난 25년간의 기간이 과거와 단절되어 있고 상당히 다른 사건들이 발생하고 있다는 점을 강조한다. 또한 세계를 전체적으로, 그리고 주요 지역별로 바라보면서 분석하고 있다. 나아가 지금 우리의 처지가 어떤지, 즉 현재 세계 상황을 묘사하는 데 그치지 않고 어떻게 이런 상황에 이르게 되었고 이런 것들이 앞으로 무엇이 있을 것이라고 예고하는지도 설명하고 있다.

이 책의 3부와 마지막 장은 해결책을 제시하고 있다. 이 부분은 통상적인 역사적 규범(대규모 전쟁)이 되풀이되지 않도록 강대국들의

경쟁을 제한하는 데 가능한 모든 수단을 강구해야 한다는 주장에서
부터 시작한다. 동시에 세계는 새롭게 등장하는 권력, 도전, 행위자
들을 고려한 새로운 운영체제(세계질서 2.0이라고 부르자)가 필요하다.
다른 나라들의 외교정책과 더불어 미국의 외교정책도 조정해야 한
다. 이러한 조정에서 주권에 대한 새로운 인식이 결정적으로 중요하
다. 즉, 개별 주권국가들의 권리뿐 아니라 의무도 포용해야 한다. 두
번째로 다자주의에 대한 새로운 접근 방식이 있다. 즉, 다자주의에
서 국가가 주된 행위자이고 제도가 상대적으로 영구불변이라는 익
숙한 기존 방식에서 벗어나서 구조적 측면에서는 보다 유연해져야
하고, 참석 범위 측면에서는 보다 개방적이어야 한다. 세 번째는 외
교정책의 새로운 요소로서, 외국과의 관계에서 기존보다 덜 경직된
방식으로 좀 더 조건에 기초한 접근이 필요하다는 사실이다.

　마지막으로 미국이 세계 속에서 계속 초강대국으로 남아 성공하
려면 기존의 전통적인 시각에서 벗어나서 그동안 국내 문제라거나
국내 문제라고 간주했던 사안들을 훨씬 더 많이 고려하면서(필요할
경우 이에 대한 조치도 취하고) 국가안보를 보다 광범위한 개념으로 재
정의해야 한다는 점이다. 나는 이러한 사고방식이 기존의 정통주의
사고와 정면으로 충돌한다는 점도 잘 알고 있다. 그러나 오늘날의
상황이 예사롭지 않다. 혼돈의 세계에서는 늘 해오던 방식이 통하지
않을 것이고, 그 결과로 외교정책도 마찬가지다.

1부

과거

세계가 아직까지 비국가 행위자의 등장이나 세계화에서 비롯된 다양한 도전으로 인한 권력 분산에 제대로 대응하지 못하고 준비가 미흡하다는 점이 더욱 중요하다. 무엇이 정통성 있는 질서가 될 것인지, 그리고 그 질서를 창조하고 유지하기 위해 필요한 전 세계 구조와 시스템이 무엇인지에 대한 합의는커녕 논의조차 거의 없었다. 세계질서 2.0에 대한 새롭고 다른 접근 방식이 필요하다.

01

전쟁에서 세계대전까지

From War Through World War

특별히 따로 고민할 거리가 부족하지 않았다면, 이 책을 쓸 때 어떤 문제가 세계에 있고 그 문제가 왜 생겨났으며 어떻게 대응해야 할 것인가 하는 질문에 대한 답변부터 쓰고 싶은 충동이 들었을지도 모른다. 하지만 한 걸음 물러나 현재 상황이 어떤지, 왜 이렇게 되었는지, 그리고 세계가 정말로 어떤 면에서 과거와 다르고 새로운지 이해하는 것이 더 바람직하며 실제로도 그 점을 우선 이해해야 한다.

세계질서world order라는 개념부터 논의를 시작하는 게 가장 적절하다. 여러 가지 이유로 처음 싹이 튼 400여 년 전부터 현재까지 세계질서라는 개념이 이 책의 중심을 차지하고 있다. '질서order'라는 단어는 다양한 의미로 사용되는데, 인기 있는 다른 단어처럼 다양한 사람들이 다양한 맥락에서 사용하기 때문에 그 의미가 어떻게 보면 아주 명백하면서도 동시에 애매모호하다. 이 단어는 시대와 상관없이 국제관계의 성격을 반영하는 중립적이면서도 기술적인 단어로 이해하고 사용하는 것이 가장 적절하다. 또한 세계가 어떤 상태인지 가늠하는 수단이기도 하다. 평화와 번영, 자유를 증진하거나 혹은 그와 반대되는 상황도 포함하고 반영한다. 요컨대, 질서라는 말이 반드시 '질서가 잡혔다orderly'와 같은 의미는 아니다. 오히려 질서라는 용어는 무질서가 어느 정도 불가피하게 존재한다는 점을 은연중에 내포한다. 세계질서가 결코 안정적이지도 않고 바람직하지 않은 경우도 있다.

한동안 사용되지 않았던 이 용어가 최근 부활하고 있다. 무엇보다 세계질서는 헨리 키신저가 최근에 저술한 책의 제목이기도 하다.[1] 20세기 후반 최고의 외교 전략가인 키신저는 이 주제뿐 아니라 외교사나 국제관계의 다양한 측면에 관한 가장 권위 있는 저술가이기도 하다. 그래서 나는 이 책《혼돈의 세계》에서 종종 키신저를 인용하고자 한다. 하지만 일단 호주 출신의 학자인 헤들리 불Hedley Bull을 먼저 인용한다.

나는 1970년대 중반 옥스퍼드대학교 대학원생 시절에 헤들리를 알게 되었다. 우리는 친구가 되었고 그의 사고방식과 저술이 나에게 큰 영향을 주었다. 1977년에 헤들리 불은 내가 개인적으로 생각하기에 현대 국제정치학 분야에서 가장 중요한 저서인《무정부 사회The Anarchical Society》를 집필했다. 그 책의 부제도 아주 적절하게 '세계정치의 질서 연구A Study of Order in World Politics'다.[2]

불은 국제체제와 국제사회에 대해 저술했다. 이는 분명한 차이가 있는 구별이다. 국제체제란 어떠한 정책 결정도 없이 국제적 수준에서 국가나 여타 행위자들이 다양한 힘을 통해 활동하고 서로에게 영향을 주는 상태를 일컫는다. 이러한 상태에서는 선택이나 규정, 원칙, 규칙 등이 아예 없거나 거의 드물다. 이와 대조적으로 국제사회는 국제체제와 상당히 차이가 있고, 더 진화한 상태를 의미한다. 체제와 사회를 구분 짓는 요소로서 후자의 경우 구성원들 스스로가 무엇을 추구할 수 있고 무엇이 금지되었는지, 그리고 어떤 방식으로 추구할 수 있고, 어떤 방식으로 하면 안 되는지에 대해 어느 정도 한계가 있다는 사실을 깨닫고 이를 받아들인다는 특징이 있다. 즉, 사회는 규칙을 기반으로 하고 있다. 구성원들은 자신들이 취할 수 있는 정책 중 현실적으로 가능한지 여부를 따져서 규칙을 받아들이는 것이 자신에게 최선의 이익이 되거나 혹은 최악을 피할 수 있다고 생각하기 때문에 규칙이나 제한을 받아들인다. 그런 규칙들은 공식적인 법적 합의 절차를 거치거나, 아니면 암묵적이고 비공식적으로 존중되어 신성시되기도 한다.

헤들리 불이 설명한 바와 같이 국제 영역에서 '사회'라는 개념은 특수한 의미가 있다. 첫째, 이 사회의 주요 '시민들'은 국가states다. 국가는 이 책 여러 곳에서 '국민국가nation-states' 및 '나라countries'와 대체 가능한 용어다. 둘째, 국제사회를 구성하는 원칙으로서 국가와 정부, 그리고 지도자들은 자신의 국경선 안쪽, 즉 영토 내부에서는 기본적으로 얼마든지 마음대로 자유롭게 행동할 수 있다. 혈통에 의한 것이든, 혁명의 산물이든, 선거 결과에 따른 것이든, 혹은 다른 어떤 방식이든 간에 지도자가 집권한 방식은 중요치 않다. 셋째, 국제사회의 구성원들은 자신들이 자국 영토 내에서 마음대로 행동할 수 있는 대가로 다른 구성원들의 행동의 자유뿐 아니라 그들의 존재, 즉 있는 그대로를 존중하고 받아들인다. 따라서 국가는 서로 전쟁을 피하려고 한다. 이러한 분석은 국제관계란 결국 나도 그렇고 상대방도 그렇고 서로 각자 자기 방식대로 살아가는 것이라고 설명하는 것과 크게 다르지 않다.

그러나 역사를 들여다보면 의견 일치만 있지 않았다. 오히려 실제로 역사는 의견 불일치와 갈등에 관한 이야기에 가까웠다. 성공과 실패, 그리고 질서와 무질서의 조합이 헤들리 불의 연구 중심 과제다. 그의 책 제목이 제시하는 바와 같이 역사적으로 볼 때 어느 시대든 어느 때든 특정 시대의 상황은 사회와 무정부 상태, 질서와 무질서 간의 힘겨루기 산물이었다. 특정 시대의 지배적인 속성을 결정짓는 요소는 결국 사회와 무정부 상태의 균형이었다.

이런 분석은 세계를 이해하는 데 아주 도움이 되는 유용한 틀이다. 어느 때든지 당시 세계 상황을 스냅숏처럼 여러 장 찍을 수 있다. 그리고 충분히 많은 스냅숏을 저장해서 그 전의 며칠, 몇 달, 몇 년의 사진들을 차례대로 돌리면 그 추이를 보여주는 동영상을 만들어낼 수 있다.

질서와 무질서, 강대국들의 경쟁과 대립

더 논의를 진행하기 전에 질서가 있으려면 무엇이 필요한지 정확히 파악해야 한다. 나는 이 대목에서 헨리 키신저와 그의 초기 저서인 《회복된 세계A World Restored》[3]를 다시 인용코자 한다. 약 60년 전에 출판된 이 책은 관련 분야를 전공하는 대학원생들이 한 번쯤 시간을 들여 읽어봤을 법한 키신저의 박사 논문에 기반하고 있다. 이 책은 생생한 묘사로 가득 차 있으며 특정 역사의 큰 교훈을 넘나들면서 충실하게 쓰여 있다. 키신저는 18세기 말과 19세기 초 프랑스 대혁명과 나폴레옹 전쟁 직후 회복된 세계와 새로운 국제질서의 수립에 대해 글을 썼다. 이 국제질서는 1814년부터 1815년까지 개최된 빈 회의에서 승인된 유럽의 국제질서이며 회의 참석자 중 특히 영국, 프랑스, 프러시아, 러시아, 오스트리아의 외교장관들이 모여 유럽의 미래를 구상했고 그 질서는 19세기 상당 기간 동안 존속했다.

빈 회의는 평화와 안정을 증진하려고 했던 초창기 시도로서 주목할 만하다. 빈 회의의 최종 합의 사항에는 영토 조정, 영토 교환, 적법한 지도자 승인 등 다양한 내용들이 포함되었다. 아울러, 빈 회의에서 다루지 않은 조치도 주목해야 한다. 빈 체제는 유럽의 평화를 수십 년간 유지시켜주었지만, 이후 수요 국가에서 혁명의 조짐이 다시 나타나고 프러시아(이후 독일)가 부상함에 따라 많은 제국들이 쇠퇴하면서 세력균형balance of power의 변화에 따라 궁극적으로 소멸의 길을 걷다가 결국 해체되었다. 이는 질서가 어떻게 종지부를 찍고 무질서가 되는지 상기시켜준다는 점에서 상당히 주목할 만하다.

질서 개념을 해체하고 가장 핵심적 요소들로 분해해 보면 질서를 이해하는 데 크게 도움이 된다. 질서의 중요한 요소로 '정통성 legitimacy'이라는 개념이 있는데, 키신저는 이를 "실행 가능한 합의의 성격 및 외교정책상 허용 가능한 목표와 방법에 관한 국제적 합의"[4] 라고 정의했다. 이러한 방식을 적용한다면 정통성이란 국제관계의 규칙을 ① 각 행위자들의 추구 목표와 수단, 그리고 규칙의 설정 및 수정뿐만 아니라, ② 실제로 권력을 가진 행위자들이 그러한 규칙을 어느 수준까지 받아들이고 있는지도 반영한 상태로 정의하고 있기 때문에 일종의 빅 데이터로 볼 수 있다.

하지만 질서나 정통성의 개념을 이해하기 위해서는 필수 불가결하지만 이해하는 데 그다지 높은 지적 수준을 요구하지 않는 요소도 있다. 다시 키신저의 말을 인용한다. "침략을 막을 수 있는 물리적 보호 장치가 없다면 어떤 질서도 안전할 수 없다."[5] 그래서 키신저는 60년 전에 지금과는 전혀 상황이 다른 세계를 논할 때, 질서는 규칙과 국제관계를 규율하는 합의와 세력균형에 달려 있다는 점을 분명히 했다.

헤들리 불과 헨리 키신저는 여러 측면에서 인식을 같이한다. 둘다 국가 간 질서, 특히 특정 시기 강대국들에 대한 관심이 크다. 질서란 국제관계를 규율하는 기존 합의나 규칙을 설정하고 조정하는 외교적 장치일 뿐 아니라, 실제로 권력을 가진 강대국들이 이러한 합의나 규칙을 받아들이는 수준도 반영한다고 보고 있다. 또한 질서는 바로 이 강대국들이 이러한 시각에 동의하지 않는 도전국들에 대응할 능력도 반영하고 있다고 간주한다. 헤들리 불과 키신저 둘 다 설명한 바와 같이, 무질서는 기존 질서에 불만이 있어서 폭력적 수단을 동원해서라도 이를 변화시키려는 세력들의 능력도 반영한다. 이러한 주장이 그다지 놀랍지는 않다. 결국, 강대국 간 대립이나 경쟁, 갈등이 우리가 알고 있는 역사의 대부분을 차지한다. 이러한 점은 20세기에 들어 더욱 두드러졌다. 20세기는 두 차례의 세계대전, 그리고 대체로 안정적이지만 아주 차가웠던 세 번째 전쟁인 냉전으로 점철되었다.

이처럼 질서는 무력을 외교정책 수단으로 사용하지 못하도록 막으려는 국가들의 노력을 반영하고 있다는 식으로 이해가 가능하다. 또한 이런 시각은 동료 국가(그리고 국가들을 지배하고 있는 정부나 지도자들이)들이 자국 영토 내에서 마음대로 무엇을 하든지 허용되는 주권 존중이 질서라고 간주하는 사고와도 연계되어 있다. 이런 관점은 전통적 질서관과도 유사하다. 전통적 질서관에 따르면, 모든 국가들의 외교정책은 자신이 소속된 국제사회의 특성이 아니라 여타 국가의 외교정책에 영향을 주는 데 우선순위를 누어야 한다. 나중에 논의하겠지만, 이렇게 정의된 질서는 보편적으로 받아들여지지 않았다. 도리어 기존 국경선을 못 받아들이는 사람들에게 이런 질서는 너무하다고 생각되며, 국경선과 무관하게 타국의 영토 안에서 일어나는 일을 우려하는 사람들에게도 이런 질서는 너무나 부족해 보인다.

앞에서 묘사된 전통적인 질서관은 30년전쟁을 종식시키고 1648년에 체결된 베스트팔렌Westfalen 조약에 기반을 두고 있다. 30년전쟁은 30년 동안 유럽 대부분에서 국경 간, 그리고 국경 내부에서 전개된 종교적이면서도 정치적인 무력 분쟁이었다. 당시에는 국가들이 이웃 국가의 국내 문제에도 수시로 간섭하여 무질서와 충돌이 발생하는 일이 일상다반사였다는 점을 고려하면, 이 조약은 상당히 획기적이다. 베스트팔렌 질서는 독립국가들이 서로 상대방의 '집안 내부 사정'을 간섭하지 않는다는 세력균형에 근거를 두고 있다.

30년전쟁을 훌륭하게 분석한 책을 쓴 역사학자 피터 윌슨은 "베스트팔렌은 해결하려는 갈등의 숫자보다 국가들의 규모나 국력, 내부 구성과 상관없이 모든 주권국가들을 공동의 세속화된 법적 토대에서 동등한 존재로 다루고 …… 적용했다는 점에서 의의가 있다"[6]고 지적했다.

이 모든 것들은 그동안 세계가 운영되던 방식을 근본적으로 변경시켰다. 세속적인 주권국가들이 더욱 중요해졌다. 종교적인 동질성에 기반을 두던 제국은 더 이상 우월한 위상을 누리지 못했다. 국가 규모나 국력은 이제 더 이상 가장 중요한 요소가 되지 않았다. 모든 주권국가들은 비록 현실적으로는 그렇지 않더라도 일단 원칙상으로는 동등한 권리를 누릴 수 있게 되었기 때문이다. 이러한 질서관은 2010년대의 시각으로 바라보면 아주 끔찍하고 답답해 보일 수도 있다. 하지만 17세기 초에 이는 엄청난 정치적 격변이었다. 그 전까지는 주권을 보유한 주체들이 부과한 질서 외에 세계에 질서라는 것을 찾아보기가 어려웠다. 매우 빈번하게 공국公國, 국가, 제국 간에 전쟁이 발생했다. 현대적 용어로 표현하자면, 타국에 대한 내정 간섭이 영원히 존재하지 않는 세계를 만들어내겠다는 발상은 획기적인 발전이었다. 이는 유럽이 오랜 기간 동안 상대적으로 안정을 유지하는 데 큰 도움이 되었다.

앞에서 언급한 바와 같이 1810년대에 개최된 빈 회의는 나폴레옹 체제가 붕괴된 이후 외교적 해결 방안을 모색하기 위해 소집되었다.[7] 당시 지도자들은 나폴레옹 전쟁에서 입은 트라우마가 너무 컸기 때문에 베스트팔렌 체제 개념을 적용하여 유럽협조The Concert of Europe체제를 형성했다. '협조concert'라는 단어가 암시하는 바와 같이, 협조는 당시 회의 참석자들의 사고방식을 감안하여 어떻게 하면 현재의 국경선과 자신의 영토 내 사안을 서로 간섭하지 않으면서 유럽 내 국제관계를 조화롭게 조율해나갈지 논의한 조정 체제였다.[8]

빈 회의 체제는 주요 강대국 대표들의 빈번한 고위급 외교 협의도 포함했다. 한 역사학자의 표현에 따르면 군주와 각종 서열에 대한 존중에 기반한 유럽협조체세는 평등보다 질서를, 정의보다 안정을 우위에 두었다.[9] 역사를 통틀어 보면 어떤 사건과 관련하여 공포에 가까운 충격이 집단행동을 바꾼 사례가 더러 있으며, 빈 회의는 프랑스대혁명이 유럽 전역으로 퍼져나갈 수 있다는 두려움에 따른 결과였다. 많은 문제점에도 불구하고 19세기는 그다음 세기와 비교하면 여러 측면에서 안정적이었다.

실제로 19세기 말 20세기 초가 되어서야 유럽협조체제가 붕괴되기 시작했고, 베스트팔렌 체제도 같이 붕괴되었다(19세기 중반 러시아 대 영국과 프랑스의 크림전쟁은 쇠퇴하는 오스만 제국의 영토를 누가 통제할지를 놓고 발생한 무력 충돌이지 근본적인 문제는 아니었다). 두 가지 극적인 사건이 발생했다. 하나는 기존의 영토와 정치적 현상유지를 거부하는 새로운 국민국가가 등장했다(대표적으로 독일의 전신인 프러시아가 있다). 이들은 기존 국제체제의 정통성을 거부했으며, 그런 거부 의사를 행동으로 실천할 수 있을 정도로 충분히 강력했다. 세력균형은 더 이상 이런 도전을 막거나 억제하지도 못했다.

바로 이 점이 이 당시 역사를 형성했던 두 번째 전개 상황을 설명해준다. 수 세기 동안 세계를 지배해왔던 정치체가 몰락의 길을 걸었으며, 심지어 어떤 경우에는 글자 그대로 산산조각 났다. 오스트리아-헝가리 제국, 러시아 제국(혁명으로 곧 황폐해졌다), 그리고 오스만 제국이 그런 경우다. 미국은 남북전쟁이 끝난 지 얼마 안 되었고 북미 대륙 내 영토 확장과 산업화에 주력하고 있었다. 미국에게 유럽은 여전히 멀리 떨어져 있었다. 이러한 모든 변화들이 19세기 후반부에 한층 더 힘을 받았으며, 20세기 초 질서가 전면적으로 와해되면서 전 세계는 모진 경험을 겪었고 위기가 최고조에 이르게 되었다.

탁월한 외교적 수완가가 없어져서 질서유지가 불가능해졌다고 역사를 해석할 수도 있다. 물론 나폴레옹 이후의 상황 정리와 유럽 협조체제를 도출한 빈 회의는 보기 드물게 역량이 탁월한 외교관들이었기에 성공할 수 있었다. 영국, 오스트리아, 프랑스를 각각 대표했던 외교장관들인 캐슬레이, 메테르니히, 탈레랑은 역사적 인물로 평가받고 있다.

낙관론자는 개인의 능력과 외교관의 역량이 역사 흐름에 영향을 준다고 잠시 생각할 수도 있다. 물론 이는 사실이었고 여전히 유효하다. 유럽협조체제가 정상 궤도에 오르고 오래 지속될 수 있었던 중요한 이유는 이 체제를 수립하는 데 참여했던 사람들 중 일부가 아주 유능했기 때문이다. 그럼에도 세계질서 지속을 위한 중요한 요소로서 유능한 정치인이 반드시 필요하지도 않고 유능한 정치인이 충분히 많지도 않다. 오히려 대부분은 평범하거나 실력이 시원치 않은 사람들이 책임이 막중한 지위를 맡는 경우가 많다. 견고하고 복원력이 빠른 질서가 외교적 수완에 의지하는 질서보다 낫다고 할 수 있다. 실제로 능력이 탁월한 오토 폰 비스마르크가 프러시아를 세웠지만, 그렇게 강력한 국가를 물려받았음에도 이후 주변국들과의 관계를 슬기롭고 인민하게 유지할 능력이 없는 사람들이 독일을 이끌었기 때문에 20세기 초 질서가 붕괴되고 말았다.[10]

요컨대, 외교관들의 역할이 중요하기는 하지만, 만일 어떤 국가가 강대해져서 자신의 힘을 기꺼이 쓰려는 상황에서 다른 국가들이 힘이 없거나 아니면 그 힘을 쓰길 꺼린다면 외교관들의 역할은 제한적이라는 의미다. 어떠한 기술 혁신이 발생하고 개별 국가들이 이러한 기술 혁신을 불균등하게 받아들이는 상황이 발생하면, 이 또한 각 국가별 인구 구성, 리더십, 문화, 정책, 심지어 행운만큼 중요한 요소가 된다. 이처럼 다양한 요소들이 빚어낸 결과가 20세기 초반의 전례 없는 무질서였으며, 20세기 후반은 비록 원인이 상당히 달랐고 예상하지 못했음에도 불구하고 아주 안정적이었다.

양차 세계대전의 교훈

20세기 초반의 양차 세계대전은 미증유의 무질서로서 모든 분야가 엄청난 대가를 치러야 했다. 그러나 두 상황은 근본적으로 달랐으며 우리 세대를 포함해서 후대에도 전혀 다른 교훈을 남겼다. 제1차 세계대전의 발발로 촉발된 질서의 붕괴는 계획된 것이라기보다 뜻하지 않은 우연이었다. 제1차 세계대전의 원인을 분석한 그리 많지 않은 책들 가운데 일부는 독일 제국의 책임이 가장 크다고 지적하고 있고, 일부는 자기 파멸로 몰아간 대규모 군사 동원이 문제라고 보고 있으며, 또 다른 일부는 추가적인 요소를 지적하고 있다.[11]

대부분의 책들이 제1차 세계대전의 발생 원인에 대해서는 의견이 분분하지만, 제1차 세계대전이 굳이 발발할 필요가 없었다는 데는 인식을 같이하고 있다. 분명히 억제와 외교 활동이 실패했고 소통 구조가 부재했지만, 100년이 지나 돌이켜보아도 당시 역사는 너무나 실망스러울 정도로 부주의했다. 뛰어난 통찰력으로 돌아보아도 제1차 세계대전이 도대체 왜 발발했고, 왜 전쟁을 했어야만 하는지 이해하기 어렵다. 그러나 제1차 세계대전은 오늘날 우리에게도 여전히 중요한 교훈을 던져준다.

그중 하나는 질서가 구성원 모두에게 당연히 이익이 되었음에도 불구하고, 그 질서가 저절로 혹은 알아서 스스로 유지되지 않는다는 점이다. 역사를 돌이켜 보면 개인과 국가가 자신의 독자적 이익을 거슬러 행동한 사례들이 무수히 많다. 제1차 세계대전은 누구에게도 이익이 되지 않았지만, 그럼에도 결국 발발했다. 제1차 세계대전의 모든 주역들이 얻은 것보다 잃은 것이 훨씬 많다. 제1차 세계대전은 어느 정도 세력균형이 유지되더라도(전쟁 규모가 그 비용에 부합하는 수준으로 과시되었지만) 군사적 균형만으로는 평화를 유지하기에는 충분치 않다는 세력균형의 한계를 드러냈다.

제1차 세계대전의 또 다른 교훈은 경제적 상호의존에 한계가 있다는 점이었다. 전쟁 직전 국가 간 무역이 광범위했고 무역 규모도 증가하고 있었다. 실제로 경제적 관점에서 보면 도저히 타당하지 않기 때문에 유럽에서 대규모 전쟁이 절대 발발하지 않을 것이라는 학파가 등장했다. 간단히 말해 아주 많은 사람과 기업들이 무역과 투자를 통해 너무나 큰 이익을 누리고 있기 때문에 아무도 전쟁을 개시할 수가 없다는 주장이었다. 아주 많은 국가들이 무역과 투자에 따른 이익을 누리고 있었다. 그럼에도 어찌 되었든 전쟁은 발발했다.[12]

이는 세력균형이나 경제적 상호의존이 갈등이나 무질서 예방을 보증해줄 수 없다는 사실을 보여준다. 여기에다 나는 제1차 세계대전의 발발과 전쟁 수행 방식에 관해 한 가지를 덧붙이고자 한다. 역사를 통해 볼 때, 전쟁 개시나 전쟁 수행 방식에 관한 도덕적, 혹은 법적 근거로 볼 수 있는 전쟁법, 또는 전쟁 규칙으로 일컬어지는 수세기에 걸쳐 형성된 사고체계가 현실 세계에서는 한계가 있다는 점을 알 수 있다.

당시 정책 결정자들은 전쟁 규범이 기독교적 신학에 깊이 뿌리를 두고 있음에도 불구하고 이러한 사고 체계를 대부분 무시했다. 당시 지침에 따르면 전쟁이 정의로우려면 몇 가지 기준을 충족해야만 했다. 정당한 대의명분을 위해 싸워야 하고, 성공 가능성이 높아야 하며, 정통성 있는 권위체로부터 지지를 받아야 하고, 전쟁이 최후의 수단이 되어야 하며, 필요한 만큼 비례성을 유지하면서 비전투원들의 후생과 권리를 존중하는 방식으로 싸워야 했다.[13] 제1차 세계대전은 이 기준들 중 아무것도 충족시키지 못했다. 또한 자위self-defense의 요건을 제외하면 전쟁이 정당하지 못하다는 법적 전통도 대부분 무시되었다. 민족주의자들의 정서가 반영되고 잘못된 군사력의 투사에 근거한 협소한 정치적 입장이 우세했다. 개념으로서 질서와 현실로서 질서 사이에 근본적인 차이가 예전에도 있었고 지금도 명백히 존재한다. 기존의 국제사회는 매우 협소하고 피상적인 것으로 드러났으며, 바람직한 규범을 존중하고 유지할 수 있는 장치가 존재하지 않았다.

제2차 세계대전의 발발 원인은 제1차 세계대전과 상당히 다르다. 당연히 제2차 세계대전의 교훈은 제1차 세계대전으로 치닫게 되던 상황으로부터 얻을 수 있는 교훈과 아주 다르다. 독일과 일본은 1930년대에 기존 국제질서하에서 도저히 받아들일 수 없는 목표를 추구했다. 독일과 일본은 국내적으로 권력에 대한 견제와 균형이 제거된 상태였다. 두 국가 모두 군비에 많은 투자를 했고, 그 당시 세력 균형을 뒤집으려고 했다. 그 결과 제1차 세계대전은 우발적이고 피할 수 있었던 전쟁이라 평가받았던 반면, 제2차 세계대전은 전혀 그렇지 않았다.

물론 제2차 세계대전의 원인에 대한 다른 설명도 있으며, 이런 설명이 특별히 새롭지도 않다. 모든 전쟁은 적어도 세 번 '싸우게' 된다. 첫 번째로 전쟁을 할지 여부에 대한 토론이 있는데, 되돌아보면 대의명분에 관한 싸움이다. 두 번째로 전장에서 싸우는 전쟁 그 자체가 있다. 세 번째로 전쟁의 교훈에 관한 토론이 있고, 때로는 전쟁이 끝나고 취한 조치가 현명했는지에 대한 토론도 있다.

제2차 세계대전의 경우가 바로 그런 사례였다. 기존 다수설은 독일과 일본이 당시 질서가 정통성이 없다고 간주하고 기존 질서를 뒤엎으려 했기 때문에 책임이 있다고 본다. 하지만 다른 시각도 있다. 제1차 세계대전을 공식적으로 종결시킨 파리평화회의에 참석했던 위대한 경제학자 케인스는 몇 년 후 베르사유 조약의 영향과 독일을 세계체제에 통합시키지 못한 데 대한 유명한 글을 남겼다.[14] 케인스와 그의 생각에 동의했던 사람들에게 제2차 세계대전의 씨앗은 제1차 세계대전 이후 독일에 응징을 가했던 평화 속에서 뿌려졌다. 물론 지나친 주장일 수도 있지만 이러한 주장에 따르면 가혹한 배상금 지불, 영토 상실, 군사 분야의 엄격한 제한 조치 등을 강요받고 커진 분노를 먹고 독일 내 민족주의가 팽창했다.

또한 유럽과 미국의 행동(혹은 불충분한 행동)이 제2차 세계대전 발생의 책임이 있다는 주장도 있다. 이러한 주장의 논거로 소위 '무책임함'을 지적할 수 있다. 국제연맹에 대한 기대가 비현실적이었으며, 백악관과 의회(상원) 사이도 안 좋아 미국이 이 새로운 국제기구에 참여하지 못했고 제대로 지지하지도 못함에 따라 국제연맹이 더 무기력해졌다는 지적이다(미국 헌법에 따르면 행정협정이 아닌 조약의 비준권은 상원이 갖고 있다. 미 상원은 당시 미국의 국제연맹 가입을 부결시켰다–옮긴이). 미국이 고립주의로 회귀했고, 제대로 작동하지 않으며 희망 사항에 불과했던 정통성에 기반한 질서에 기대를 걸었다는 사실도 문제가 있다. 분쟁 해결의 수단으로 전쟁을 포기하겠다고 1928년 국가들 간에 서명된 국제 협약인 켈로그–브리앙 조약도 있다.[15]

아울러 당시 협정들은 세력균형이 뒷받침하고 있지도 않았다. 오히려 실패로 끝난 유화정책에서 보듯이 서구 민주주의 국가들은 군비도 확충되지 않았다. 유럽 내 민주주의 강대국들은 거덜 난 상태였고, 아직 제1차 세계대전의 상흔으로부터 완치되지도 않았다.

유럽보다 피해가 훨씬 적었던 미국도 대공황을 겪으며 취약해졌고 국내적으로도 어수선해졌다. 제1차 세계대전 당시와 마찬가지로 국가들이 서로 무역과 경제로 연계되어 있었지만 이러한 연계를 위협하는 침략 행위를 막을 수 없었다.

그 결과 한 세대 사이에 두 번째 전쟁이 발생했다. 20세기 전반부에 대규모 전쟁이 또다시 발발한 것이다. 군사적·경제적·인적인 모든 면에서 놀라울 정도로 규모가 컸고 대가도 엄청났다. 그러나 제1차 세계대전과 달리 제2차 세계대전은 더 명료하게 종결되었다.

제2차 세계대전의 종결은 명확했다. 독일과 일본의 무조건 항복 외에도 패전국에 대한 승전국의 처우가 제1차 세계대전 당시와 극명하게 달랐다는 점이 더욱 흥미롭다. 제1차 세계대전이 끝나고 평화를 되찾았을 때 패전국에 대한 응징이 있었던 반면, 제2차 세계대전 이후 평화가 왔을 때는 변화가 있었다. 독일과 일본 모두 서방 체제에 완벽히 편입되었고, 두 나라 모두 근본적으로 개조되었다. 독일은 미국·소련·영국·프랑스가, 일본은 미국이 점령했다. 점령국들은 패전국들의 이미지를 쇄신했고, 소련이 점령한 지역(이후 동독이된다)을 제외한 전역을 민주주의 체제로 탈바꿈시켰다. 75년이 지나서 볼 때 독일과 일본은 소위 정권 교체와 국가 건설을 거쳐 성공한 보기 드문 사례가 되었다.

패전국 독일에 대한 가혹한 처우 등 제1차 세계대전 이후 실패한 사례를 고려한 결과 이러한 접근법이 취해진 것이라고 본다면 안심이 될 것이다. 치욕과 경제적 고난이 급진적 포퓰리즘과 민족주의가 자라날 수 있는 환경을 조성했고, 아돌프 히틀러와 그 지지자들이 정치적으로 활동할 수 있는 공간을 만들어주었다. 공정하게 말하자면, 독일과 일본이 국내적으로 권위주의적이고 대외적으로 호전적인 상습 범죄 국가로 낙인찍히는 것을 피하려 했다고 생각하는 사람들도 있었다. 독재정치로 회귀하지 못하도록 독일과 일본이 정치적 견제와 균형이 충분히 작동하는 민주주의 사회가 되어야 한다는 의견이 있었다. 만일 그렇게만 될 수 있다면, 즉 국내적으로 민주주의 질서가 수립된다면 외부적인 안정도 보장될 수 있다고 보았다. 이는 기존 베스트팔렌 체제하의 방식과 상당히 다르다. 패전국 두 나라가 타국에 위협이 되는 수준의 군대 보유를 금지하는 것에서 그치지 않았다. 패전국의 국내 상황이 패전국 국민뿐 아니라 다른 나라 국민들에게도 중대한 영향을 미친다는 사실을 인식하면서 질서에 대한 새로운 접근이 이루어졌기 때문이다. 제1차 세계대전 이후 또다시 제2차 세계대전이 일어났기 때문에 전쟁에서 승리한 연합국들은 제3차 세계대전을 막기 위해서는 과거의 적국이었던 독일과 일본을 개조시킬 필요가 있다고 생각했다.

하지만 이를 너무 과도하게 해석해서는 안 된다. 민주주의를 확산시키자는 오늘날의 많은 주장과 달리, 패전 후 독일과 일본에 취해진 조치는 이상주의가 아닌 현실주의적 조치였다. 실제로 독일과 일본이 제2차 세계대전 후 과거와 다른 대우를 받은 가장 큰 이유는 냉전이라는 새로운 시대의 시급성 때문이었다. 미국과 서방세계는 유럽과 아시아에서 소련의 영향력과 활동 범위가 확대되는 것을 단단히 막기 위해서라도 공산주의 체제가 아닌 강력한 독일과 일본이 필요했다.

동기가 무엇이었던 간에 독일과 일본 둘 다 권위를 존중하고, 국민의 교육 수준이 높으며, 정교분리가 분명하고, 시민사회와 다양한 일자리가 있는 근대 경제체제를 갖추었다는 특징 때문에 새로운 실험은 성공을 거두었다. 지난 75년간 일본과 독일이 걸어온 발자취는 경이롭다고 말해도 부족하지 않다. 독일과 일본 양국 모두 안정적이면서 완전하게 기능하는 민주주의 체제를 갖추고 있으며 민간 분야도 탄탄하다. 양국 모두 미국의 동맹 체제, 유엔, 세계경제에서 중요한 기둥이 되었다. 독일은(아직 서독이었을 때) 유럽공동체EC: European Community, 그리고 나중에 유럽연합으로 진화한 국제기구의 창설 멤버가 되었다.

02

냉전

Cold War

민주주의도 시장경제도 아닌 미국의 적국이 20세기 후반 국제질서에서 큰 비중을 차지하고 있었다는 점은 역사의 아이러니다. 이 적국은 전 세계 도처에서 미국과의 경쟁에서 승리해야 한다는 데 집착했으며, 모스크바의 지시를 받는 사회주의 혹은 공산주의 국가들로 구성된 세계를 만들어나가려고 했다. 바로 소련이다.

냉전 질서의 성격과 그 기반은 탐구해볼 만한 가치가 있다. 어떤 종류의 질서도 보장되지 않았다. 이미 20세기 초반기에 두 번이나 강대국들의 경쟁이 무시무시한 수준의 무력 충돌로 이어졌다. 미국과 소련은 1917년 러시아 혁명 이후 불안정한 관계를 유지해왔다. 많은 미국인들이 러시아 황제(차르)를 싫어했지만 레닌과 트로츠키의 이념이 미국인 대다수에게 훨씬 더 큰 고민거리였고, 결국 미국은 러시아 내전에 소규모로 개입하여 반혁명 세력인 '백군'을 지원했다. 25년이 지난 후 스탈린은 루스벨트와 처칠이 나치 독일에 대항하는 제2전선 구축을 꺼리고 있다고 의심함에 따라 제2차 세계대전 당시에 이미 연합군 동맹 체제 내에서 미국과 소련 간 갈등의 씨앗이 자라고 있었다. 스탈린은 미국과 영국이 전쟁 후 소련과의 경쟁에 대비해서 미리 소련을 약화시키려는 의도가 있기 때문에 제2전선 구축에 미온적이라고 보았다. 과거 격언을 뒤집어서 표현한다면, 제2차 세계대전 기간 중 미국과 러시아의 협력은 적의 적이 항상 친구가 되는 건 아니라는 사실을 보여주었다.

실제로 얼마 지나지 않아 과거 적의 적이 친구가 아닌 적이 되었다. 예상했던 대로 냉전의 기원에 대한 많은 연구서가 있으며, 그중 일부는 미국에 책임을 전가하는 '수정주의' 시각을 띠고 있다.[1] 물론 이런 시각은 소수설에 불과하며, 냉전 발생의 주된 책임은 소련에게 있다. 소련은 독일과 한국을 다루면서 유럽과 아시아 등 전 세계 차원에서 미국의 이익에 도전하겠다는 야심을 드러냈다. 물론 이런 시각에 동의하지 않을 수도 있겠지만, 당시 양대 초강대국의 이익과 이념이 서로 달랐다는 점에서 냉전이 어느 정도는 불가피했다고 보는 것이 적절하다.

냉전과 군사적 세력균형

이런 배경을 고려한다면 냉전 기간이 대체로 안정적으로 유지되었고, 무색무취하지만 인상적이라고 평가할 만큼 책임감 있게 관리되었다는 사실이 눈에 띈다. 냉전에서 얻은 교훈이 여전히 유효하기 때문에 왜 이렇게 전개되었는지 분석해보아야 한다. 무엇보다 군사적 세력균형이 있었다. 나토NATO와 바르샤바조약기구라는 동맹 체제로 인해 유럽에서 전쟁이 발생했더라면 비용이 엄청났을 것이며 전쟁이 끝나고 결과가 어떻게 될지도 불투명했다. 이러한 사실은 이 두 동맹 체제가 관할하는 유럽 지역뿐 아니라 아시아를 비롯한 여타 지역에서도 마찬가지였다. 덧붙여서 잠재적으로 소련의 공격을 받을 수 있는 국가들을 대상으로 군사뿐 아니라 정치·경제적 지원을 해주는 마셜 플랜과 같은 미국의 구상도 있었다. 미국은 모든 대륙에서 동맹과 원조를 확대했으며, 시간이 지나자 소련도 유사한 전략을 전개했다. 냉전 기간 대부분 미국 행정부는 외교정책의 국내적 평가에는 신경 쓰지 않았다. 외교정책의 방향성과 충분히 반공정책을 펼치고 있는가 하는 평가가 가장 중요했다.

이러한 균형은 전투서열order of battle(군부대 지휘 구조, 병력 배치 및 운용, 장비 등에 관한 정보—옮긴이)과 현지 군사력 증강뿐만 아니라, 군사 조치가 필요하다고 요청받으면 즉각 행동에 나선다는 의지에도 기반을 두고 있었다. 이는 나토 동맹 회원국 가입 조건으로서 한 동맹국에 대한 공격은 모든 회원국에 대한 공격으로 간주한다는 나토 조약 5조에 잘 나타나 있다. 첫 번째 시험이 빨리 찾아왔다. 소련의 점령 통제를 받고 있는 동독 지역에 포위된 서베를린이 1948년 봄에 봉쇄되었다(제2차 세계대전 후 합의에 따라 베를린은 4개 구역으로 분할되었고 각각 미국, 프랑스, 영국, 소련이 관할했다. 3개 서방국이 관할한 지역은 독일 연방공화국, 즉 서독으로 통합되었다). 소련의 도전에 대응하여 서방세계는 베를린 공수작전을 개시했고, 1949년 봄 소련이 봉쇄를 해제할 때까지 서베를린 시민들이 생존할 수 있도록 연료와 생필품이 충분히 공급되었다.

다른 도전들이 뒤따랐다. 1950년 6월, 소련의 지원을 받은 북한으로 더 잘 알려진 조선민주주의인민공화국 군대가 무력으로 한반도를 통일하고자 38선을 넘어 한국(정식 명칭은 대한민국)을 침략했다. 북한은 민족주의적이고 지역적인 이유로 침략했지만, 소련은 미국의 전략적 영향권에 있는 일본이 전후 참화에서 복구되어 재부상하는 것에 대한 대응책으로 한반도를 통일시키고, 또한 냉전 초기 아시아에서 승리를 거머쥐려는 의도도 있을 수 있었다. 또한 소련은 (1950년 딘 애치슨 미 국무장관이 경솔하게 공개 석상에서 한국이 미국의 방위선 밖에 있다고 언급함에 따라) 북한이 침공해도 미국이 바로 반격에 나서지 않을 것이라고 믿었을 수도 있다. 소련과 북한을 격퇴하고자 유엔의 승인을 거쳐 미국 주도의 대규모 군사력이 장기간 투입되었다. 한국의 독립을 유지하고 38선을 사실상의 국경으로 회복하려는 미국의 노력은 성공을 거두었으나, 어마어마한 인적·경제적 손실이 뒤따랐다.[2]

미국의 세 번째 노력은 동남아, 특히 베트남에서 전개되었다. 프랑스가 1954년 디엔비엔푸 전투에서 패배하고 식민지였던 베트남에서 철수한 지 얼마 안 된 무렵부터 1970년대 중반까지 미국은 돈과 무기, 고문단을 쏟아부었고, 다른 지원이 다 실패하자 수백만 명의 병력을 투입해서 북베트남의 지원을 받는 반란군과 북베트남 정규군, 그리고 여타 세력들로부터 공격받던 남베트남 정권을 보호하려 했다. 나는 미국 정책의 옳고 그름을 따지자는 것이 아니라, 두 초강대국이 지배하는 세계에서 어디든지 지역 내 세력균형이 위협받으면 기꺼이 균형을 유지하려고 행동에 나서겠다는 초강대국의 의지가 질서유지에 도움이 되었다는 점을 강조하고자 한다.

하지만 군사행동에 나서겠다는 적극적인 의지는 어디까지나 냉전 질서를 지탱했던 하나의 요소에 불과하며, 어떻게 보면 가장 중요한 요소도 아니었다. 질서를 한층 더 강하게 유지시켰던 가장 중요한 요소는 미국과 소련 둘 다 상호 직접 충돌이 핵전쟁으로 이어지고, 그 피해가 어떠한 이익보다도 더 크며, 승리하더라도 글자 그대로 무의미하다는 점을 인식했다는 사실이다. 그리하여 핵무기는 종래의 전통적인 세력균형을 지탱해주었다. 나토가 재래식 무기 차원에서 바르샤바조약기구보다 열세라는 점을 상쇄하고자 전술적이든 지역적 차원이든 핵무기 선제 사용 위협 원칙을 명문화했다는 점에서 유럽 지역에서 핵무기의 역할을 분명했다. 다른 지역의 경우, 미국과 소련은 자신들의 지역적 이익이나 여건상 필요하다고 판단되면 핵무기를 상황에 따라 도입할 수도 있었다는 점에서 핵무기와 그 결과에 대한 연계가 상대적으로 잠재적이었다.

달리 표현하자면, 지도자들은 어떤 이해관계가 걸려 있든지 핵

전쟁은 비교조차 할 수 없을 정도로 비용이 크다는 점을 잘 알고 있었기 때문에 핵무기는 양대 초강대국의 갈등을 누그러뜨리는 효과가 있었다. 이러한 배경에는 상호확증파괴MAD: Mutually Assured Destruction라는 부정적인 발상과 더불어, 상대방으로부터 핵공격을 받더라도 강력하게 보복할 수 있는 능력을 갖춰 상대방이 핵공격을 못하도록 억제한다(합리성이 있음을 전제로)는 2차 보복 능력Second Strike Capability 개념이 있었다. 핵무기를 먼저 사용할 유인이 사라졌다는 이유만으로도 핵무기는 세계질서의 역사에서 획기적인 혁신 수단이 되었다.

나는 핵무기 그 자체보다 핵무기가 미국과 소련의 군비, 그리고 양국 관계에 영향을 주었다는 점을 분명히 하고자 한다. 다른 기술이나 무기처럼 핵무기는 수량과 배치 지역 및 현황, 무단 사용을 예방하는 통제 수준, 투명성, 관련 정부의 성격 등에 따라 안정과 질서에 순기능을 할 수도 있고 역기능을 할 수도 있다. 나중에 상세히 논의하겠지만, 핵무기는 다른 상황에서 안정 유지에 전혀 도움을 주지 못하며 오히려 무질서를 심각하게 초래할 수도 있다.

이것이 외교의 한 영역인 군비통제가 공헌한 부분이다. 미국과 소련은 지난 수십 년간 수많은 협정을 협상하고 서명하며 발효시켰다. 그 결과 억제와 안정이 유지될 수 있었다. 전략무기제한협정SALT: Strategic Arms Limitations Talks과 전략무기감축협정START: Strategic Arms Reduction Treaty은 양측이 배치할 수 있는 무기의 수를 제한했다. 또한 각자 얼마나 많은 폭격기, 잠수함, 미사일, 그리고 탄두를 보유할 수 있는지와 관련된 협정상의 상세한 제약 조건도 마찬가지로 중요했다. 이는 어느 쪽이든 먼저 공격하면 다른 쪽이 강력하게 보복하지 못할 것이라는 그릇된 확신을 갖지 못하게 하는 데 큰 기여를 했다. 그리고 군비통제는 상대방의 계획 중에서도 부정확하고 '가능한 최악의 사례'를 가정해서 무기를 개발하고 배치하려는 정책 결정을 막았다는 점에서 예측 가능성도 상당히 높여주었다.[3]

하지만 억제는 공격 수단에 대한 상한선 설정뿐 아니라 방어 수단도 강력하게 제한함으로써 한층 강화되었다. 탄도탄요격미사일 ABM: Anti–Ballistic Missile 조약은 1972년에 서명되어 냉전 기간 내내 효력이 지속되었다.[4] 이 조약에 따르면 미국과 소련은 상대방 미사일(지상배치 사일로에서 발사되든지 잠수함에서 발사되든지)의 목표 타격 능력에 원칙적으로(그 당시뿐 아니라 수십 년 후 기술을 고려한다면 실제로도) 위협이 되는 장비들을 배치하는 데 제한을 두었다. 이는 최고 수준의 MAD라고 볼 수 있다. 핵무기를 탑재한 폭격기나 잠수함을 방어하는 수단은 아주 엄격히 금지되지 않았지만(재래식 전쟁에서 폭격기나 잠수함의 역할을 고려하면 엄격한 수준의 금지는 사실상 불가능했다), 그럼에도 미사일 방어에 대한 제약은 핵억제 및 안정의 근간이 되었다.

일방적 조치이든 협상 결과이든 간에 합의 사항 준수 여부를 확인할 수 있는 감시 메커니즘도 안정 유지에 도움이 되었다. 특히 감시에서 중요한 투명성이 인공위성 덕분에 한층 높아졌다. 다양한 협정을 통해 미국과 소련의 군대가 해양이나 우주에서 긴장을 고조시킬 가능성을 최소화하는 규정들을 마련했다. 또한 위기 발생 시 지도자들끼리 서로 소통할 수 있는 전용 통신 시스템(소위 핫라인)도 도입되었다.

외교는 군비통제에만 국한되지 않았다. 대사관과 영사관을 통한 통상적인 외교 활동도 있었다. 미국과 소련의 대사들은 장관이 방문했을 때처럼 상대방 정부의 최고위급 인사들을 만날 수 있었다. 무역, 문화 교류, 관광 차원 이상의 소통도 있었다. 그리고 양국 지도자들의 정상회담이 있었다. 간단히 말하자면 미국과 소련은 서로 경쟁하는 초강대국이었고 경쟁이 치열했지만, 여타 통상적인 분야들은 특별한 제약을 받지 않았다.

이러한 정상적인 상태는 양측이 서로에 대해 상당한 수준의 자제를 유지했기에 일정 부분 가능했다. 냉전 초기 소련이 최초로 핵무기를 실험한 뒤에는 공산주의를 적극적으로 몰아내겠다는 '롤백 rollback 정책'이 미국에서 논의되었다. 롤백은 오늘날 종종 거론되는 '정권 교체regime change'처럼 많은 측면에서 1950년대의 주요 담론이었다. 이 정책은 미국이 실행할 능력이 없어 실현 가능성이 없었고, 소련 지도부가 위협을 받으면 다양한 방식으로 여러 지역에서 군사 조치를 맹렬히 취할 수 있기 때문에 무모하다고 평가받았고 현명하게 폐기되었다.

더욱이 주목할 점은 소련이 평소에 하던 말과 달리 소련 제국에 소속된 국가들에게 실제로 취한 행동에도 미국은 상당히 신중히 대응했다는 것이다. 분명히 어떤 미 행정부도 공식적으로는 브레즈네프 독트린(이 개념을 처음 언급한 소련공산당 지도자 레오니트 일리치 브레즈네프의 이름을 땄다)을 받아들이지 않았다. 브레즈네프 독트린이란 소련이 소위 동유럽 위성국가들의 질서유지를 위해, 즉 충성하도록 군사력을 사용할 '권리'가 있다는 주장이다. 하지만 소련의 지지를 받는 정권에 저항하는 시위가 헝가리, 체코슬로바키아, 폴란드에서 각각 1956년, 1968년, 1970년에 일어났을 때, 미국은 소련이 지지하는 정권으로부터 해방을 원하는 민중들을 위해 별다른 조치를 취하지 않았다. 다시 말하자면, 동유럽 사태에 개입하면 소련이 제국 관리에 사활이 걸린 이익을 보호하려고 위성국에 배치한 소련군과 직접적인 충돌로 이어질 수 있다는 우려 때문에 미국은 신중한 태도를 보였다.

그렇다고 해서 미국과 소련이 상대방 내부에서 무슨 일이 있든지 전부 무시했다는 말은 아니다. 지미 카터와 로널드 레이건 대통령 당시(미 의회는 그전부터 그랬다) 미국은 소련 내 인권 문제를 제기했으며, 특히 저명한 반체제 인사들의 석방과 소련계 유대인들이 외국으로 이민갈 수 있도록 압박을 가했다. 소련도 수시로 미국 사회의 약점을 지적했다. 하지만 이러한 시도는 어디까지나 제한적이었으며, 핵무기를 동원해야 할 정도나 핵심 지역 분쟁의 질서유지에 위협을 줄 정도로 우선시되지 않았다. 미국과 소련 양국 모두 스스로의 판단에 따라 자국 내부를 적절히 관리·운영할 권리가 있다는 고전적인 국가 주권 관념을 수용하고 존중했다. 존재감이나 영향력을 전 세계로 확대하려는 소련의 시도를 미국이 막아야 한다는 조지 케넌의 봉쇄정책은 이러한 영향력 확대를 막으면 소련이 점차 약해지거나 쇠퇴할 수도 있다는 가능성을 제시했다. 하지만 이 구상은 우선시되는 정책이라기보다 막연한 희망사항에 가까웠다.[5]

40년간의 냉전 기간 동안 안정이 지속되었던 또 다른 이유는 그 당시 국제관계의 구조, 즉 양극체제 탓이기도 했다. 권력이 여러 곳으로 분산된 체제보다 두 곳에 집중된 양극체제가 상대적으로 관리하기가 덜 까다롭다. 실제로 냉전 기간 중에는 영향을 미칠 수 있는 독자적인 행위자와 정책 결정자가 적었다. 그렇다고 영국과 프랑스, 그리고 여타 국가들이 항상 미국이 시키는 대로 했다는 말은 아니다. 확실히 이들은 그러지 않았다. 그리고 1960년대 소련에 대한 중국의 분노와 소련으로부터 이탈도 사실로 기록되어 있다. 그럼에도 냉전 세계는 상당한 수준으로 두 초강대국이 지배하는 국제체제의 틀 내에서 변화가 발생하는 안정적인 '복점duopoly' 체제였다. 이는 오늘날 세계가 권력 분배의 측면에서 고정되지도 집중되지도 않았다는 점에서 닝진 시기와 매우 다르다는 사실을 감안하면 상당히 주목할 만하다.

지정학적 경쟁과 절제

지정학적 절제도 냉전 질서의 또 다른 특징이다. 미국과 소련은 수십 년에 걸쳐 서로 허용되거나 금지되는 행동이 무엇인지 비공식적인 규칙을 만들었다. 그중 하나는 상대방의 뒷마당을 적절하게 존중한다는 것이었다. 물론 '영향권sphere of influence'이라는 용어 자체가 몇몇 국가들의 이해관계가 주변 약소국의 이해관계보다 우선한다는 의미를 암시하기 때문에 논쟁거리가 될 수도 있다. 하지만 이러한 영향권은 질서의 근원이 될 수 있었고, 실제로 어느 정도 그런 기능을 했다. 초강대국은 다른 초강대국에 지리적으로 인접한 국가들에 대한 간섭을 자제했다. 가령, 앞에서 언급한 대로 1956년 헝가리 국민들이 소련의 지지를 받는 지도자들에 대해 봉기를 일으켰을 때나 12년 후 체코에서도 비슷한 상황이 벌어졌을 때 미국은 군사개입을 하지 않았다.

소련은 서반구에서 가능한 범위에서만 공산주의 확산 활동을 전개했고, 그 결과 쿠바와 니카라과에서 성공을 거두었다. 소련은 국민들을 내팽개친 인기 없는 권위주의 정권에 맞서 투쟁하는 개인이나 운동단체를 지원할 수도 있었다. 하지만 대체로 정보, 군사원조, 보조금 정도의 도움만 제공했다. 미국이 먼로 독트린을 통해 밝혔던 바와 같이 사활이 걸린 이익이나 중요하다고 간주하는 사안은 기꺼이 보호하겠다고 천명했던 라틴아메리카 지역에서 소련은 직접적인 군사개입을 거의 하지 않았다.

만약 핵무기가 배치되지 않았더라면 냉전은 열전이 아닌 냉전 상태로 남지 않았을 것이며 셈법이 매우 복잡해졌을 것이기 때문에 상황이 다른 식으로 전개되었으리라고 상상할 수 있다. 다양한 갈등이 지역 수준의 무력 충돌이나 더 큰 규모의 충돌로 이어지고 지리적으로도 확대되어나갔을지도 모른다.

물론 아찔한 순간이나 어려운 상황도 없지 않았다. 냉전 시기 가장 위험했던 상황은 소련이 몇 분 만에 미국을 타격할 수 있는 핵미사일 시설을 쿠바에 설치하려 했고, 미국이 이를 간파했던 1962년 10월의 쿠바 미사일 위기다. 소련의 이러한 움직임은 상대국의 근접 지역에서 활동을 자제했던 기존 방식과 상당히 달랐다. 물론 과장된 측면도 있지만 이러한 조치를 일부 사람들은 핵억제를 약화시키는 것으로 받아들였다. 소련에게 모든 미사일을 제거하라는 미국의 요구는 단호했지만, 그런 입장을 관철하고[공격이라는 이름을 붙이지 않고, 해상 '격리quarantine'(영어로 봉쇄blockade는 전시 행위이므로 당시 격리라는 용어를 사용했다-옮긴이)나 금수 조치를 택했듯이] 소련을 타격할 수 있는 중거리 미사일을 터키에서 철수시키기로 조용히 합의하는 방식은 상당히 유연했다. 케네디 행정부는 쿠바를 침공하지 않겠다고 공개적으로 약속했고, 그렇게 함으로써 소련이 체면을 살리면서 물러설 수 있게 해주었다.

질서는 또한 지정학적 경쟁이 어떻게 전개될 것인가에 관한 상호 양해를 통해서도 유지되었다. 이러한 양해는 물론 명시적이지 않고 암묵적이었다. 그런 점에서 볼 때 1972년에 체결하려고 시도했던 '미합중국과 소비에트사회주의공화국연방 간의 기본 원칙'은 상당히 아이러니하다. 이 기본 원칙에 따르면 두 정부는 "상호 관계를 위험하게 악화시킬 수 있는 상황 전개를 막는 데 중요성을 부여"하며 "상대방에게 직간접적 해를 끼치면서 일방적으로 우위를 추구하려는 노력은 이러한 목적과 부합하지 않음"을 엄숙히 선언한다고 되어 있었지만 실제로는 아무 효력이 없었다.[6] 우위를 추구하는 행위를 중단하라는 요구는 지정학적 경쟁을 그만하라는 말이나 다름없다. 이는 켈로그-브리앙 조약 수준의 데탕트와 다름없으며, 단순히 고결한 포부(대놓고 말하자면 냉소라고 할 수 있다)를 표현한 것에 불과하다.

하지만 그럼에도 미국과 소련은 중요한 사항에 대해 서로 양해했다. 미국과 소련 둘 다 동료 국가들을 지원할 때 상대방이 받아들일 수 있는 상황 변화에는 한계가 있다는 점을 인정하게 되었다. 소련은 서베를린 봉쇄와 15년 후 쿠바에서 교훈을 얻었다. 미국은 '전쟁 전 현상유지status quo ante bellum'에 만족하지 않고, 한국을 해방시킨 다음 북쪽으로 진격해서 한반도 전역을 무력으로 통일하여 한국이 통치하도록 하려고 했을 때 고생하면서 값진 교훈을 얻었다. 소련과 중국 모두 미국의 이런 시도를 받아들일 수 없었고, 중국은 수십만 명의 '의용군'을 파병하여 미국이 이끄는 유엔군을 밀어냈다. 그 결과 추가로 2만 2,000명의 미국인이 사망했고, 2년 후 기존의 국경선에서 전쟁이 끝났다. 그리고 1973년 10월 이스라엘 대 시리아·이집트의 중동전에서 미국과 소련이 각자의 동맹국을 지원했을 때, 두 초강대국은 눈앞의 승리를 앞둔 이스라엘군(미국의 지원을 받았다)과 포위된 이집트군(소련의 지원을 받았다)이 피해를 입지 않고 온전한 상태에서 합의를 도출하도록 양측을 압박했다.

두 초강대국이 질서유지를 위해 어디까지 수용할 수 있는지 가장 명확하게 규정된 지역은 냉전의 기원지이자 중심인 유럽이었다. 또한 이 지역은 군사적 측면의 세력균형도 있었다고 이미 언급한 바 있다. 전역戰域 핵전력 제한을 이끌어낸 일련의 군비통제 협상과, 냉전 종식 후 비핵전력인 재래식 군사력을 포괄하는 공식적인 합의를 통해 이러한 세력균형이 더욱 강화되었다.

나토와 바르샤바조약기구 두 동맹체는 유럽 정치 질서의 통치 방식에 대해서도 합의를 도출했다. 1975년 헬싱키에서 개최된 유럽 안보협력회의CSCE: Conference on Security and Cooperation in Europe에서 나온 최종 의정서는 주목할 만한 문서다.[7] 어떻게 보면 고전적인 베스트팔렌 질서관에 대한 헌사처럼 읽히기도 하는 이 의정서는 국가 주권, 위협이나 군사력 사용 불가, 국경의 불가침성, 모든 유럽 국가들의 영토 보전, 분쟁의 평화적 해결, 타국에 대한 내정불간섭 원칙에 기반한 나사 협약이다. 전통적 질서관에서 벗어난 유일한 예외는 모든 정부들이 자국 영토 내에서도 인권 및 기본 자유권을 존중한다는 약속이었다.

이러한 예외에도 불구하고 이 의정서는 채택되던 당시에 동유럽에 대한 소련의 통제를 고착화하고 승인하는 것이라고 미국 정계로부터 심하게 비판받았다. 또한 바르샤바조약기구 회원국들이 한결같이 인권을 침해하는 상황임에도 모든 체결국들이 인권 존중을 촉구했기 때문에 냉소적으로 받아들여졌다. 하지만 이런 비판은 근시안적이었던 것으로 드러났다. 이 합의는 유럽의 평화 유지에만 도움이 되었던 게 아니라 소비에트 영향권 내부에서도 개혁의 물결이 등장하고 동력을 얻기 위한 시간과 공간을 마련해주었다.

양 진영의 경쟁을 관리하는 이러한 접근 방식을 평화와 혼동해서는 안 된다. 하지만 이런 접근 방식이 핵무기 시대의 안정 유지에 반드시 필요한 요소를 유지했다. 40년이라는 이 기간이 (큰 전쟁이 없는) 냉전으로 불렸다는 사실 자체가 상당한 의미를 던져준다.

냉전의 종식과 교훈

앞에서 나는 모든 전쟁이 세 번 싸우게 된다고 말한 적이 있는데, 냉전도 예외는 아니다. 전쟁이 왜, 언제, 어떻게 끝났는지에 관한 논쟁이 있다. 냉전은 놀라울 정도로 질서정연하게 종식되었다. 폭발하지 않고 불꽃이 사그라지듯이 사라졌다. 이런 식의 종식은 결코 필연적이지 않았다.

그럼에도 거기에는 몇 가지 근본적인 이유가 있다. 소련의 경제 체제는 철저하게, 그리고 구조적으로 문제가 있었다. 역사학자인 폴 케네디는 역사 속 강대국들의 흥망에 관한 권위 있는 책을 1987년에 발간했다. 그는 이 책에서 제국이 과도한 부담을 짊어져 때로는 경제적 손해를 입고, 그로 인한 국내 불안정이 가장 큰 이유라고 지적했다.[8] 해외에서의 역할과 활동에 따른 부담이 확실히 소련 붕괴의 원인이 되었다. 소련은 막대한 국방 예산, 지속적으로 재정 지원을 해야 하는 원거리 동맹국들, 동유럽 점령 비용, 1979년 아프가니스탄 침공과 같은 제국주의적 모험에 따른 경제적·인적 비용 등을 부담해야 했다. 이러한 비용으로 인해 수십 년간 시장이 아닌 정치적 힘으로 운영된 비효율적인 경제체제가 한층 더 악화되었다.

정치적 결단과 외교도 중요했다. 1985년부터 소련을 이끌었던 미하일 고르바초프의 결단이 역사의 큰 흐름을 바꾸었다. 고르바초프는 일부 국내 제도만 개선시키면 소련이 분명히 세계무대에서 살아남아 경쟁할 수 있다고 믿었다. 하지만 경제적 구조조정보다 정치적 개혁을 앞세운 그의 개혁 시도로 인해 거리에서 발생하는 사태의 통제 능력이 상실되고 말았다. 1991년 여름 고르바초프를 축출하고 중앙권력을 회복하려던 노력은 실패로 돌아갔다. 이는 전형적인 '너무 부족하고 너무 늦은' 사례였다. 당시 쿠데타는 불발에 그쳤지만 이미 허약할 대로 허약해진 고르바초프의 지위를 더 약화시켰고, 소련의 소멸을 가속화했으며, 러시아의 초대 대통령인 보리스 옐친의 위상을 강화시켰다. 고르바초프와 옐친은 자신의 처지를 받아들이고, 국내적으로 대규모의 탄압을 촉구하지도 않았으며, 자신의 운명과 역사의 흐름을 바꾸려는 최후의 수단으로 외교 분야의 절박한 조치를 추구하지는 않았다는 점에서 칭찬받을 만하다.

그러나 역사의 전개 방향에 대한 평가의 일부분은 분명히 미국 대통령들이 받아야 하며, 더 넓게 보자면 미국과 동맹국들이 40년간 지속해온 노력도 평가받아야 한다. 봉쇄정책의 설계자인 조지 케넌은 소련 체제가 자신의 영향권을 확대하지 못하고 오랫동안 좌절을 겪으면 버티지 못할 것이라고 예상했다는 점에서 탁월한 선견지명이 있었다.[9] 1989년 11월 베를린 장벽이 붕괴될 당시 미국 대통령이었던 조지 H. W. 부시는 냉전의 마지막 순간을 성공적으로 관리했기 때문에 특별히 칭찬받을 만하다. 부시는 당시와 그 이후 상황 전개를 미국에 더 유리하도록 활용하지 못했다는 비판을 받았지만, 상대방에게 모욕감을 주지 않으려 신중했으며, 상대방이 극적인 조치를 취하도록 너무 밀어붙이지도 않았고, 극단적인 행동에 나설 수 있는 사람이 권좌에 앉지 않도록 신경을 썼다. 냉전이 평화롭게 종식되는 과정에서 소련이 붕괴하고, 독일이 통일되었으며, 독일이 나토에 가입했다는 사실은 아주 중요하다. 다시 한 번 말해, 이런 사건은 결코 필연적인 결과가 아니었다.

역사의 많은 부분은 종종 획기적인 사건이 초래한 갈등 때문에 촉발되는데, 냉전 종식 과정에서는 그러한 사태를 피할 수 있었다. 냉전의 평화로운 종식은 개인의 역할이 얼마나 중요한지, 그리고 유능한 국정 운영과 외교가 얼마나 중요한지 잘 보여주고 있다.[10]

40년간의 냉전 시대를 되짚어보면, 냉전 기간 동안 실제로 상당한 수준의 질서가 존재했다고 어렵지 않게 결론지을 수 있다. 세력 균형과 언급한 대로 핵무기를 둘러싼 균형이 있었으며, 비록 제한적이었지만 정통성에 관한 공통의 인식도 있었을 뿐만 아니라, 세력균형을 유지하면서도 무엇이 바람직하고 수용 가능한지에 대해 서로 다른 시각이 충돌하는 상황을 관리해나가는 외교 절차도 있었다. 그 결과 20세기에 등장한 강대국의 세 번째 대립 구도는 이전의 양차 세계대전과 근본적으로 다른 것으로 판명되었다.

03

또 다른 질서

The Other Order

제2차 세계대전 이후 질서가 유지되었던 이유는 냉전 시기에 경쟁
이 잘 관리되었기 때문만이 아니다. 실제로 냉전 기간 동안 냉전과
별개로 운영되었던 소위 '제2차 세계대전 후 질서'가 있었다. 이러한
제2의 질서는(종종 '자유민주주의 질서'라고 일컬어지지만, 실제 그 정도의 수
준은 아니었다) 경제·정치·외교·전략 등 다차원적인 측면이 있었고, 공
간적 측면에서도 글로벌하면서 동시에 지역적인 특성도 있었다.[1] 이
러한 모든 요소들을 고려하고 주목해야 한다. 냉전 기간 동안 작동
했던 질서가 냉전이 종식되고 소련이 붕괴하면서 대부분 사라졌지
만, 제2차 세계대전 후 질서는 여전히 건재하며 긍정적이건 부정적
이건 세계체제에 계속 영향을 주고 있기 때문이다.

　제2차 세계대전 후 질서에서 경제 분야는 무역과 개발, 제대로
작동하는 통화체제를 촉진하는 세계(혹은 좀 더 정확히 말하자면 비공산

주의 세계)를 구축하려고 구상되었다. 무역은 경제성장의 엔진이자 국가 간 평화 관계를 구축할 수 있도록 이해관계를 조성하는 수단으로 간주되었다. 개발은 전 세계 수십억 명의 사람들이 생산적이면서 만족스러운 삶을 영위하고, 동시에 공산주의의 유혹에 빠져들지 않도록 하는 도덕적이고 정치적이며 전략적으로도 필요한 존재로 평가받았다. 만일, 이들의 삶이 생산적이지도 않고 자신들의 삶이 만족스럽지도 못했다면, 많은 국가들과 독립 과정에 있는 식민지들이 안정을 누리지 못했을 것이다. 그리고 원활한 무역과 투자, 관광을 위한 메커니즘도 필요했고, 이를 위해 성장을 촉진하고 모든 종류의 상호작용을 용이하게 해주는 외환 관리 시스템도 필요했다.

그 결과, 소위 브레턴우즈 체제Bretton Woods System가 등장했다. 브레턴우즈 체제는 세계 각국의 재무장관들이 1944년 미국 뉴햄프셔주 브레턴우즈에 모여 창설한 다양한 국제기구에 관한 합의 사항이다. 합의 사항 중에는 전쟁으로 황폐해진 국가들의 전후 복구와 빈곤국의 개발도 포함되었다. 이는 세계은행World Bank으로 더 잘 알려진 국제부흥개발은행IBRD: International Bank for Reconstruction and Development이 담당했다. 자국의 통화 주권을 유지하면서도 동시에 다른 나라에 투자를 희망하는 수권국가들의 요구가 반영된 통화제도를 설립하겠다는 목표도 있었다. 미국 경제의 규모와 영향력을 고려하여 미 달러화가 사실상 세계 화폐가 되었다. 여타 통화들은 달러에 '고정'되었고, 다시 금으로 태환될 수 있도록 뒷받침되었다. 원칙적으로 누구라도 남아도는 달러를 금으로 바꿀 수 있었다. 국제통화기금 IMF: International Monetary Fund이 설립되어 적자 상태에 있는 국가에 임시로 신용을 대출함으로써 단기적인 지출 수요를 충족하고 재정 균형을 달성할 수 있도록 했다.[2]

무역과 관련되고 다소 성격이 다른 사안들은 브레턴우즈 회의가 아닌 별도의 통상장관 회의에서 공식 논의되었다. 통상장관 회의에서 국제무역기구International Trade Organization라는 조직을 창설하려는 의도가 있었지만, 국가 간 이견과 정치 문제로 당시 발족되지 못했다. 그 대신 이후 수십 년간 개최된 주요 회의들을 거쳐 세계무역에 대한 규범이 설립되었고, 관세 장벽을 낮춘 다양한 주요 협정들이 체결되었다. 이를 통해 도출한 모든 합의 사항이 관세와 무역에 관한 일반 협정, 즉 GATTGeneral Agreement on Tariffs and Trade로 통합되었다. 통상 문제를 협상하는 회의체이자 통상 분쟁을 해결하는 권한을 갖춘 세계무역기구WTO: World Trade Organization가 탄생하기까지는 50년 넘게 걸렸다.

제2차 세계대전 후 질서의 두 번째 측면은 외교 분야다. 그 중심에는 유엔이 있었다. 유엔은 국제분쟁을 예방하고 분쟁 예방 노력이 실패할 경우 분쟁을 해결하는 상설 협의체로서 전 세계 차원의 국제기구를 창설하자는 아이디어의 산물이다. 유엔헌장은 국제 평화와 안전의 유지를 위태롭게 할 수 있는 모든 분쟁 당사자들에게 "교섭, 심사, 중개, 조정, 중재재판, 사법적 재판, 지역적 기관 또는 지역적 약정의 이용, 또는 당사자가 선택하는 다른 평화적 수단에 의한 해결을 구하도록" 하고 있다. 유엔헌장 7장은 회원국들이 봉쇄부터 "국제 평화와 안전을 유지하고 또는 회복시키기 위해" 공군, 육군, 해군 등 필요한 모든 조치를 취할 수 있다고 규정함으로써 유엔은 글자 그대로 평화를 위한 힘a force for peace이 될 수 있다. 그러나 분명히 유엔은 국가 간 분쟁 해결 수단으로 무력을 사용하지 못하도록 경도되어 있다.[3]

이러한 방식으로 유엔을 운용하는 책임이 5개(미국, 소련, 중국, 영국, 프랑스) 상임이사국과 창설 당시 6개국에서 10개국으로 확대된 임기 2년의 비상임이사국으로 구성된 안보리에 부여되었다. 유엔 창설 당시 제2차 세계대전 후 세계질서를 이끌 강대국으로 간주된 5개 상임이사국만이 거부권을 보유했다. 안보리 내 중국의 자리는 1971년 중화공화국(대만)에서 중화인민공화국(본토의 중국)으로 넘어갔다. 소련의 자리는 1991년 말 러시아가 물려받았다. 안보리는 '국제 평화와 안전의 유지를 위한 일차적 책임'을 부여받았다. 원칙적으로 안보리는 제2차 세계대전 후 국가 관계와 질서를 조율하고 지휘하는 '공연장'이 되어야 했다.

또한 유엔은 질서에 관한 기존 사고방식을 반영하고 한층 강화했다. 예를 들어, 헌장 51조는 "이 헌장의 어떠한 규정도 유엔 회원국에 대하여 무력 공격이 발생할 경우 개별적 또는 집단적 자위의 고유한 권리를 침해하지 아니한다"고 분명하게 명시하고 있다. 유엔의 회원 자격은 주권국가에만 한정되고(4조 1항), 모든 회원국들은 '주권 평등', 즉 평등한 지위(2조 1항)를 누린다고 명시하는 등 헌장 곳곳에 기존 사고방식이 암묵적이건 명시적이건 투영되어 있다. 이 원칙은 미국이나 중국도 세계에서 가장 약하거나 가장 인구가 적은 나라와 동일한 권리를 누린다는 '일국일표one country, one vote'를 전제로 한 총회에서 가장 뚜렷하게 드러난다. 유엔헌장은 또한 "어떤 규정도 본질상 어떤 국가의 국내 관할권 내에 있는 사항에 간섭할 권한을 유엔에 부여하지 아니한다"고 명시하고 있다(2조 7항). 이는 결국 주권체인 국가의 권리는 존중받고 보호되어야 한다는 베스트팔렌 질서를 의미한다.

전후 질서의 세 번째 측면은 전략적인 요소로서, 관리하기가 어렵고 실패하면 파멸을 초래할 수도 있는 평화에 대한 중대한 위험을 예방하는 데 목적이 있었다. 유엔은 대체로 강대국 관계, 그중에서도 특히 영국, 프랑스, 중국과 더불어 거부권을 보유한 미국과 소련의 관계라는 현실적 제약을 받았다. 이러한 구조는 창설 당시 유엔이 특정 강대국이 다른 강대국을 통제하는 도구로 전락되지 않게 하려는 의도가 숨어 있었다. 오히려 유엔은 강대국들이 서로 이견이 있을 때 의지할 수 있는 장소가 되도록 했다. 또한 실제로는 그렇지 않지만 원칙상으로는 자위 차원이 아닌 다른 목적의 군사력은 사용하지 못하도록 양해되어 있었다.

이러한 맥락에서 NPT도 관련이 있다.[4] NPT는 1968년 체결 당시

5개국에 불과하던 핵보유국이 많아질수록 세계가 다양한 이유로 위험해지고 잠재적으로 무질서해질 수 있다는 전제에 근거하고 있다. 많은 국가들이 서로 핵억제로 복잡하게 얽히면 위험한 상황이 발생할 수도 있다. 아울러 더 많은 국가들이 핵무기를 보유함에 따라 핵무기나 핵물질이 잘못된 사람의 수중에 들어갈 수도 있다. 물론 핵무기가 있다는 그 자체는 바로 핵무기 사용도 배제할 수 없다는 사실도 내포하고 있기 때문에 우려가 더욱 가중되었다.

NPT는 일련의 협상 결과가 반영된 산물이다. NPT 체제는 미국, 소련(이후 러시아), 중국, 영국, 프랑스 5개국에 대해서는 예외를 적용하여 핵무기 보유를 허락하되 비핵보유국에 대해 핵무기를 제공하거나, 핵무기를 보유하도록 도움을 주거나 장려하거나 권유하지 못하도록 하고 있다. 또한 핵보유국들은 핵무기 군비경쟁을 하지 않으며 보유하고 있는 핵무기를 감축한다는 원칙을 정했다. 비핵보유국에 대해서는 핵무기를 획득하거나 관련 협조를 제공받거나 핵무기를 제조하지 못하도록 하고 있다. NPT 체제는 핵에너지의 평화로운 사용을 보장하며, 비핵보유국들이 '안전조치safeguards', 즉 사찰을 수용하여 NPT에 부합하는 방식으로 활동하고 있는지 여부를 검증받도록 하고 있다(NPT 사찰은 임시사찰ad hoc inspection, 일반사찰routine inspection, 특별사찰special inspection 등으로 나뉜다 – 옮긴이).

여타 분야에서도 유사한 조치가 있었다. 1972년에 체결되고 3년 후에 발효한 생물학무기 협약은 모든 당사국들이 어떤 종류의 생물학무기든 이의 획득, 개발, 이전을 금지하고 있다.[5] 1975년 협약 발효 당시 이런 무기들을 보유했던 국가들은 모든 생물학무기를 폐기할 책임이 있었다. 화학무기의 제조와 사용을 금지한 화학무기협약도 마침내 1997년에 발효되었다.[6]

전 세계 모든 지역에서 다양한 지역기구가 설립되었지만, 유럽에서의 발전이 가장 두드러졌다. 이 구상은 독일과 프랑스를 긴밀하게 연계하여 양국 간 전쟁을 더 이상 생각조차 하기 어려울 정도로 불가능하게 만들자는 동기에서 추진되었는데, 로베르 쉬망Robert Schuman 전 프랑스 외교장관의 업적으로 꼽을 수 있다. 즉, 서독의 경제, 사회, 정치 제도를 개조하여 독일 국민과 주변 국가에 위협이 될 수 있는 독재 정권의 등장을 예방하겠다는 목적이었다. 프랑스, 서독, 이탈리아, 베네룩스 3국으로 구성된 유럽석탄철강공동체European Coal and Steel Community는 이러한 초기 유럽 구상의 출발점이었고, 이후 수십 년 동안 유럽공동체, 다시 유럽연합으로 발전했으며 그 과정에서 회원국도 늘어나고 국내 및 대외 정책의 소관 분야도 확대되었다.

또한 식민주의 시대 종식 문제도 있었다. 제2차 세계대전이 끝나갈 무렵에 중동, 아프리카, 아시아를 비롯한 세계의 많은 지역이 유럽 국가들의 지배를 받고 있었다. 탈식민지화는 개별 민족들이 독립적인 민족국가를 수립할 권리가 있다는 관념, 즉 민족자결self-determination에 기반을 두고 있었다. 사실상 식민 지배를 받고 있던 모든 국민들이 독립을 추구했다. 흥미롭게도 소련과 미국이 탈식민주의를 지지했다. 소련은 탈식민주의 운동을 공산주의를 확대할 기회로 보았고, 미국은 식민지들이 독립하지 않으면 소련에 의존하거나 반서방, 반식민주의 성향을 띨 수도 있다고 우려했다. 시간이 지날수록 식민지를 통치하는 대부분의 유럽 열강 국민들은 독립을 원하는 멀리 떨어진 식민지 관리 비용에 진절머리가 났다.

당시에는 탈식민지화가 질서를 위한 전제 조건으로 간주되었고, 탈식민지화가 진행되지 못하면 많은 지역에서 갈등이 불거진다는 우려도 있었다. 물론 대부분 지역에서 식민주의 시대가 종식되자 질서가 아닌 상당한 무질서로 이어졌다는 사실이 역사의 아이러니이지만, 이러한 우려는 당시에는 충분히 합리적이었다. 대표적인 사례로 영국이 1947년 남아시아 지배를 포기함에 따라 남아시아 대륙이 인도와 파키스탄으로 분열된 전쟁을 들 수 있다. 팔레스타인 지역도 영토 분할 방식이 적용되었는데, 영국이 팔레스타인 지역에서 철수한 지 1년 후에 이스라엘이 건국되었고 주변 아랍국들이 이 신생국을 즉각 침공했다. 프랑스가 인도차이나 지역의 통치에 염증이 나고 1954년 패배를 인정하면서 떠나자, 두 나라로 분열되었던 이 지역은 그 후 20년간 전쟁을 겪게 된다. 프랑스는 모로코에서도 1956년 철수했고, 격렬힌 내전을 서쳐 1962년 알제리에서도 축출되었다.

탈식민지화의 전환점은 이집트의 민족주의 지도자인 가말 압델 나세르의 1956년 수에즈 운화의 국유화로 볼 수 있다. 영국과 프랑스, 이스라엘의 침공은 나세르의 위상만 높여줬고, 당시 헝가리에서 진행되던 소련의 무자비한 탄압에 세계의 이목을 집중시키려 했던 미국의 분노를 초래했다. 영국 정부가 붕괴했고, 영국의 제국 관리 능력이 후퇴함에 따라 제국주의적 야심도 감퇴했다. 중동, 아프리카, 아시아에서 영국이 지배했던 대부분의 지역도 분열되었고, 그 이후 10년에 걸쳐 독립했다. 벨기에와 포르투갈 같은 여타 유럽 국가들도 1960년대와 1970년대 아프리카에서 비슷한 경험을 겪었다. 식민주의 시대가 종결되고, 지역적 민족주의와 냉전 경쟁이라는 불안정한 조합으로 대체되었다.[7]

제2차 세계대전 후 질서의 또 다른 측면은 다소 의미가 다르지만 정치적인 요소다. 1948년 유엔 총회에서 채택된 세계인권선언은 지구상의 모든 사람들이 예외 없이 법 앞의 평등, 자국 내 이동 및 거주의 자유, 재산권, 사상·양심·종교의 자유, 의사 표현의 자유, 평화로운 집회의 자유 등 방대한 자유를 가진다고 되어 있다. 물론 이 선언은 내용을 강제할 능력이 없었으며, 당시 서명했던 대부분의 국가들로부터도 무시를 받았다. 그럼에도 국가들만이 국제법상 권리를 보유하지 않는다는 점을 명시적으로 표현했다는 점에서 의의가 있다[8](이전의 고전적인 국제법은 국가만이 국제법상 권리와 의무를 갖는다고 보았다-옮긴이).

비슷한 시기에 세계 대부분의 국가들은 '제노사이드(집단살해) 범죄 예방과 처벌에 관한 협약'을 승인했다. 이 협약은 홀로코스트가 다시는 되풀이되지 말아야 한다면서 추동력을 얻었다. 하지만 제노사이드 협약은 예방 장치가 거의 없었으며, 제노사이드 범죄를 저지른 자를 법정에 세우는 데 방점을 두고 있었다. 이상적으로는 만일 처벌이 확실해지면 정부나 개인이 제노사이드를 자행하지 못하도록 하는 억제 효과가 있었을 것이다. 하지만 제노사이드 관련 범죄를 저지른 개인을 심판하기 위한 국제형사재판소ICC: International Criminal Court 설립은 50년이 지난 1998년에서야 이루어졌다.[9]

제2차 세계대전 후 질서의 마지막 측면은 법률적인 특성이다. 이미 언급된 다른 개별 측면들도 어느 정도 모두 법적인 속성이 있다. 하지만 이와 별개로 개인이나 기업, 국가 간에 상업, 여행, 통신, 그리고 다양한 방식의 일상적인 교류 활동을 증진시키기 위한 규칙 및 절차로 구성된 명시적인 법적 질서가 있었다. 또한 대사관 및 영사관 같은 외국 공관과 외교관을 보호하는 의무, 정부 승인, 조약이나 국제협정 체결과 준수 등 외교를 증진하기 위한 규범들도 있었다.

제2차 세계대전 후 질서의 명암

제2차 세계대전 후 질서를 어떻게 볼 수 있을까? 인구 증가라는 요인이 있었다는 점을 일정 부분 인정하더라도 전 세계적 차원의 경제적 성과는 인상적이었다. 세계경제는 1950년부터 1990년 사이에 5배로 규모가 커졌다. 무역 규모는 1950년 1,250억 달러에서 40년이 지난 1990년 7조 달러로 더 가파르게 급증했다. 개발 분야에서도 전 세계 인구가 25억 명에서 50억 명으로 증가하는 사이에 극

단적인 빈곤 상태의 인구는 13억 명으로 비슷한 수준을 유지했다.[10]

하지만 긍정적으로 평가한다고 해서 이러한 성과가 세계체제 덕분이라거나 이러한 체제를 높게 평가한다는 말은 아니다. 오히려 이런 성과의 상당 부분은 개별 국가들의 경제정책에 따른 결과였다. 예를 들어, 세계은행이 개발에 미친 효과는 미미했다. GATT와 같은 무역 제도도 상품의 관세나 무역장벽을 낮춘 공은 있었지만, 농업이나 서비스 분야는 별로 증진시키지 못했고 정부 보조금 문제도 제대로 해결하지 못했다.

통화 질서도 결함이 있었다. 통화체제는 미국의 고질적인 적자나 일본과 같이 수출 지향적 국가들의 고질적인 흑자(그리고 그로 인한 상당한 외환 보유)를 해결하지 못했다. 이런 현실로 인해 다른 나라들의 달러 보유고가 높아지고 미국의 태환 능력이 사실상 불가능해짐에 따라 닉슨 행정부는 1971년 달러의 금 태환을 중단시켰다. 달러화는 미국의 통화인 동시에 사실상 세계의 통화 역할도 했기 때문에 긴장이 있었다. 가령, 미국 내 경제성장을 촉진시키기 위한 미국의 정책이 여타 국가들에게도 영향을 주었다. IMF는 회원국들을 통제하기 위한 권한이나 수단, 재원이 없었다.

세계인권선언은 인권 문제의 중요성을 반영하는 동시에 관심을 환기했다. 이 선언은 여러 측면에서 개인을 정부로부터 보호하고, 인권을 침해하는 정부나 정부를 대표하여 행동하는 개인들에게 책임을 지우려는 최초의 시도라 볼 수 있다. 하지만 나중에 설명하는 바와 같이 이 문제에 관한 국제적 합의도, 강제할 수 있는 장치도 없었다. 제노사이드 협약도 1970년대 후반 캄보디아에서 크메르 루즈가 150만 명에서 200만 명에 달하는 남성, 여성, 어린이를 대량 학살한 사태를 못 막았다는 점에서 마찬가지였다. 관련 책임자 중 일부를 법정에 세우고 처벌하기까지 30년 가까이 걸렸다.

유엔은 유엔을 열렬히 지지하는 사람들의 희망을 결코 충족시켜주지 못했는데, 애당초 이러한 희망 자체가 전혀 현실적이지 못했다. 많은 분야에서 미국과 소련의 입장 차이가 첨예했기 때문에 유엔은 냉전을 관리하는 기구가 될 수 없었다. 안보리도 냉전의 대결장이 되어버렸다. 두 초강대국들은 유엔을 세계 여론의 지지를 얻어내는 무대로 활용했다. 하지만 유엔은 감정 배출의 장소로 유용했으며, 유엔의 뒷방은 외교관들이 언론의 관심을 피해 회합할 수 있는 장소가 되었다.

이 모든 것들이 냉전의 마무리 단계에서 변하기 시작했다. 안보리는 사담 후세인의 쿠웨이트 침공에 대한 국제적 대응을 조율하는 중요한 역할을 맡았다. 그렇다고 해서 냉전의 긴장도가 떨어진 것은 아니었으며, 단지 유엔 회원국의 영토 보전과 주권 침해라는 당면 현안 자체가 국세석 합의를 도출해낼 수 있는 얼마 안 되는 드문 주제였기 때문이다. 이 원칙은 세계질서에 관한 전통적 인식의 기반이기도 했다. 안보리는 컨센서스를 도출하기는커녕 이를 반영하지도 못했다.

유엔은 제2차 세계대전 후 질서를 증진시키는 과정에서도 큰 역할을 하지 못했다. 탈식민지화는 식민통치국의 국내 정치적 이유, 혹은 식민지 내 유혈 사태, 아니면 이 두 요소가 모두 맞물려 결정되는 경우가 많아 상당히 골치 아픈 문제였다. 1990년 쿠웨이트 위기에서 보듯이 여타 문제에서도 유엔은 의견 합의가 있을 때만 제 역할을 할 수 있었다. 유엔이 국제 합의를 스스로 이끌어내는 경우가 거의 없었다. 유엔 총회는 이념적이고 비효율적이었으며, 그로 인해 1950년 6월 북한의 남침에 관한 국제적 대응을 승인했던 초기 사례를 제외하면 대체로 큰 역할이 없었다.

NPT도 마찬가지로 평가가 엇갈린다. 이 조약에 대한 평가는 그 기대 수준이 어느 정도였는지에 따라 상당히 다르다. 존 F. 케네디 대통령은 1963년 연설에서 1970년대 중반까지 많은 국가들이 추가로 핵무기를 보유하게 될지도 모른다고 언급했다.[11] 다행이 그런 일은 발생하지 않았다. 그러나 NPT 발효 후 30년 동안 이스라엘, 인도, 파키스탄, 북한 등 4개의 추가 핵보유국 등장을 막지는 못했다.

이렇게 엇갈린 평가는 NPT의 한계에서 비롯된다. 우선 첫째, 어떤 국가도 NPT에 가입할 의무가 없다. 둘째, NPT는 회원국들이 평화적 목적으로 핵에너지를 생산하는 데 필요한 요소를 개발하거나 수입하지 못하도록 막을 수 없다. 불행히도 핵무기 제조에 필요한 대부분의 요소들은 핵에너지 생산이라는 구실로 개발되거나 획득될 수 있기 때문이다. 셋째, 모든 사찰 절차는 해당국이 협조할 때만 가능하도록 고안되어 있다. 이는 일종의 신사협정인데, 몇몇 국가의 지도자들은 신사가 아니며, 이들은 자신의 행동을 숨기거나 거짓말을 하는 데 거리낌이 없다. 넷째, 의무 위반 시 자동으로 적용되는 처벌이나 제재가 없다. 다섯째, 회원국들은 3개월의 사전 통보를 통해 NPT 체제에서 탈퇴할 수도 있다. 간단히 말해, NPT는 주권국가들이 핵확산 규범 준수가 자신들의 국익에 도움이 된다고 판단하는 한 위반하지 않기로 한 협정이다.

생물학무기와 화학무기에 관한 평가도 마찬가지로 엇갈린다. 생물학무기는 각국이 금지 활동을 준수하고 있는지 확신하기가 어렵고, 어떤 경우는 아예 불가능하다. 검증은 과거에도 그랬고 지금도 문제가 되고 있다. 예를 들자면, 생물학무기 협약 체약국인 이라크는 사담 후세인 시절에 관련 시설을 건설하고도 수년 동안 발각되지 않았다. 화학무기는 아주 기초적인 지식만 있으면 제조할 수 있다는 점에서 제조와 은닉이 훨씬 용이하기 때문에 어려움이 더 컸다. 앞에서 언급한 바와 같이 전 세계 차원에서 화학무기의 제조와 사용을 금지하는 협약은 1997년이 되어서야 발효되었다. 1960년대 예멘에서 이집트의 사용, 1980년대 이란에 대한 이라크의 사용, 2013년 시리아의 사용처럼 많은 경우 화학무기를 사용한 나라에 어떠한 책임도 추궁되지 않았다는 사실이 더 중요하다.

유럽은 제2차 세계대전 후 가장 두드러진 성공 사례로 꼽을 수 있다. 지독한 파괴로 점철된 역사의 중심지였던 유럽은 과거 수 세기와 비교해볼 때, 지난 수십 년은 너무나 평화스러운 큰 성공을 거두었다. 물론 이러한 번영은 냉전 시대의 세력균형과 핵억제에 뿌리를 둔 안정에 따른 결과이기도 하지만, 마셜 플랜의 도움을 받은 서유럽의 급속한 경제 회복과 독일의 성공적인 민주화, 그리고 유럽 통합의 진전이 더 커다란 기여를 했다.

다른 지역들은 엇갈린 평가를 받고 있다. 라틴아메리카, 아프리카, 동아시아, 남아시아, 중동의 지역기구들이 보편적인 회원 자격이 없어서 별다른 역할을 하지 못했다는 이유를 들 수도 있다. 드물기는 하지만 이따금씩 있는 합의 도출을 위해서는 지역기구에 모든 역내 국가가 일단 가입되어 있어야 하며, 설령 합의가 도출되더라도 이 지역기구들의 역량이 부족했기 때문에 이 두 가지 요소가 섞여 그 역할이 미미했다. 아시아는 한국전쟁과 베트남전쟁이라는 중요한 전쟁이 있었던 지역이다. 한국전쟁은 냉전 시기 진영 간 대립에 관한 암묵적 규칙이 구체적으로 형성되기 전에 발발했다. 베트남전쟁은 질서유지를 하지 못한 실패 사례이기도 하고, 어떻게 보면 진영 간 경쟁을 자제했다는 측면에서 성공 사례이기도 하다. 베트남에 대한 소련과 중국의 지지는 간접적이었으며, 미국의 군사적 개입은 상대적으로 국지적이었다. 남아시아에서도 인도와 파키스탄의 제한된 충돌이 몇 번 있었다. 동파키스탄의 위기는 인도의 역할에 힘입어 독립국가인 방글라데시의 탄생으로 이어졌고, 1989년 종결된 아프가니스탄 분쟁은 소련의 붕괴에도 일정 부분 영향을 주었다.

중동은 분쟁 숫자 측면에서 가장 폭력적인 지역이다. 이스라엘과 주변 아랍국들의 경계선이 지속적으로 무력 분쟁이 발생하는 단층선이라고 할 수 있다. 1948년 이스라엘 독립, 1956년 수에즈운하 위기, 1967년 6일전쟁, 욤 키푸르 전쟁으로도 일컫는 1973년 10월전쟁, 그리고 팔레스타인인과 이스라엘인의 직접적 충돌을 초래한 인티파다(반이스라엘 저항 투쟁-옮긴이) 등이 그 예다. 이 지역 내 다른 곳에서도 1970년대 레바논 내전부터 8년간 지속되다가 1988년에 종결된 이란-이라크전 등 숱한 무력 충돌이 있었다. 라틴아메리카와 아프리카도 무력 충돌을 겪었으며, 대부분은 일종의 내전으로 한 국가 내부에서 진행되었고, 그 경우는 한 국가에 있는 무장단체가 다른 국가에 개입하는 형태로 전개되었다. 다만, 라틴아메리카와 아프리카 대륙에서는 국가 간 대규모 전쟁이 거의 없었다.

탈식민지화는 많은 측면에서 독특했으며 불과 몇십 년 만에 완료되었다. 불행히도 탈식민지화 과정은 더 안정적인 질서 구축이라는 이름으로 진행되었지만 정반대의 결과를 낳았다. 식민지 독립 증진은 한 가지 형태의 무질서를 막았을 수도 있다. 하지만 설령 그렇다 하더라도 다른 무질서로 대체되었고, 오늘날까지 여러 형태로 그 무질서가 남아 있다. 민족자결은 만병통치약이 아닌 것으로 드러났다. 많은 국가들이 자치할 준비가 되어 있지 않았다. 이 중 상당수는 주변국들과 분쟁이나 갈등에 휘말렸다.

국제법은 정치적 이해관계가 아주 크지 않거나, 다들 예상할 수 있듯이 이해관계가 크더라도 국제법의 영향력이 최소한으로 한정된 분야에서 그 역할이 가장 두드러졌다. 국제법은 국제 시스템의 운영을 활성화한다는 측면에서는 유용했지만, 국가들이 국가이익이라고 판단하는 요소보다 우선시되지 못했다. 국제 법정은 기술적인 분야에서는 잘 작동했지만 외교 분야, 특히 중요한 사안의 분쟁과 관련해서는 그렇지 못했다.

전반적으로 제2차 세계대전 후 질서는 국가 주권이 핵심이라는 점에서 기존 국제관계와 익숙한 전통적인 접근 방식에 근거를 두고 있었다. 이러한 질서관이 유엔의 구성과 철학, 탈식민지화를 이끄는 원동력이 되었다. 인권 등 일부 예외는 있었지만, 사실 관계보다 형식적 측면에 국한되었다. 가장 큰 예외라면 유럽에서 회원국들이 자신들의 자치권과 권한을 지역기구에 양도한 초국가 기구의 등장을 꼽을 수 있다.

그래서 냉전 질서의 형태와 규범이 해체된 후에도 제2차 세계대전 후 질서(실제로는 세계질서 1.0)가 여전히 국제체제의 일정한 틀을 형성하고 있다는 사실이 그다지 놀랍지 않다. 오히려 세계가 아직까지 비국가 행위자의 등장이나 세계화에서 비롯된 다양한 도전으로 인해 야기되고 있는 권력의 분산에 제대로 대응하지 못하고 준비가 미흡하다는 점이 더욱 중요하다. 무엇이 정통성 있는 질서가 될 것인지, 그리고 그 질서를 창조하고 유지하기 위해 필요한 전 세계 구조와 시스템이 무엇인지에 대한 합의는커녕 논의조차 거의 없었다.

세계질서 2.0에 대한 새롭고 다른 접근 방식이 필요하다. 그리하여 마침내 냉전이 종식되었을 때, 세계는 마치 썰물 때 조류가 잠시 멀리 가버린 것처럼 역사의 휴식기에 접어들었고 앞으로 닥쳐올 상황에 대해 무방비로 노출되었다.

2부

현재

가장 중요한 경제, 군사, 외교 활동의 대부분이 지리적으로 가깝다는 단순한 이유 때문에 이 차원에서 전개된다. 실제로 많은 국가들은 영향력이나 비중이 미미해서 글로벌 차원에서는 큰 의미가 없으며, 주변국에 더 많은 영향을 주고 동시에 주변국으로부터 영향을 많이 받는다. 나는 각 지역별 격차가 다른 어떤 분야의 차이보다도 더 크다는 사실을 지적하고자 한다.

04

탈냉전 세계

The Post-Cold War World

지난 300년간 많은 역사적 사건은 주요 강대국들의 상호 활동에서 비롯되었다. 경쟁과 의견 대립이 종종 충돌로 이어졌고, 때로는 이러한 충돌이 다른 모든 것들이 무의미하게 보일 정도로 엄청난 규모로 전개되었고 크나큰 비용을 초래했다. 두 차례의 세계대전과 핵무기의 위력적 효과로 안정을 유지한 냉전으로 이어졌던 20세기에도 분명히 그러했다.

나는 강대국 정치라는 잣대로 볼 때, 지난 25년간 탈냉전 시기는 상당히 원만한 시기였다고 본다. 미국, 중국, 러시아, 일본, 유럽, 인도 등 주요 강대국의 관계는 조화롭다고까지 말하기는 어렵지만 역사적 기준으로 볼 때 상당히 괜찮았다. 지난 25년간 국제관계에서 주요 강대국들의 직접 충돌은 발생하지 않았다. 실제로, 무력 충돌 사건이 아니라 심각한 충돌로 이어질 수 있었던 사례를 꼽기도 어렵다. 지난 수십 년간 관찰된 이런 상황은 1648년 이후 전개된 근대사와 비교할 때 더욱 두드러진다. 하지만 이 책의 제목이 분명히 제시하듯이 오늘날 우리는 혼돈의 세계에 살고 있다. 여기에서 근본적인 질문이 제기된다. 오늘날 과거에 문제를 야기했던 근본 원인이 없음에도 왜 세계가 더 좋아지지 않는가?

이 질문에 답하기 위해서는 강대국의 관계뿐 아니라 글로벌 차원과 지역 차원의 역동성을 들여다봐야 한다. 무엇보다 우선 왜 강대국의 관계가 과거보다 훨씬 좋아졌는지에 집중해야 한다. 미국의 우위가 너무나 압도적이어서 다른 강대국이 미국에 직접 군사적으로 도전하기가 어려워졌고, 이런 도전이 그다지 현명하지도 못했다는 사실이 한 가지 요인이기도 하다. 또한 다른 강대국들이 가끔 미국의 특정 정책에 동의하지 않았지만, 미국 정책의 전반적인 방향성에 대해서는 자신들의 사활이 걸린 핵심 이익을 침해한다고 보지는 않았다. 주요 강대국들이 오늘날 대외 정복 활동보다 자국의 경제와 사회 발전에 더 관심이 크고, 내부 발전을 위해서는 안정된 외부 환경만으로 충분하지 않으며 경제개발에 도움이 되는 관계가 필요하다는 사실이 강조되었다. 한 국가의 경제나 여러 요소가 다른 국가들과 얼마나 연계되어 있는지에 관한 상호의존성이 국가 간 충돌을 막아주는 방파제 역할을 했다.

또한 주요 강대국의 관계는 미국, 유럽, 일본의 3대 주요 강대국이 단순히 시장경제이고 민주주의일 뿐 아니라 동맹 관계로 서로 얽혀 있었다는 점에서 상대적으로 좋았다. 인도 역시 민주주의 국가이고 파키스탄 문제만 제외하면 그다지 지정학에 몰두하고 있지 않았다. 중국과 러시아 정부도 자국민과 영토 통제에 관심이 크지만, 냉전 시기보다 훨씬 덜 폐쇄적으로 변화했다. 특히 중국은 경제발전에 집중하고 있다. 러시아도 고유가의 흐름을 탔다. 두 나라 모두 글로벌 차원의 대결과 확장을 꾀하는 외교정책을 추진하고 있지 않다. 그럼에도 불구하고 강대국 관계는 중국, 혹은 러시아가 미국과 연관되거나, 중국 혹은 러시아가 인접국과 연관될 경우 복잡해진다. 더 중요한 점은 이들의 관계가 특히 미러 관계처럼 악화 국면에 접어들었다는 사실이다. 이러한 국면이 일시적인 일탈에 그칠지, 아니면 장기적인 관계 악화의 전주곡으로 드러나 과거의 일상처럼 경쟁 관계로 갈지 여부가 관건이다.

신흥 강대국 중국의 부상

그 어떤 강대국 관계보다도 초강대국인 미국과 미국에 도전할 것으로 주목받고 있는 중국과의 관계가 가장 중요하다. 다른 어떠한 강대국 관계도 이보다 더 많은 어려움을 겪지 않을 것으로 본다. 역사의 대부분은 기존 강대국과 신흥 강대국의 갈등과 충돌로 점철되었으며, 두 강대국 간 권력 변화와 변화된 관계를 수용하기가 얼마나 어려운지 보여주고 있다. 이러한 패턴은 2,500년 전 신흥 강대국인 아테네와 이를 의심의 눈초리로 바라보던 기존 강대국인 스파

르타의 갈등이 펠로폰네소스 전쟁으로 이어진 역사를 기록했던 저명한 그리스 역사학자의 이름을 따서 '투키디데스의 덫'이라고 종종 일컬어진다.[1] 국제정치학계에서 주로 권력과 권력의 절대적·상대적 배분 문제로 갈등이 불가피하다는 입장을 갖고 있는 현실주의 학파는 미중 관계가 어쩔 수 없이 결국 악화될 것이라고 전망했다.

이러한 비관주의에 덧붙여 냉전의 종식과 소련의 소멸로 인해 1970년대 초 미국의 리처드 닉슨과 헨리 키신저, 중국의 마오쩌둥과 저우언라이 간에 형성되었던 미중 화해를 지속시켜주는 유인이 사라졌다. 공통의 적이 계속 있었더라면 미국과 중국 양국이 구원舊怨 관계와 이념의 차이를 어떻게든 극복할 수 있었겠지만, 애초에 서로 협력을 하게 된 근본적인 원인이 사라진 상황에서 어떻게 미중 관계를 지속시킬 수 있을지 의문이 들었다.

그럼에도 냉전이 끝난 후에도 미중 관계는 놀라울 정도로 좋았다. 양국의 심화된 경제협력 관계가 과거 소련에 대한 공동의 우려를 대체했다. 양국의 상품 무역 규모는 1990년 200억 달러에서 25년 후 6,000억 달러로 증가했다.[2] 마찬가지로 투자도 무시할 수 있을 정도로 미미한 수준에서 엄청난 규모로 증가했다. 한편, 미국과 중국의 정상회담도 양자, 지역, 그리고 글로벌 이슈에 관해 전반적으로 논의하는 양국 당국자의 빈번한 회담으로 보완되면서 외교 활동의 빈도와 범위가 확대되었다.

양국의 합치 범위는 더욱 넓어졌다. 중국은 마오쩌둥 시기 문화

대혁명의 대혼란을 겪은 후 자신의 안정과 안보를 유지하기 위해 수십 년간 급속도로 경제발전을 해야 했으며, 그러한 경제발전은 동아시아 지역의 안정과 더불어 세계에서 가장 강력하고 혁신적인 국가와의 원만한 관계가 유지될 때에야 가능했다. 이런 논리에 따라 중국은 무역 확대와 기술 이전을 위해 절제된 행동을 하고 미국과 우호 관계를 유지했다.

미국 또한 중국과 우호 관계를 유지해야 할 이유가 있었다. 마찬가지로 경제가 핵심 이유였다. 인구가 10억 명이 넘는 국가의 중산층이 급격히 늘어난다면 당연히 그 시장에 접근해야 할 이유가 커지기 마련이다. 시간이 지날수록 누적되는 대중국 무역수지 적자로 인해 중국은 막대한 미국 채권을 보유하게 되었다. 이로 인해 양국의 유대관계는 한층 더 강화되었다. 미국은 중국이 미국 채권 매입을 중단하거나 혹은 매각하여 미국 연방 정부가 어쩔 수 없이 이자율을 인상하고 그로 인해 불필요하게 경제성장이 둔화되는 상황을 원하지 않았다. 중국 입장에서는 자신들이 보유한 달러 자산의 가치가 폭락하는 상황을 원하지 않았다.

또한 중국에게는 부유한 미국 시장과 투자 자본에 대한 접근이 너욱 중요했다. 중국의 집권당인 공산당과 중국인들 간에는 공산당이 중국인들의 생활수준을 지속적으로 개선시키고 일자리를 보장해줘야 한다는 일종의 합의가 있었고, 이를 위해 세계경제의 4분의 1을 차지하는 미국 시장에 대한 상품 수출이 증가해야 하며, 미국의 기술과 투자를 끌어와서 중국의 경쟁력을 향상시켜야만 했다. 생활 수준 향상에 대한 대가로 중국인들은 공산당에 의해 자신들의 정치적·개인적 선택이 강하게 통제받고 간섭받는 것을 대부분 용인할 준비가 되어 있었다.

물론 그렇다고 해서 미중 관계가 전혀 문제가 없었다는 말은 아니다. 최초이자 가장 극적인 위기는 냉전이 끝나가던 1989년 봄에 중국 학생들과 시민들이 개혁 성향이었던 후야오방 전 공산당 총서기의 사망을 애도하려고 베이징의 톈안먼 광장에 집결했을 때 발생했다. 항의 시위의 규모가 커지고 강도도 격렬해지자, 중국 정부는 대응 방안을 놓고 내부 토론을 거쳐 계엄령을 선포했고 무력으로 시위를 해산시켰다. 학생과 경찰 수천 명이 죽거나 다쳤다.

이 사태는 미국 정부 인사들에게 미국 외교정책에서 오랫동안 지속되었던 핵심 논란거리를 다시 분명히 상기시켜주었다. 어느 선까지 미국의 대외 관계가 내정 문제와 외교정책에 근거를 두어야 하는가? 외국의 내정에 대해, 그리고 무엇보다 국내 상황에 대해 미국은 어느 정도로 입장을 취하고 정책을 마련해야 하는가?

미국이 1973년 중국에 연락 사무소를 개설한 직후, 1974년부터 1975년까지 사실상 주중 대사를 역임했던 조지 H. W. 부시 대통령은 현실주의적인 외교정책 노선을 택했고, 학생들과 반정부 인사들에 대한 중국 정부의 가혹한 탄압에도 불구하고 중국과의 관계 유지를 중시했다. 어느 정도 공개적으로 비판도 했고 제한적이나마 제재

도 부과했지만, 부시 행정부는 중국과의 핵심 관계를 보호하고 대화를 지속하려고 상당히 노력했다.[3]

좌파든 우파든 일부 인사들은 이러한 정책이 원칙이 없다고 보았지만, 실제로는 이것이 현실정치realpolitik였다. 첫째, 미국은 중국에 대한 이해관계가 컸다. 중국이 자국민을 어떻게 다루느냐에 따라 미국의 대중국 관계 전체가 오르내릴 정도로 여유가 있지 않았다. 둘째, 미국이 중국을 더 혹독하게 비판하고 제재를 가한다고 해서 중국이 자국민들에게 더 많은 정치적·경제적 자유를 허용할 것이라는 보장도 전혀 없었다. 중국을 고립시켰다면 분명히 역효과만 났을지도 모른다. 실제로, 중국 지도자들은 중국을 온전하게 보전하고 공산당 우위 체제를 유지하기 위해 필요하다고 판단되면 중국인들을 더욱 모질게 탄압했을 것이다.

중국과 걸려 있는 또 다른 이해관계는 대만이었다. 미국은 대만 문제와 관련해서도 이상주의라기보다 현실주의에 가까운 노선을 택했다. 대만 문제는 아주 오래되었으며, 1930~40년대와 중국 내전 시기로 거슬러 올라간다. 미국은 장제스의 국민당이 이끄는 중화공화국의 오랜 동맹국이었고, 중화공화국은 제2차 세계대전 당시 미국과 함께 일본에 맞서 싸웠다. 하지만 제2차 세계대전이 끝나고 4년 만에 마오쩌둥이 이끄는 중국공산당은 국민당 정부를 포르모사 섬(현재의 대만)으로 패주시켰다. 1949년 중화인민공화국이 수립되고 중국 본토를 지배했다. 중화공화국은 대만과 주변의 몇몇 섬만 통치하는 신세가 되었다. 양쪽 다 중국 전체를 대표하는 유일 정부라고 주장했다. 양쪽 다 중국은 하나라는 입장을 강하게 천명했다.

미국은 소위 공산주의 중국(중공) 혹은 본토 중국의 내전 승리를 승인하지 않았다. 이러한 정책은 미국이 냉전 시기 견지했던 반공 정책과도 부합했다. 민족문제 혹은 민족주의보다 공식적으로 표방하는 정치 이념이 미국의 판단에서 더 중요했다. 하지만 이 모든 것은 1960년대 말 1970년대 초 공산주의 중국(중공)과 소련의 대립이 격화됨에 따라 바뀌기 시작했다. 리처드 닉슨 대통령과 헨리 키신저 국가안보 보좌관은 심화되는 중소 대립을 소련을 고립시키고 중국과 협력할 수 있는 절호의 기회로 삼았다. 핑퐁 외교와 중국 지도자들과의 비밀 회담이 이어졌다. 본토 중국은 1971년 유엔에서 중국의 지위와 거부권이 있는 안보리 상임이사국 지위를 거머쥐었다.

남은 문제는 중화공화국, 즉 대만의 지위와 운명이었다. 베이징 정부는 자신만이 중국 정부이고, 대만은 중국의 일개 성에 불과하며, 대만은 절대 독립해서는 안 된다고 주장했다. 미국은 '중국은 하나이며, 대만은 중국의 일부'라는 입장에 동의했다. 하지만 미국은 대만 문제가 중국인들 스스로에 의해 평화적으로 해결되어야 한다는 점이 미국의 이익에 부합한다고 언급했다. 미국 측은 대만으로부터 모든 미군 장병과 미군 기지의 철수가 '최종 목표'이며, '이 지역 내 긴장이 완화될 때' 이 지역에 주둔하는 미군을 점차 축소하겠다고 선언했다. 이 모든 것은 미국과 중국의 새로운 관계를 규정짓는 문서로서 닉슨과 키신저가 1972년 초 중국을 방문했을 때 발표된 '상하이 코뮈니케Shanghai Communiqué'에 명시되었다.[4]

이후 수십 년 동안 여러 공동성명을 통해 이러한 합의 사항을 이행하거나 적어도 원만하게 처리하려는 노력이 이어졌다.[5] 1978년 후반기에 미국과 본토 중국은 1979년 1월 1일 외교 관계를 수립하기로 합의했다. 바로 그날, 미국은 대만과의 외교 관계와 모든 안보 조약을 종료시켰다. 1955년부터 대만에 주둔해왔던 모든 미군이 철수했다. 하지만 몇 달 후, 미 의회는 대만관계법TRA: Taiwan Relations Act을 통과시켰고 카터 대통령이 그 법에 서명했다. 이 법은 대사관을 대신해서 양국이 상대방의 수도에 사무실을 열고 "대만이 자위권을 충분히 행사하기에 필요한 분량의 방산 물자와 방위 서비스"를 제공하도록 약속한다고 명시하고 있다. 미국은 또한 대만에 대한 어떤 위협도 적절한 조치를 취하겠다는 약속을 천명했다. 에둘러 말하기는 했지만, 미국은 베이징 정부에게 대만을 억압하거나 대만의 지위를 변경하기 위해 무력 사용을 할 수 있다고 착각하지 말라는 신호를 보냈다.[6]

예전과 마찬가지로 중국(베이징), 미국(워싱턴), 대만(타이베이) 관계는 미중 3대 공동선언과 대만관계법에 명시되어 있는, 상충 관계는 아니지만 긴장 관계에 있는 약속 사항을 관리해야 하는 문제가 되었다. 실제로는 중화인민공화국과 대만은 현상유지를 심각하게 변경하지 않았다. 중국은 미국의 대만 방어를 불러오고 중국 경제에도 심각한 타격을 줄 수 있는 무력 통일을 시도하지 않았다. 중국과의 무역 의존도가 높은 대만도 중국의 군사 대응을 초래하고 대만 경제에 치명상을 줄 수 있는 일방적인 독립을 선포하지 않았다. 요컨대, 억제와 경제적 상호의존이 계획했던 대로 잘 작동하는 것처럼 보였다. 양안 문제가 충분히 원만하게 관리되어 미중 상호 호혜 관계에 부정적 영향을 주지 않았다. 외교정책 분야에서는 핵심 사안 혹은 최종 지위 문제라고 간주되는 사안을 비록 해결하지 못하더라도 상황을 관리해나가는 것이, 어느 한쪽이 절대 받아들일 수 없고 그로 인해 위험한 결과를 초래하는 해결책을 추구하는 것보다 바람직할 경우가 더러 있다.

이미 언급한 바와 같이, 상호의존의 요인이자 미중 관계에서 중심추로 자리 잡고 있는 경제 관계도 계속해서 양국 관계의 갈등 요인이 되었다. 미국은 상품 무역의 불균형에 불만이 컸다. 많은 미국인들 눈에는 중국이 일본을 대신하여 미국 내 일자리를 없애는 대표적인 불공정 무역 행위자로 비쳤다. 중국은 다른 나라들처럼 인위적으로 환율을 낮춰서 수출품의 비용을 줄이고 경쟁력을 높인 반면, 수입품의 비용을 증가시켜 수요를 감소시켰기 때문에 이런 주장이 어느 정도 타당하기도 했다. 또한 중국은 일부 업계에 상당한 보조금을 지원했고, 임금을 낮게 책정했으며, 환경문제를 그다지 신경쓰지 않았다.

지역 문제에서도 비슷하게 협력과 이견이 드러났다. 중국은 주권 문제에 관한 기존 입장을 견지하고 세계 유일의 초강대국과 좋은 관계를 유지하려는 의도로 1990년 사담 후세인의 쿠웨이트 침략을 격퇴하려는 미국의 노력을 지지했다. 중국은 자신도 테러리즘에 대한 우려가 컸고 이웃 국가인 아프가니스탄의 안정을 희망했기 때문에 9·11테러 공격 직후 미국의 행동에 대체로 동정적이었다. 하지만 1990년대 세르비아와의 전쟁 당시에는 평소 주권에 대한 입장대로 일관되고 강하게 반대했다. 설상가상 미국이 베오그라드에 있는 중국 대사관을 실수로 폭격했고, 일부 중국인들은 고의가 아니었다는 미국의 해명을 받아들이지 않았다.

미국의 시각에서 볼 때, 중국의 지역정책 중 유달리 실망스러운 분야가 북한 문제다. 중국은 북한의 핵프로그램 개발에 불만이 많았고, 중국과 북한 관계도 전반적으로 악화되었는데, 불공평한 국가 관계에서 그다지 특이한 결과는 아니었다. 그러나 중국을 통한 북한으로의 물자 반입과 반출을 허용하는 등 중국은 북한 경제를 지탱하는 과정에서 쓸 수 있는 레버리지 사용을 꺼렸다. 중국은 과도하게 북한을 압박하면 북한이 불안정해질 수 있고, 그로 인해 대량 난민 위기가 발생하거나 최악의 경우 북한이 재래식 군사력이나 핵무기, 혹은 둘 다 동원해서 극단적인 소지를 취할 가능성을 우려했다. 이러한 위기가 발생하면 전쟁으로 이어질 수도 있고, 전쟁이 끝나면 서울이 수도가 되고 미국의 전략적 세력권에 있는 통일 한국이 중국과 국경을 접하는 상황이 발생할 수 있다는 것도 우려했다. 그 결과,

미국과 중국은 북한을 대상으로 하는 유엔 안보리 결의와 제재 조치에 합의를 도출할 수 있었지만, 북한의 비핵화나 근본적 개혁, 혹은 북한을 소멸시킬 수도 있는 정책에서는 합의를 이끌어내지 못했다.

그 밖의 이슈에서도 의견 일치와 이견이 혼재했다. 다른 대부분의 나라와 마찬가지로, 중국은 미국의 2003년 이라크 침공이 부당하다고 보고 반대했다. 중국은 2011년 리비아에 대해서도 인도적 개입이라고 스스로 생각하는 조치를 제한적으로 취했으나, 인도적 개입 노력이 정권 교체 시도로 이어지자 러시아와 마찬가지로 비판적 입장을 취했다. 중국은 이란의 핵 야망을 꺾으려는 제재를 지지했고, 나중에 상세히 다루겠지만 2030년 탄소 배출을 감축하기로 약속했다.

최근 몇 년 사이에 미중 관계가 악화되었다. 미국 입장에서는 '방공식별구역air defense identification zone'의 일방적 확장 선포, 영해 수역 확대, 남중국해 도서 지역 확장 공사와 같은 중국의 지역 내 공세적인 태도가 문제였다. 또한 중국의 전반적인 군사력 증강, 지식재산권 침해 행위, 불공정 무역 관행으로 인해 중국에 유리한 지속적인 무역 불균형, 중국 내 정치 탄압 증가도 문제였다. 일부 미국 인사들은 만약 중국의 경제성장이 둔화되어 중국인들이 중국 정부와 공산당을 덜 지지하게 되면 중국 정부가 이를 보상하려고 더욱 민족주의적인 외교정책을 추진할 수도 있다고 우려한다.[7]

중국도 자신의 입장에서 나름 요구 사항이 많다. 중국 관리들은 미국의 첨단 기술 접근을 제한하는 수출 규제에 계속 좌절감을 표명한다. 대만에 대한 미국의 군사적 지지도 중국에 대한 약속과 어긋 난다고 주장한다. 남중국해 문제와 관련해 중국 입장에서는 베트남 과 필리핀 등 다른 나라들도 똑같이 행동하는 것처럼 보이는데, 미 국이 이들에 대해서는 아무런 비판도 없이 중국만 비판한다며 이중 잣대라고 지적한다.[8] 또한 중국은 동중국해의 도서 분쟁 문제에서도 미국이 일본 편만 든다고 보고 있다.

중국이 으뜸가는 세계 강국이자 지역 강국으로 부상하지 못하 도록 미국이 막고 있다는 인식도 중국 내에 만연해 있다. 이를 잘 보 여주는 그리 알려지지 않은 일화가 있다. 2013년 후반 시진핑 주석 은 아시아인프라투자은행AIIB: Asian Infrastructure Investment Bank 창립 계획 을 발표했다. 이름에서 알 수 있듯이 AIIB는 아시아 지역의 주요 교 통, 에너지, 통신 및 여타 프로젝트를 위한 국제 금융 조달을 목적으 로 하고 있다. 중국은 AIIB의 초기 자금 조달 시 상당 부분을 자신이 충당하겠다고 약속했다. 미국은 AIIB가 환경보호부터 부패 방지까 지 모든 분야에서 엄격한 기준을 요구하는 세계은행이나 아시아개 발은행ADB: Asian Development Bank 같은 기존 프로젝트를 약화시킬 것을 우려하면서 처음부터 이 프로젝트를 반대했다. 또한 미국은 중국이 지역 문제에서 너 큰 역할을 맡으려는 시도를 차단하겠다는 의도도 있었다.

오바마 행정부는 중국이 후원하는 이 국제기구에 우방국과 동맹 국이 가입하지 못하도록 로비 활동까지 전개했다. 하지만 영국, 한국, 이스라엘, 호주와 같이 미국의 주요 동맹국을 포함하여 50여 개국 이상이 AIIB에 참가하기로 함에 따라 미국의 이러한 시도는 참담하게 실패했다. 만약에 미국이 원하는 특정 조건이 충족되었다면 왜 처음부터 미국이 가입하겠다고 결정하지 않았는지 의문으로 남아 있다. 그 결과 미국은 이러한 시도에 대해 영향력을 잃었고, 무기력해 보였으며, 중국이 세계에서 주도적인 역할을 맡으려는 노력을 방해하려 한다는 인상만 많은 중국인들에게 주었다.[9]

전반적으로, 냉전 종식 이후 25년간 미중 관계는 설명하거나 범주화하기가 어렵다. 양국은 많은 분야에서 1989년 이전 양국 관계에 영향을 주었던 반소련주의를 대체할 만한 이유를 찾고 있다. 중국은 신형대국관계를 언급하지만, 양국 정부는 아직까지 대부분의 분야에서 실질적인 내용으로 공백을 채우지도 못했고 일반론적인 언급에서 맴돌고 있는 상황이다.[10] 이처럼 상황이 불확실해지는 가운데 남중국해, 중일 관계, 대만 문제 등에서 상호 이견이 드러남에 따라 양국 관계는 한층 더 취약해지고 있다.

그럼에도 전략적 맥락이 변화했고 중국의 국력이 절대적·상대적 측면에서 성장함에 따라 세력균형도 변화하고 있음을 감안할 때, 여전히 미중 관계가 놀라울 정도로 견고하다는 사실은 주목할 만하다. 양국 관계는 미국의 공화당과 민주당 행정부 모두, 그리고 중국의 여러 지도자를 거치면서도 상당히 잘 유지되었다. 역사에서 유추한다면 미중 관계에는 상당한 갈등이 있을 것으로 예측되었으며, 신냉전이 실현될 가능성도 여전히 있지만 절대로 불가피한 것은 아니다. 미국의 이익을 보호하고 심지어 미중 협력을 확대하면서도 이러한 갈등을 어떻게 예방할지가 이 책의 마지막 부분에서 다뤄질 주제 중 하나다.

삐거덕거리는 미국과 러시아 관계

냉전 후 소련, 이후 러시아와의 관계는 처음부터 문제가 많았다. 소련이 냉전에서 패배했고, 소련의 외부 제국인 동유럽이 해방되었으며, 소련 내부적으로도 분열을 겪었다는 점에서 이런 문제가 불가피했을 수도 있다. 러시아는 대략 구소련 인구의 절반과 영토의 4분의 3을 차지하고 있었다. 러시아는 유엔 안보리 상임이사국 지위와 상당한 양의 핵무기를 물려받았지만, 어디까지나 명목상의 초강대국이었다. 실제로 러시아 경제는 석유와 가스에 심하게 의존하는 전형적인 개도국 형태의 경제체제로 상당히 위축되었다. 인구도 지난 20년간 꾸준히 감소했으며, 알코올 및 약물중독, 범죄, 부실한 보건 시스템 등으로 남성 평균수명도 약 60세에 불과했다. 조지 H. W. 부시 행정부가 취임한 직후인 1989년 2월, 마지막 소련군이 아프가니스탄에서 철수하면서 소련은 치욕적이고도 피해가 큰 군사적 패배를 경험했다. 이 모든 상황으로 인해 러시아의 실상과, 많은 러시아인들이 스스로와 자국에 대해 느끼는 인식 사이에는 큰 괴리가 있었다.

그럼에도 미국의 대러시아 조치가 러시아의 문제와 치욕을 불러왔다. 미국은 소련, 이후 러시아가 통제된 정치·경제 체제에서 보다 민주적이고 시장 지향적인 체제로 전환하는 과정에서 많은 도움을 제공할 수도 있었고 제공했어야만 함에도 그렇게 하지 않았다. 미국이 제공한 '도움'은 오히려 부담이 되었다.[11] 또한 미국 관리들은 러시아가 바라던 만큼 러시아를 존중하지도 않았다. 예를 들면, 미국은 러시아가 여전히 미국과 동등한 지위에 있는 군비통제 조약에 대해 변함없이 우선순위를 부여하겠다는 동의만 간단히 통과시켜도 되는데, 그렇게 하지 않아 이 조약의 중요성을 격하시켰다.

1990년대 후반 클린턴 행정부 시기부터 후임 대통령에 이르기까지 나토가 지속적으로 확대되고 있다는 사실이 더욱 중요하다. 이 정책은 탈냉전 시기에 가장 논란이 되던 사안이었으며, 나토가 확장은커녕 실제로는 앞으로 지속 가능할지 여부조차도 처음부터 결론이 정해져 있지 않았다. 어떤 전략적 맥락(나토의 경우 냉전 시기 유럽에서 소련 및 바르샤바조약기구의 침략 억지 및 방어가 주 목표다)에서 탄생한 동맹 체제가 그 맥락이 변하고 동맹의 목적이 더 이상 의미가 없는 상황에서 지속되는 경우는 역사를 통해 보아도 찾아보기가 매우 힘들다. 나토가 지속 가능하고 지속되어야 하는지, 혹은 나토의 성공이 오히려 몰락의 원인이 된 것은 아닌가 하는 의문이 있었다.[12]

나토는 새롭고 더 복잡해진 전략 상황에서 새로운 임무를 부여받는 방식으로 살아남았다. 그중 하나는 발칸 지역, 아프가니스탄, 중동 지역 일부를 포함하는 '역외 지역', 즉 전통적인 조약상 관할 지역(전체는 아니지만 유럽 대부분 지역)이 아닌 외부 지역 문제에 개입하고 활동하는 방식이었다. 나토는 또한 새롭게 해방된 지역을 공고히 하고 고정시키는 역할(서독과 이후 통일된 독일)을 했다. 체코, 헝가리, 폴란드는 러시아가 훗날 다시 스스로를 내세우면서 주변국을 압박하는 전통적인 태도를 보일 가능성에 대비하는 일종의 보험으로 1990년대 나토에 가입했다.

러시아는 이런 과정을 갈수록 불편해했다. 첫째, 러시아와 나토는 세르비아 위기 당시 정반대 입장에 서 있었다. 나토는 세르비아 공습을 정치적 이유로 지지하면서 군사 수단을 제공한 반면, 정치적·역사적·문화적 이유로 세르비아에 우호적인 러시아는 이를 반대했으며, 유엔 안보리 논의도 저지했다. 둘째, 러시아의 많은 주변국들이 오랫동안 러시아가 의심의 눈초리로 지켜보던 동맹체인 나토에 가입했다. 불가리아, 라트비아, 리투아니아, 에스토니아, 슬로바키아, 슬로베니아 등 7개국이 2004년 나토 회원국이 되면서 조지아와 우크라이나를 비롯한 더 많은 국가들의 나토 가입 논의가 시작되었다. 다른 러시아인들과 마찬가지로 블라디미르 푸틴은 나토의 확장이 통일 독일의 나토 가입 당시 독일 정부와 조지 H. W. 부시 행정부가 했던 약속과 다르다고 생각했다. 예상했던 대로 미국 정부 인사들은 그런 약속조차도 한 적이 없다고 부인했다. 혼재된 신호와 모호성이 때로는 합의 도출에 도움이 되기는 하지만, 그 대가로 갈등의 씨앗이 뿌려지고 이후 악감정이 남게 된다.[13]

나토 확대가 과연 현명했는지 미국이나 서방 세계에서는 아무런 의견 일치가 없었다. 몇몇 사람들은 나토가 확대되어 소련의 과거 위성국들을 안정시켰고, 또한 나토 비회원국이었던 조지아나 우크라이나와 달리 침략을 받지 않게 해줬다면서 옹호했다. 다른 사람들은 승자의 아량을 촉구했던 처칠을 인용하면서, 나토 확대는 불필요한 자극 행위로 러시아와의 관계만 확실하게 틀어지게 할 뿐이라고 주장했다. 이러한 관점에서 보면 나토 확대는 불필요했다. 나토 확대를 통해 예상되는 긍정적 요소는 러시아를 비롯하여 모든 유럽국들의 안보 협력을 증진하기 위해 1994년에 창설된 '평화를 위한 파트너십Partnership for Peace' 구상을 통해서도 달성할 수 있었기 때문이다. 하지만 러시아가 여기에 참여했음에도 나토에서 가장 중요한 동맹 공약과 같은 이 파트너십의 약속을 이행하지 않았기 때문에 유럽인들과 미국인들은 이에 대한 흥미를 잃어버리고 말았다.

역사학자들은 나토 확대가 현명했는지 여부를 놓고 향후 수십 년간 토론할 것이다. 나토가 확대되지 않았다면 러시아와의 관계가 더 좋았을지, 혹은 유럽 안보와 안정이 더 나빠졌을지 여부는 알 수 없다. 지난 일에 대한 통찰력이 있다 하더라도 역사를 통한 이해가 반드시 모두 맞는 것도 아니다.[14]

개인적으로는 평화를 위한 파트너십을 좀 더 활용하거나, 혹은 더욱 급진적으로 러시아를 나토에 끌어들여 현상유지에 통합시키는 방안을 선호했다. 나는 2001년부터 2003년까지 국무부 정책기획실장으로 재직하던 시절 이런 논지로 정책 제안 보고서를 작성했다. 당시 나의 많은 다른 제안과 마찬가지로 이 제안도 아무런 성과가 없었다. 항상 역사에서는 '만약 그랬다면'이라는 가정의 문제가 있고 나토 확대도 그중 하나다. 다만, 나토 확대가 러시아와의 관계 악화에 기여했다는 사실은 분명하다.

2008년 조지아 사태로 미국과 러시아의 관계가 한층 더 위기에 빠졌다. 과거 소련에 소속된 공화국이었다가 1991년 독립한 조지아는 압하지야와 남오세티아 지역 주민들이 독립을 추구하면서 러시아와 20년 넘게 갈등을 빚었다. 러시아는 이 독립운동을 지지했으며, 자금과 무기, 심지어 어떤 보고에 따르면 소규모 병력까지도 지원하면서 간접적으로 개입해왔고, 마침내 2008년 여름 대규모 병력을 파병하면서 직접 개입에 나섰다. 전쟁은 금방 끝났지만, 휴전에도 불구하고 조지아에서 러시아군이 완전히 철수하지도 않았고 정치적 해결도 도출되지 않았다. 오히려 러시아는 조지아 내 두 지역의 독립을 승인함으로써 미국 및 유럽과 반목을 빚었다. 러시아군은 지금도 여전히 조지아에 주둔하고 있다.[15]

하지만 미국과 유럽이 블라디미르 푸틴이 통치하는 러시아와 가장 크게 대립한 사례는 우크라이나와 크림반도 사태였다. 이 위기의 배경은 간단히 요약할 수 있다. 소련 소속 공화국이었다가 1991년 독립한 우크라이나와 EU는 오랫동안 상호 관계에 대해 협상해왔다. 러시아는 EU와 우크라이나의 긴밀한 협력을 불편하게 여겼고,

특히 EU와의 관계가 강화되면서 우크라이나에 대한 러시아의 영향력 및 유대가 약화된 사실과 우크라이나의 나토 가입 가능성을 경계했다. 2013년 후반기에 빅토르 야누코비치Viktor Yanukovych 우크라이나 대통령이 EU와의 무역협정을 거부하고 러시아와의 경제협력을 강화하자 위기가 달아올랐다. 수십만 명의 시위자들이 키예프 거리로 뛰쳐나왔고, 유혈 사태가 발생했으며, 요구 사항이 쏟아졌다. 이듬해 2월이 지나기 전 야누코비치는 대통령궁에서 축출되었다.

이러한 상황은 푸틴과 전혀 어울리지 않았다. 상당한 비용을 들여서 스스로 직접 챙겼던 소치 올림픽보다 우크라이나 사태에 세계의 이목이 집중됨에 따라 푸틴은 심기가 불편해졌다. 러시아와 아주 가까운 국가에서 권위주의적 지도자가 시위대에 의해 축출되도록 대응을 잘못했다는 선례를 남긴 것처럼 보일 수도 있었다. 어찌되었든 간에 우크라이나에서 러시아계 주민들이 다수인 크림반도의 무력 충돌 사태로 이어졌다. 크림반도는 구소련 러시아공화국의 일부였지만, 1954년 구소련 우크라이나공화국의 일부가 되었다. 크림반도 지역 내 러시아계 주민들이 러시아제 무기, 혹은 러시아 측이 제공한 것으로 추정되는 무기로 무장하고 크림반도 지역을 접수함에 따라 무력 충돌 위기가 순식간에 고조되었다. 주민투표에서 압도적인 찬성표를 얻음으로써 크림반도 지역은 불과 몇 주일 만에 러시아 영토가 되었다. 미국과 대부분의 유럽 국가들은 이 투표 결과가 대부분 러시아가 지원하는 반군이 장악한 지역에서만 실시되었기 때문에 엉터리라고 평가절하고 러시아에 정치적·경제적 제재를 가했다. 다만, 우크라이나는 나토 회원국도 아닐 뿐만 아니라 러시아와 국경을 맞대고 있는 약소국의 영토 보호가 어렵고 위험하기 때문에 군사적 대응 방안은 배제되었다.

우크라이나의 불안정은 크림반도 지역에만 국한되지 않았다. 러시아제 무기와 (신분을 숨기려고 제복을 착용하지 않은) 러시아 군인들이 러시아계 주민들이 절대 다수는 아니지만 상당히 많이 거주하는 러시아 접경 지역인 우크라이나 동부로 진격했다. 실제로 2014년 초에 푸틴은 러시아계 주민들이 위협받을 경우 이들을 보호하기 위해 러시아가 개입할 권리가 있다는 안보 원칙을 분명히 밝혔다.[16] 우크라이나 동부 지역에서 우크라이나 정부군과 러시아의 지원을 받는 지역 민병대 간에 저강도 분쟁이 계속되었다. 정전 및 정치적 합의에 관한 민스크 협정이 러시아, 우크라이나, 프랑스, 독일 사이에 2015년 초에 서명되었지만, 제대로 이행되지 않았고 양측은 서로 상대방이 의무를 이행하지 않고 있다고 비난했다.[17]

이 모든 사태는 4,500만 명의 인구를 가진 우크라이나의 중요성을 능가하는 적절한 이유가 됐다. 우크라이나 사태는 러시아에 대한 인식과 대러시아 관계 전반에 영향을 주었다. 또한 많은 사람들이 냉전 종식 후 소멸되었다고 생각했던 유럽에서의 군사적 측면이 다시 부각되었다. 아울러, 우크라이나 사태는 국경선을 변경시키려고 군사력을 사용해서는 안 된다는 글로벌 규범도 약화시켰다. 러시아는 자신의 행동으로 인해 정치적·경제적 대가를 치렀지만, 그 대가는 러시아 국민 대부분이 지지하는 정책을 철회시킬 정도로 충분히 크지 않았다.

러시아의 공세적 입장은 러시아 주변국에게로만 국한되지 않았다. 러시아는 2015년부터 시리아에도 군사적으로 개입했다. 이러한 개입 의도는 러시아가 과감하게 행동할 의지와 능력이 있음을 과시하기 위한 것일 수도 있고, 시리아 군사시설에 대한 접근권 유지일 수도 있으며, 아니면 두 가지 모두일 수도 있다. 어떤 이유였든 간에 러시아의 개입이 제한적이고, 목표도 신중하게 선정하며, 오래가지 않을 것이라는 희망이 사실무근으로 드러났다. 그 대신 러시아는 테러리스트뿐만 아니라 바샤르 알아사드Bashar al-Assad 정권에 반대하는 단체(미국이나 그 파트너들의 지원을 받고 있음)에 대해서도 대규모 공군을 동원했다. 러시아는 정치적 이행(제네바 합의에 따른 정권 이행 논의를 의미한다-옮긴이)이 계획되고 시행되기 전에 아사드 정권이 붕괴되는 일이 없도록 막으려 한 것이 아니라 정권의 유지 자체를 의도했던 것처럼 보인다. 시리아의 평화를 회복하거나 정치 체제를 개조하려는 시도는 없었다.

지난 25년간 미국과 러시아의 관계, 그리고 대부분의 유럽 국가와 러시아의 관계는 급격하게 악화되었다.[18] 드미트리 메드베데프 러시아 총리가 2016년 2월 뮌헨 안보회의에서 세계가 신냉전으로 뒷걸음질 치고 있다고 한 언급은 그 의미가 상당히 크다.[19] 여기에 덧붙여 러시아가 많은 사람들의 희망과 달리 민주주의도 아니고 시장경제도 아니라는 사실이 긴장을 고조시키고 있다. 러시아 정치체제는 자유롭지도 않은 권위주의이며, 블라디미르 푸틴이 엄청난 권력을 휘두르고 있다. 푸틴이 소련 시절 전임자들에 비해 관료 집단이나 동료들보다 덜 통제받고 있다고 해도 과장이 아니다. 푸틴은 러시아의 '제도를 해체deinstitutionalized'했고 상당히 우려스러울 수준으로 개인 통치 시스템을 도입했다.

러시아 경제는 석유와 가스에 상당히 의존하고 있으며 에너지 가격에 크게 연동되어 있다. 2015년 유가가 폭락하자 러시아 경제도 함께 위축되었다. 제재를 완화하고자 푸틴이 외부 세계와의 관계 개선에 나서고, 나아가 개혁 조치를 도입할지, 혹은 국민들의 민족주의 정서에 부응하고 산적한 국내 문제로부터 관심을 돌리기 위해 대결 구도의 외교정책을 좀 더 취할지는 미지수다. 푸틴이 통치하는 러시아를 다루는 방안은 이 책의 마지막 부분에서 상세히 논의할 것이다.

미국과 유럽, 일본, 인도 같은 주요 강대국 간에는 훨씬 더 긴밀한 협력 관계가 구축되어 있는 반면에, 중국과 일본, 러시아, 유럽은 다소 마찰이 있지만 어느 정도 질서가 잡혀 있다. 이와 관련된 내용은 다음 장에서 지역별 이슈를 다루면서 상세히 논의될 예정이다. 요지는 주요 강대국 관계가 상대적으로 괜찮으며, 역사적 잣대로 봤을 때도 그다지 나쁘지 않았다는 점이다. 그럼에도 과거와 같은 강대국 갈등 양상이 없다고 해서 바로 세계가 질서를 유지한다는 의미는 아니다. 주요 강대국의 갈등 부재와 협력의 존재 사이에는 근본적인 차이가 있다. 또한 이 책의 주제로 돌아와서 핵무기와 재래식 무기의 억제력으로 인한 세력균형과 경제적 상호의존 같은 직접적인 충돌을 막는 방파제도 있었다.

그러나 글로벌 차원 혹은 지역적 차원의 도전을 가장 잘 다룰 것으로 생각되는 정통성이 무엇인지에 대한 공감대가 전혀 없었다. 이는 갈수록 세계가 혼란스러워지는 원인이 주요 강대국들의 직접 대립이 아닌 다른 무언가에 있다는 사실을 의미한다. 다음 장은 이런 원인이 무엇인지를 밝혀내는 데 집중한다.

05

글로벌 격차

A Global Gap

이 책의 앞부분을 통틀어 질서와 국제관계를 이해하는 데 필요한 질서 개념의 중요성이 논의되었다. 질서의 정도나 수준을 평가하는 데 있어 중심이 되는 세 가지 기준은 다음과 같다. ① 세계를 운영하는 규칙과 원칙에 대한 정의定義가 어느 정도까지 폭넓게 공유되고 있는가, ② 이런 규칙과 원칙을 설정하고 조정하며 적용하는 절차가 폭넓게 받아들여지고 있는가, 그리고 ③ 세력균형이 있는가 여부다. 1989년 냉전이 종식되면서 핵무기를 보유한 양대 초강대국이 그동안 통제해왔던 각종 제약과 규율, 구조가 사라졌고, 잔존하던 제2차 세계대전 후 제도도 상대적으로 취약해졌기 때문에 향후 국제질서는 불완전하고 쉽게 허물어질 것이라는 평가가 있었다.

물론, 당시 이런 전망만 있었던 것은 아니다. 오히려 분열되었던 냉전 시기 세계가 전망이나 구조 측면에서 좀 더 통일된 세계로 나아갈 수도 있는 것처럼 보였다. 1990년 사담 후세인이 쿠웨이트를 침공했을 때 전 세계 거의 모든 국가들이 원칙과 행동으로 반대 입장을 표명했고, 국가 주권이 국제질서의 근본 토대라는 사실을 전폭적으로 지지했다. 유엔 안보리도 이러한 원칙을 단순히 반복하는 데 그치지 않고 10여 개 이상 결의를 채택하고 제재 집행을 승인했다. 사담 후세인의 태도를 바꾸기 위한 제재와 외교 노력이 실패하자 쿠웨이트를 해방시키기 위해 유엔식 표현인 '모든 필요한 수단', 즉 무력 사용도 승인했다.[1] 미국이 주도하는 다국적군은 재빨리 목표를 달성했고, 또한 이 과정에서 미국이 중동 지역의 세력균형을 지지하고 과도한 현상 타파보다 현상유지를 선호한다는 사실을 보여주었다.

이 결과를 통해 세계는 더 이상 두 국가가 지배하는 양극체제 bipolarity가 아니라 한 국가가 이끄는 단극체제unipolarity가 되었다는 사실도 드러났다. 소련이 소멸하고 나서 어떠한 나라도 미국에 맞서 균형을 잡거나 미국을 반대할 수 있는 능력과 의지를 갖추지 못했다. 하지만 어떠한 단극체제도 오래 지속되지 못했다. 실제로 단극체제가 존재하지 않았으며, 미국이 자신의 경제적·군사적 우위를 활용하여 전 세계 모든 지역에 영향력을 행사하기에는 한계가 있다고 보는 게 오히려 더 정확할 수도 있다. 걸프전쟁은 결국 두 가지 측면에서 현실을 오도했다. 당면한 특정 현안에 대해 전 세계 모든 국가들이 평소답지 않게 의견 일치를 이룰 수 없을 뿐만 아니라, 사막의 폭풍 작전이 이후 군사개입의 표준 양식이 될 수 없었다.

걸프전쟁 이후 25년 동안 전개되었던 각종 사건들을 통해 현실 세계는 매우 복잡하며, 원칙·정책·절차 등에서 국제적으로 합의된 정통성도 없고, 세력균형도 없다는 사실이 드러났다. 이 시기에 발생한 중요한 역사적 사건, 글로벌 차원의 도전과 대응 정책, 지역별 주요 상황 경과를 분석한 결과 더 복잡하면서도 불균등한 질서가 갈수록 무질서해지고 있다는 결론이 나왔다. 즉, 핵심 요지는 우리가 조지 H. W. 부시 대통령이 비전으로 제시했던 신세계 질서보다 훨씬 덜한 장밋빛 세계에 살고 있다는 사실이다.

소련 제국의 붕괴와 민족자결

정신이 확 드는 사건이 바로 소련에서 발생했다. 소련은 두 종류의 제국으로 구성되었다. 소련 내부 제국은 러시아가 지배하고 있었으며, 14개의 공화국과 수많은 자치 공화국으로 구성되었다. 소련 외부 제국은 소련이 지배하고 있었으며 몇몇 동유럽 국가가 포함되었다. 냉전 종식 후 소련 승계 전쟁이라 부를 수 있는 많은 저항과 갈등이 발생했다. 소련 정부가 분열되고 허약해짐에 따라 소련의 내부 제국과 외부 제국 내 민족주의 기류를 억눌러왔던 결속력이 사라졌다. 1991년이 끝나갈 무렵, 소련은 더 이상 존재하지 않았고 러시아를 포함한 15개의 독립 공화국이 소련을 대체했다. 이에 덧붙여 동유럽 국가들도 명실상부한 독립을 달성했다.

많은 경우 독립으로 가는 과정은 비교적 순탄했으며, 체코슬로바키아도 그랬다. 소련이 쥐고 있던 통제의 고삐가 느슨해지면서 북부의 체코와 남부의 슬로바키아 긴장이 고조되었다. 그럼에도 1992년 두 지역을 대표하는 지도자들이 정치적 과정을 통해 체코슬로바키아를 1993년부터 두 개의 독립국으로 분리한다는 합의를 평화적으로 이끌어냈다. 이와 대조적으로 유고슬라비아의 분리 독립 과정은 아주 험난했다. 유고슬라비아 사회주의 연방 공화국은 제1차 세계대전 종료 직후부터 1992년까지 75년간 존속했다. 유고슬라비아는 슬로베니아, 크로아티아, 보스니아–헤르체고비나, 몬테네그로, 마케도니아, 세르비아라는 6개 공화국을 덕지덕지 끼워 맞춘 국가였으며, 세르비아 내부에는 코소보를 위시하여 다양한 자치 지역이 있었다. 유고슬라비아는 전 지역이 다인종·다종교 색채를 띠었으며, 사회적으로나 지리적으로 전혀 통합되어 있지 않았다. 세르비아계 주민들이 대다수이기는 했지만 전체 인구의 3분의 1에 불과했다. 그럼에도 이런 나라가 이토록 오래 지속될 수 있었던 이유는 소련의 통제 때문이라기보다 소련의 통제와 간섭을 항상 경계하면서도 이를 교묘히 활용하고 관리함으로써 장기 집권했던 유고슬라비아의 민족주의 지도자 요십 브로즈 티토 때문이었다. 티토는 독재정치를 하면서도 한편으로는 적절한 수준의 자치행정과 경제개혁을 병행하면서 질서를 유지했다.

오랫동안 잘 유지되었던 내부 질서는 1980년 티토가 사망하고 이어서 소련의 고르바초프가 등장하며 소련을 두려워해야 할 이유가 사라지자 변하기 시작했다. 이러한 변화는 소련 안팎으로 독립운동이 거세짐에 따라 한층 격화되었다. 유고슬라비아 내부에 잠재했던 민족 갈등이 들끓기 시작했다. 1991년 슬로베니아가 독립을 선포했다. 유고슬라비아 연방군이 침공했지만 10여 일 만에 철수했고, 슬로베니아는 분리 독립했다. 크로아티아도 그 뒤를 따랐으며, 마찬가지로 유고슬라비아 연방군의 공격을 받았다. 하지만 유고슬라비아 연방군은 단순히 조국을 위해 싸우지 않았고 극단적인 세르비아 민족주의를 내세우는 대리자로 활동했다. 이러한 세르비아 민족주의는 보스니아–헤르체고비나가 독립을 선언한 직후 연방군이 공격했을 때 노골적으로 드러났다. 보스니아는 인구로 볼 때 무슬림이 대다수였으나, 세르비아계 주민들이 상당한 지역에서 널리 거주하고 있었다.

독립을 열망하는 흐름은 외부인들에게 난감한 정치적 딜레마를 안겨주었다. 식민통치하에 살고 있는 주민들이 각자 주권이 있는 독립국가를 건설할 권리가 있다는 민족자결 원칙은 제2차 세계대전 후 널리 공유되었다. 이러한 원칙은 폭넓은 지지를 받아 동정심을 유발했고, 때로는 이러한 원칙 추구 과정에서 폭력이 수반되어도 노골직으로 시시를 받을 정도였다. 그리하여 민족자결은 제2차 세계대전 후 질서의 근본 교리로 자리 잡았다.

하지만 기존 국민국가에 거주하고 있는 민족들의 자결권은 덜 분명했고 분명히 지지도 덜 받았다. 식민통치로부터 해방되려는 경우와 달리 민족자결을 폭넓게 적용한다면 자결권 행사가 한 번에 끝날 수 없었다. 오히려 무한정 요구될 수도 있었다. 더욱이 특정 국가 내에 거주하고 있는 단체에게 자결권이 적용된다면 주권이 외부가 아니라 내부로부터 공격받고 훼손될 수 있기 때문에 기존의 주권 개념이나 이상과도 크게 충돌했다. 그리하여 국제질서의 근본뿐 아니라 많은 국가들의 존립에도 잠재적인 위협이 되었다.

체코슬로바키아처럼 내부적으로 폭넓게 수용된 정치 절차를 거쳐 우호적으로 이혼할 수 있다면 괜찮을 수도 있다. 하지만 분리 독립에 관한 열망이 합의점을 못 찾는다면 전혀 다른 이야기가 될 수 있다. 그럼에도 외부인들은 독립을 주장하는 사람들이 역사적으로 볼 때 타당하고, 이들이 기존 중앙정부로부터 차별을 받아왔으며, 독립하더라도 독립국가로서 생존할 가능성이 있다고 생각하면 독립을 주장하는 세력을 동조하고 지지했다. 이런 이유로 유럽공동체와 미국은 유고슬라비아의 일부였다가 분리 독립한 신생국가들을 승인했다. 하지만 이러한 외교적 조치는 불길을 가라앉히지 못했고, 더 격렬한 분리 독립과 폭력적 개입을 유발하는 원인이 되었다.

미국은 상호 모순되는 다양한 고려 사항 사이에 낀 신세가 되었고, 그래서 당시 미국 정책은 일관성이 없었다고 설명할 수도 있다. 조지 H. W. 부시 행정부는 엉망진창인 내전에 얽히고 싶어 하지 않았다. 또한 중앙정부가 어느 정도까지 분리주의 세력을 억누를 수 있는지, 유고슬라비아의 경우 이런 원칙을 얼마나 적용해야 하는지에 대해서도 확고히 일치된 의견이 없었다. 정권을 물려받은 클린턴 행정부도 군사적으로 깊이 얽히고 싶어 하지 않았으며, 그래서 최종적으로 무력을 사용하기로 결정했을 때도 지상군 투입보다 공중 폭격을 선호했다. 무력 개입을 결정하게 된 계기도 미국이 특별히 자결권을 지지해서가 아니라, 인도주의적 우려와 베오그라드 중앙정부로부터 분리 독립을 원하는 사람들과 난민을 위해 미국이 행동에 나서야 한다는 유럽 동맹국들의 요구 때문이었다.

1991년부터 1994년까지 3년에 걸쳐 다음과 같은 패턴이 발생했다. 구유고슬라비아 공화국 내 특정 지역이 독립을 선포하면 외부 세계가 이를 외교적으로 승인하고 격렬한 내전이 발생한 다음, 유엔이 주도하여 정전과 정치적 합의를 도출하려는 노력이 전개되고 유엔평화유지군이 파병되었다. 하지만 평화유지군은 크로아티아인과 무슬림들의 강제 이주 및 분리와 같은 인종 청소 행위와, 안전하지 않음에도 민간인들에게 안전하다고 선포된 지역에 대한 세르비아군의 공격 앞에서 무기력한 모습을 보였다.

구유고슬라비아 사태는 1995년 봄과 여름에 최악으로 치달았다. 수백 명의 유럽 평화유지군이 보스니아계 세르비아군에 포로로 붙잡혔으며, 7월 중반에는 소위 안전 지역이었던 스레브레니차가 공격을 받고 점령되었다. 몇 주일 후 세르비아는 보스니아–헤르체고비나 수도인 사라예보를 공격했다. 그로부터 며칠이 지나지 않아 나토는 세르비아군을 약화시키고 세르비아 정부의 태도를 바꾸기 위해 지속적인 폭격을 했다. 수개월이 지난 1995년 11월 미국 오하이오주 데이튼 군 기지에서 독립국들과 자치 지역들, 그리고 수많은 평화유지군 사이에 불안정하나마 평화를 유지하려는 정치적 합의를 도출함에 따라 평화유지군과 외교·정치·경제적 제재가 성취하지 못했던 목적이 공습을 통해 달성되었다.[2]

얼마 지나지 않아 민족 분규가 유럽 일부 지역에만 국한되지 않는다는 사실이 명백해졌다. 또한 기존의 굴레로부터 벗어나 새로운 국가를 건설하려는 민족에게만 국한되지도 않았다. 많은 경우, 전 세계 곳곳의 민족 분규는 민족자결이나 신생 독립국 건설에 대한 열망 때문이 아니라 과거의 원한 해소 혹은 새로운 정치적·경제적·사회적 체제 수립을 통한 승자독식 때문에 발생했다.

보호의무와 인도주의적 개입

1990년대 세계와 미국이 직면했던 대부분의 주요 외교 과제는 강력한 국가가 아니라 취약한 국가 내부에서 발생하는 다양한 갈등이었다고 말해도 그리 과언이 아니다.[3] 강력한 국가에 대한 정의는 필요하지 않지만, 취약한 국가에 대한 정의는 틀림없이 필요하다. 어떤 국가가 취약하다는 말은 그 국가가 자신의 영토 외부로 군사력을 투사하거나 전쟁을 수행할 능력이 없다는 의미가 아니라 영토 내부에서 발생하는 일조차 제대로 관리하지 못하는 경우를 의미한다 (저자는 강대국에 대조되는 개념인 '약소국'은 weak power, 자국 내부도 제대로 통제하지 못하는 '취약국가'는 weak state로 명확히 구분하고 있다-옮긴이). 이러한 역량 부재로 인해 정부가 일부 지역을 제대로 통제하지 못하는 경우('통치권이 미치지 않는 지역ungoverned spaces'이라고 부른다)가 생긴다. 실패국가는 취약국가가 극단적인 상황이 되어 정부의 권위가 실질적으로 붕괴되고 혼란스러운 상황이 지속되면서 지역 군벌과 폭력 조직들이 국가의 일부 지역이나 전체를 차지한 경우를 말한다.

사막의 폭풍 작전과 쿠웨이트 해방 이후 이라크가 최초의 실패국가 사례가 되었다. 중앙정부의 가혹한 통치에 반대하는 반란, 즉 아랍어로 인티파다intifada가 시아파 무슬림이 대다수인 남부 지역과 쿠르드족이 지배하는 북부 지역에서 발생했다. 반란 단체의 정치적 목표가 무엇인지, 그리고 어떤 결과가 있을지 확실하지도 않고 극도로 복잡한 상황에서 군사개입을 계획하고 이행하기가 상당히 어렵기 때문에 미국이 개입하지 않았다. 하지만 이라크 북부 지역에서 인도주의적 상황이 악화되고 많은 주민들이 터키 국경으로 몰려들자, 미군은 이라크 공군이 민간인을 공격하지 못하도록 비행금지구역을 설정했으며, 식량 및 생필품을 제공하여 수백만 명까지는 아니더라도 수십만 명의 목숨을 구했다. 조지 H. W. 부시 행정부는 인도주의적 참상에 자극받아 행동에 나섰지만, 실은 파트너이자 동맹국인 터키로부터 압력을 받아 조치를 취한 측면도 있었다. 부시 행정부는 자신들이 개시한 전쟁이 기대만큼 이라크 국내 정치 상황을 해결하지 못한 채 마무리된 것에 부담이 컸다. 하지만 미국의 개입은 엄격히 인도주의적인 측면에만 한정되었고, 이라크 북부 지역에 별도의 쿠르드족 국가나 남부 지역에 시아파 독립국가를 수립하려 하지 않았고, 또한 기존 이라크 정부를 타도하려고 하지도 않았다.[4]

얼마 안 되어 소말리아가 그 뒤를 이었다. 당시 소말리아는 중앙정부가 정상적인 기능을 하지 못했다. 이 나라는 명목상으로만 국가였을 뿐, 주민들이 고통을 겪는 와중에도 군벌들이 지역별로 할거하면서 무장 충돌이 끊이지 않았다. 무장 충돌하는 민병대들이 보급품을 약탈해서 되팔고 그 판매 대금으로 다시 무기를 구매하여, 식량과 생필품을 제공하는 유엔의 노력이 거의 성과를 거두지 못했다. 1992년 중반 대량 기아 사태가 심각한 문제가 되었다. 이에 조지 H. W. 부시 행정부 말기인 1992년 말 미국은 식량과 인도주의적 지원 물품이 안전하게 전달될 수 있는 여건을 조성하고자 군사적으로 개입했다. 당시 파병된 미군 규모는 약 2만 5,000명으로 유엔군의 대부분을 차지했다.

군사개입은 성공했지만, 어디까지나 협소한 의미의 성공이었고 식량을 전달하고 교전 단체들을 서로 떨어뜨려 놓았을 뿐이었다. 외국 군대에 의존하지 않는 유능한 정부를 수립하지도 못했고, 치안도 회복하지 못했다. 군사개입을 초래했던 인도주의적 상황이 재발되지 않고 군사개입이 마무리될지 여부도 불투명했다. 클린턴 신행정부의 지지를 받는 새로운 유엔군이 1993년 5월 기존의 협소한 인도주의적 임무에서 벗어나 좀 더 책임감 있는 정부를 수립하고 이를 방해하는 모든 세력을 소탕하겠다는 광범위한 임무에 착수했다. 하지만 그 결과는 참담했다. 미군 장병 18명이 사망했지만, 모든 미군과 유엔군이 상황을 개선시키지 못하고 철수하고 말았다.

소말리아의 경험은 파문을 일으켰다. 그해 여름에 아이티가 내부적으로 불안정해지고 질서가 위협받을 때, 미국은 초동 대응을 꺼렸다. 미국이 소말리아에서 철수한 지 몇 달 후 약 200여 명의 미군과 캐나다군이 승선한 선박이 유엔의 승인하에 아이티군을 훈련시키고자 파견되었지만, 성난 군중들이 부두에 몰려들어 말 그대로 선박을 쫓아냈다. 미국은 전열을 가다듬었다. 아이티를 지배하고 있는 군부 지도자들을 축출하고 선출된 정부를 복권시키기 위한 군사력 동원을 승인하는 유엔 안보리 결의가 1994년 여름에 통과되었다. 대규모 병력이 군사행동을 취하기 위한 채비를 차렸고, 이러한 배경하에 지미 카터 전 미국 대통령이 주도한 외교적 노력이 성공을 거두어 정통성이 없는 불법 정부가 퇴진하도록 설득시킬 수 있었다.[5]

소말리아에서 받은 충격 여파는 미국이 르완다 사태를 다루는 과정에서 더 두드러졌다. 르완다 사태는 다른 어떤 위기보다도 주권과 인도주의적 개입에 대한 전 세계의 인식에도 영향을 끼쳤다는 점에서 상당히 심각한 사례로 드러났다. 르완다는 인구의 80~90퍼센트를 차지하는 후투족과 소수의 투치족으로 구성된 아프리카 소국이다. 소수 종족이 종종 그렇듯이 투치족은 벨기에 식민지와 유엔 신탁통치 시절 정치·경제·사회 분야에서 우대를 받았다. 하지만 점차 후투족이 우위를 점하게 되었다. 부족 분쟁이 갈수록 빈번해졌고, 많은 투치족들이 인근 우간다로 피신했다. 르완다가 독립 공화국이 된 1962년에는 후투족이 르완다를 지배했다.

르완다 이웃 나라인 우간다에 피신 중인 투치족이 1988년에 르완다애국전선RPF: Rwandan Patriotic Front을 발족한 후, 후투족과 여전히 르완다에 거주하는 투치족 간의 투쟁과 반목이 한층 심해졌다. 우간다는 인도주의적 목적이 아니라 후투족 정권을 전복시키고 투치족들을 귀환시키기 위해 RPF를 지원했다. 5년 후 정전에 합의하고 후투족이 장악한 정부와 후투족 야권 세력과 르완다에 거주하는 투치족 간의 권력 분점을 촉구하는 평화협정이 서명되면서 상황이 호전되는 것처럼 보였다. 이 합의를 뒷받침하고자 소규모의 유엔평화유지군이 창설되어 파견되었다. 하지만 몇 달이 채 못 가서 정전 합의가 완전히 붕괴되고 거의 100만 명에 달하는 투치족이 극단주의 후투족 민병대와 후투족 지배의 정부군에 의해 살해되었다. 대량 살육이 있고 나서야 RPF가 르완다를 통제할 수 있게 되었고, 이후에 폭넓은 지지를 받는 정부가 수립될 수 있었다. 당시 파견되었던 소규모 유엔군들은 대응할 능력이 없었다(일각에서는 내키지 않아 그랬다고 주장한다). 전 세계는 완전히 수수방관했다. 초기에 조금만 신중한 조치를 취했더라면 별다른 비용을 들이지 않고도 수십만 명의 목숨을 구할 수 있었음에도 거의 아무런 조치를 취하지 않거나 행동도 하지 않았다.[6]

르완다 사태는 아무런 행동도 하지 않기로 한 결정이, 어떤 행동을 취했을 때만큼 중요한 결과를 낳을 수도 있다는 것을 보여준 첫 번째 사례도 아니고 마지막 사례도 아니다. 흥미롭게도 이 사건에 가장 크게 영향을 받은 일부 미국인들이 20년이 지난 후 리비아 사태와 관련하여 미국의 개입 여부와 개입 방식에 대한 질문이 제기되었을 때 미국 정부에서 근무하고 있었다(오바마 행정부 당시 유엔 대사와 국가안보보좌관을 역임한 수전 라이스와 유엔 대사였던 서맨사 파워가 대표적인 인물이다-옮긴이). 후술하겠지만, 이 사태에 대한 과도한 교훈으로 인해 리비아 사태 때는 정반대의 방향으로 갔다. 역사를 통해 배운다고 하지만 말처럼 쉽지 않다.

이러한 위기들의 공통점은 정부가 자국민 일부를 공격하거나 자국민을 공격으로부터 보호하지 못했다는 점이다. 이러한 위기들은 일부 경우에는 주민들이 주변국으로 몰려감에 따라 주변국 안정에 문제를 초래하기도 했지만, 대부분 전략적 문제라기보다 인도주의적인 이해관계와 결과를 낳는 성향이 있었다. 이 사안은 만약 현지 정부가 자국민에 대해 기본적인 안보를 제공할 능력이나 의지가 없으면 어떻게 해야 하는가라는 질문을 던짐으로써 전 세계 모든 국가들에게 중대한 문제가 되었다.

이런 난제로부터 R2P로 더 잘 알려진 '보호의무Responsibility to Protect'라는 개념이 서서히 등장했다. 이 개념은 2005년 유엔 세계정상회의World Summit 선언문에 "모든 개별 국가들은 자국민들을 제노사이드, 전쟁범죄, 인종 청소 및 인도에 반하는 범죄로부터 보호할 의무가 있다"고 명시되어 있다. 이러한 주권적 책임에 관한 성명은 의미심장했다. 하지만 R2P는 '국제 공동체'도 바로 이 네 가지 위협으로부터 국민들을 보호할 책임이 있다는 연관 개념으로 인해 그 의미가 더욱 중요해졌다. 해당국 정부의 요청 여부와 무관하게, 심지어 그 나라 정부가 외부 개입을 반대하더라도 필요하다면 무력을 동원해서라도 보호해야 한다는 주장이다. 전 세계 각국 정부들은 하나하나 개별적인 사례마다 관련 지역기구나 유엔과의 협조를 통해 '적시에 단호한 방식으로 집단행동'을 취할 각오가 되어 있다는 의사를 표명했다.[7]

이제 국가의 대외 활동뿐 아니라 내부 활동도 다루게 됨으로써 마치 세계질서에 대한 개념이 중대한 전기를 맞은 것처럼 보였다. 그렇게 함으로써 어떤 특정한 상황에서 특정 국가가 무고한 자국민들을 보호할 수 없거나 보호하려 하지 않을 때 다른 국가들이 보호할 권리가 아닌 마치 의무가 있는 것처럼 규정되었다. 이는 기본 인권이 침해되어도 이를 해결할 메커니즘이 전혀 없었던 세계인권선언보다 더욱 중요한 의미가 있었다. 많은 분야에서 R2P는 제노사이드 협약의 예방 수단을 이행하는 권한을 제공했다.

하지만 겉으로 보기에는 단합했지만 그 이면에는 상당한 의견 불일치가 있었다. 중국, 러시아, 인도와 같은 일부 주요 강대국들은 미국의 압도적인 힘, 르완다 사태 이후의 국제적인 반응, 그리고 재난을 막기 위해 조치를 취했어야 함에도 그러지 못했다는 세간의 인식에 떠밀린 것처럼 보였다. 그러나 이 강대국들은 만약 자신들이 외부에서 보기에 부당하다고 생각하는 조치를 자국 내에서 취해야만 할 경우 R2P라는 개념과 묶어진 주권 개념이 자신들을 겨냥할 수도 있다고 우려했다. 그래서 R2P를 본능적이면서도 이해관계를 따져서 반대했다. 2011년 리비아 사태 개입 이후, 이들은 인도주의적 개입이 순식간에 정권 교체라는 더 심각한 조치로 전개되는 상황을 보면서 한층 더 우려하게 되었다. 리비아 사태로 인해 이들은 R2P가 자신들의 이익을 침해할 뿐만 아니라 자신들의 생존까지도 너무나 쉽게 겨냥할 수 있는, 주권에 대한 새롭고도 위험한 접근법이라며 아주 두려워하게 되었다.

R2P는 또 다른 문제가 있었다. R2P를 2005년 세계정상회의 발표문처럼 하나의 규범으로 신성하게 다루는 것과 그것의 현실 적용은 별개 사안이다. R2P 이행은 단순히 선례 형성과 지역적 이해관계뿐만 아니라 군사적·경제적 비용 문제로도 어려움이 컸다. 민족 분규나 내전 상황에서 시민들을 보호하기가 상당히 어렵고 매우 부담스러운 일이 될 수도 있었다.

시리아 사태가 이러한 현실을 잘 보여준 사례다. 시리아는 오랫동안 중동 지역의 전형적인 독재국가였다. 소수 민족의 한 가문이 오랫동안 지배해왔다는 사실 정도가 그나마 다른 국가와 다르다. 독립국으로 존속한 기간의 절반을 넘는 45년간 시리아는 하페즈 알아사드나 그의 아들인 바샤르가 지배해왔고, 이 부자는 수니파가 국민의 대다수인 시리아에서 불과 10~15퍼센트에 불과한 소수 무슬림 종파인 알와이트 교도였다.

시리아는 수십 년간 안정을 지속해왔지만, 이러한 안정은 1982년 시리아 내 하마라는 도시에서 1만 명에서 2만 5,000명으로 추정되는 수니파 무슬림들이 학살당했던 사례에서 보듯 시리아 정권의 잔혹성에 상당 부분 의존해왔다. 하마는 무슬림형제단 정치 활동의 온상이었으며, 아버지인 하페즈 알아사드는 반란 세력이 더 확대되지 못하도록 싹을 도려내고 다른 누구도 자신과 자신의 정권에 도전하지 못하도록 잔혹하게 탄압했다.

2011년 아랍의 봄이 시리아에서 발발하자 상황이 다르게 전개되었다. 반정부 시위를 진압하고자 군이 동원되었고, 일부 시위자들이 사망하자 다른 시위자들이 무기를 들었다. 정치적 항의가 급속하게 내전으로 변질되었다. 유혈 사태를 종식시키고자 알아사드 정권에 대한 제재 조치 등 초기의 외교적 노력은 아무런 성과가 없었고, 시리아 내외에서 바샤르 알아사드의 퇴진을 촉구하는 목소리가 커져갔다.

이후 몇 년 동안 사태가 한층 더 악화되었다. 시리아 정부는 이란과 러시아로부터 경제적·군사적 지원을 받았지만 영토 내 많은 지역에서 통제권을 잃었고, 알카에다의 방계 조직인 알누스라 전선과 IS, ISIL, ISIS, 혹은 아랍어로 다에시Daesh라고 부르는 소위 이슬람국가와 같은 다양한 무장단체들이 그 지역을 접수했다. 다른 무장단체도 등장했는데, 이 중 일부는 사우디아라비아나 다른 수니파 아랍국들, 터키, 혹은 미국으로부터 지원을 받았다. 내전이 지속되면서 수십만의 시리아인이 목숨을 잃었고, 전쟁 초기 약 2,200만 명에 달했던 인구의 절반가량인 1,100만~ 1,200만 명이 시리아 내에서 피난가거나 국경을 건너 난민이 되었다. 이러한 혼란과 민간인 사망에도 불구하고 R2P가 발동되지 않았다. 시리아를 안전하게 만들기가 너무 어려웠고, 외부인들이 시리아 사태의 책임이 누구에게 있는지, 개입을 통해 어떤 방향으로 나아가야 할지 의견이 일치하지 않았기 때문이다. 그 결과 시리아는 전쟁터가 되었고, 인도주의적 차원에서 악몽으로 남았으며, R2P는 무용지물이 되었다.

테러리즘의 세계화

취약국가들은 지역 주민들에 대한 피해뿐만 아니라 추가 문제도 야기했다. 바로 테러리즘이다. 2001년 9월 11일 미국에서 발생한 공격에 대한 다양한 대응 조치가 있었고, 그중에서도 각국은 테러리스트들이 자국 내에서 활동하지 못하도록 막아야 한다는 의무가 특히 중요해졌다. 개별 국가는 테러단체가 자국 영토 밖에서 활동하도록 하거나, 그것도 못하면 너무 취약해서 자국 영토 내 테러단체들의 활동을 막을 능력조차 없는 경우였다. 아프가니스탄의 경우, 탈레반 정부는 알카에다에게 은신처를 제공했다.

테러 공격 발생 직후, 미국은 탈레반에게 냉혹한 선택을 요구했다. 알카에다와의 관계를 단절하고 알카에다 지도자들을 미국이나 국제기구에 인도하든지, 아니면 결과를 책임지라고 요구했다. 탈레반 정부는 미국의 요구를 거절했다. 미국은 탈레반 정부를 축출하기로 마음먹었고, 정보요원과 군인들이 소위 북부동맹Northern Alliance과의 협력을 통해 몇 달 만에 목표를 달성했다. 북부동맹은, 아프가니스탄 인구의 대부분을 차지하며 주로 남부 지역에 거주하는 탈레반 핵심 지지 세력인 파슈툰족의 비지배 지역에 뿌리를 둔 느슨한 반탈레반 연합체였다. 탈레반 정권 축출 후 미국은 아프가니스탄 주요 인사들, 그리고 아프가니스탄 주변국들과 독일 본에 모여 하미드 카르자이가 이끄는 새로운 정부 수립을 지원했다. 카르자이는 비록 파슈툰계 유명 인사였지만, 아프가니스탄의 다른 부족 대표들이 수용할 수 있는 사람이었다.

이러한 조치에 대해 국제사회의 광범위한 지지가 있었다. 9·11 테러가 아주 참혹했으며, 이 테러 공격에서 미국인뿐 아니라 80여 개 나라 국민이 사망했음에도 불구하고 이 정도로 폭넓은 지지를 받으리라고는 미처 예상하지 못했다. 지난 수십 년간 무엇이 테러리즘인가에 관한 통일된 입장이 없었기 때문에 예상하기가 더욱 어려웠다. '누군가에게는 테러리스트일지 몰라도 다른 누군가에게는 자유의 투사일 수도 있다'라는 상투적인 표현이 있는데, 이는 테러 활동의 대의명분이 동정적으로 보일 경우 많은 사람들이 이를 지지하거나 묵인하는 정치적 현실을 반영한 문구다. 9·11테러 이후, 이러한 관점에서 벗어나 국가가 아닌 행위자가 정치적 이유로 무고한 남성, 여성, 어린이를 국제적으로 살해하는 행위를 테러리즘으로 규정하는 새롭고도 주관이 덜 개입된 테러리즘 정의가 등장했다. 이와 더불어 테러리스트들에게 은신처를 제공하거나 그들을 지원한 정부도 테러리스트와 다를 바 없고, 따라서 제재나 더 큰 처벌을 받아야 한다는 인식도 점차 지지받기 시작했다.

많은 변화가 있었다. 알카에다는 새롭고 더욱 위험해진 형태의 테러리즘을 보여주었으며, 이들은 전 세계로 활동 무대를 넓히고 실질적인 피해와 위험을 줄 수 있는 잠재력도 있었다. 그뿐만 아니라, 자신들만의 작은 국가 건설 같은 상대적으로 국지적이고 작은 목표를 추구했던 '전통적인' 테러리스트와 달리 이들의 목표는 끝이 없어 보였다. 거기에 덧붙여서 많은 국가들이 테러리즘에 어느 정도 취약하다는 사실을 깨닫게 되었다. 유럽은 오랫동안 자생적인 극단주의 테러리스트들이나 다양한 팔레스타인 조직들의 유럽 내 활동에 시달리고 있었다. 중국도 중국 서부 지역에서 활동하는 무슬림 테러리스트들이 점점 신경 쓰였다. 러시아는 체첸 테러리스트들을 우려했다. 아프가니스탄에서 수년 동안 지속된 내전을 통해 소련의 지배에 맞선 투쟁을 돕고자 전 세계 각지로부터 몰려온 무슬림들이 가장 최신 수법을 배우면서 새로운 테러리스트 세대를 양성해냈다. 테러리즘도 다른 요소들처럼 세계화되었다.

나는 이러한 태도 변화에 대해 나름대로의 시각이 있었다. 나는 2001년 당시 국무부 정책기획실장과 북아일랜드 평화 프로세스 미국 특사를 겸임하고 있었다. 정치적 이유로 촉발된 갈등으로 인해 지난 40년간 3,000명 이상이 북아일랜드에서 목숨을 잃었다. 내가 아일랜드 총리와 면담하던 바로 그 시간에 비행기가 뉴욕의 쌍둥이 무역 타워에 충돌했고, 모든 비행기 운항이 중지되어 귀국하지 못한 채 바로 그날 계획대로 벨파스트로 이동했다. 나는 모든 당사자들, 특히 자신의 정치적 목표를 달성하고자 오랫동안 폭력을 사용해온 아일랜드공화국군Provisional Irish Republican Army의 정치조직이면서 가톨릭 민족주의 정당인 신페인Sinn Fein 지도자들에게 쌍둥이 무역 타워가 붕괴되면서 미국에서 이제 어떠한 종류의 테러리즘에도 지지는커녕 일말의 관용조차 다 사라졌다는 사실을 분명히 밝혔다. 이러한 메시지는 이후 미 의회 및 여러 기관에서 이 단체를 전통적으로 지지해오던 많은 사람들도 똑같이 반복했다. 이와 같은 입장 변화는 평화 프로세스에 새로운 추동력을 불어넣었고, 궁극적으로는 신페인이 무기를 버리고 지역 의회에서 프로테스탄트(북아일랜드와 영국의 통합론주의자) 측과 협력하도록 만들었다.

대량살상무기와 핵무기 확산 방지

만약 모든 국가가 자국 영토 내에서 제노사이드를 자행해서는 안 되고 그 발생도 막아야 한다는 의견이 글로벌 컨센서스처럼 보이고 테러리즘을 용납해서는 안 된다는 여론이 실제 컨센서스에 가까웠다면, 2003년 봄 미국의 이라크 침공은 잘못되었고 정당화될 수 없다는 국제사회의 의견 일치는 한층 더 확고한 것이었다고 볼 수 있다. 이라크가 주권국가인 쿠웨이트를 침략하고 점령했던 1990~91년의 걸프전쟁과 달리, 이 경우에는 이라크가 그 당시 폭넓게 공유·인식되던 규범을 위반하지 않았다. 오히려 조지 W. 부시 행정부는 9·11테러 공격을 겪은 후 이라크의 대량살상무기WMD: Weapons of Mass Destruction 보유 가능성조차도 절대 받아들이기 어려운 큰 위협이라고 판단했다.

이라크 전쟁의 동기에 대해 이라크가 민주주의를 받아들일 준비가 되어 있었고, 이라크가 민주화되면 중동 지역 내 여타 국가들이 민주화된 이라크의 선례를 뿌리치지 못할 것이라는 다른 견해도 있었다. 전쟁이 끝나면 중동 지역이 민주주의로 개조되어 지역 평화의 토대를 마련할 것이라는 믿음도 있었다. 이러한 시각은 조지 W. 부시 행정부 내부에서는 폭넓게 공감되었지만, 미국의 대외 정책을 외부에 설명할 때는 별로 사용되지 않았다. 하여간 미국은 안보와 관련된 주장을 하면서 사담 후세인이 대량살상무기를 보유하게 됨으로써 발생하는 위험을 받아들일 수 없다고 했다. 그리고 정보 보고에 따르면 실제로 후세인이 대량살상무기를 보유했다고 믿어졌다. 사담 후세인이 유엔 무기사찰단에 충분히 협조하지 않으려고 함으로써 뭔가 숨기고 있다는 심증이 한층 굳어졌다.[8]

하지만 2003년 이라크 전쟁은 '예방적preventive' 개입이라는 규범에 대한 국제적 지지가 없었다는 사실을 보여주었다. 미국의 행동을 종종 '선제적preemptive'이라는 단어로 설명하는 경우가 있다. 부시 행정부는 2002년 국가안보보고서에서 이 단어를 사용했지만, 전혀 의미가 다르고 그 위상이나 승인 여부도 완전히 다른 두 단어를 혼동했다.[9] 명확하게 말하자면 미국이 2003년에 취한 조치는 예방적 행동이었으며, 커지는gathering 위협을 중단하고자 취한 행동이었다. 이라크 전쟁과 관련하여 커지는 위협은 이라크의 핵무기 개발 의혹이었다. 국가들은 다양한 출처를 통해 위협이 커지고 있다고 불가피하게 보기 마련이며, 만약 위협이 커지고 있다고 인식할 경우 수시로 예방적 군사조치에 나서게 되어 세계가 지속적으로 무력 충돌에 휩싸일 수 있기 때문에 이러한 행동은 당연히 논쟁의 여지가 있다.

이와 대조적으로 임박한imminent 군사적 위협을 중단하고자 취하는 군사행동으로 정의되는 선제preemption는 널리 받아들여지고 있다. 심지어 이 분야의 권위 있는 법학자는 이러한 행동을 '정당한 예측 행위legitimate anticipation'로 명명했다.[10] 물론 이러한 조치를 취하는 측이 위협이 실제로 임박했다는 사실을 입증할 수 있어야 한다. 2003년 이라크는 비록 그 당시에 핵무기 보유에 필요한 요소들을 축적하고 있다고 여겨졌지만, 이런 기준을 충족하지는 못했다.

유엔이나 국제적으로 권위 있는 기구로부터 승인을 얻을 때까지만이라도 군사조치를 유보하길 꺼렸던 미국의 태도로 인해 미국은 한층 더 고립되었다. 그 결과 2003년에 이라크를 상대로 행동에 나섰을 때 전 세계 대부분의 사람들 눈에 미국의 행동은 정당성이 없는 것처럼 보였다.

이는 놀랍지 않았다. 대량살상무기와 핵무기의 추가적인 확산을 막아야 한다는 규범에 대해 원칙 차원의 지지는 강했지만 실천적 측면에서는 별로 그렇지 못했다. NPT상 핵무기를 보유할 수 있도록 '허용된' 5개국을 제외하고 핵무기 보유를 제한한다는 원칙에서 최초로 예외를 적용받은 국가가 이스라엘이다. 이스라엘은 국제적 고립 심화를 막고 아랍 국가들에게 핵무기를 보유할 구실을 주지 않으려고 자신의 핵무기 보유를 공개적으로 인정하지 않은 채 침묵했지만, 이미 1960년대 초에 핵무기를 보유했다. 아랍 국가들이 이스라엘과의 평화적 공존은커녕 이스라엘의 생존권 자체를 인정하려 들지 않았으며, 홀로코스트로 인한 이스라엘의 독특한 지위 때문에 핵무기는 유대인 국가를 보호하는 궁극적 수단으로 널리 간주되었고, 그래서 미국과 대부분의 유럽 국가들은 이스라엘의 핵 보유를 다른 시각에서 바라보려고 했다. 심지어 더 나아가 낙관론자들은 핵무기로 인해 이스라엘이 자국 안보를 위해 핵무기를 보유할 필요가 없는 여건을 조성하기 위한 외교적 노력을 촉진할 가능성까지 있다고 주장했다.[11]

인도도 핵무기를 개발했다. 인도가 핵무기를 개발한 가장 중요한 동기는 자신보다 더 큰 주변국인 중국 때문이었다.[12] 여기에서도

1962년 인도와 중국의 제한된 전쟁을 비롯해 양국 갈등과 국경분쟁의 역사가 있다. 인도는 NPT가 소수 국가들(5개국)에게만 핵무기를 보유할 '권리'를 부여하고 다른 국가들에게는 똑같은 권리를 주지 않기 때문에 차별적이라고 주장하면서 NPT 가입을 거부했다. 인도는 이러한 입장과 일관되게 1974년 처음으로 핵실험을 했다. 인도는 소련으로부터 지원을 기대할 수 있다고 믿었기 때문에 미국과 여타 국가들로부터 받을 경제적·군사적 제재의 대가를 치를 각오가 되어 있었다. 수십 년이 지나면서 인도는 점차 상당한 양의 핵무기를 보유하게 되었다. 세계도 이러한 상황을 점차 받아들였다. 미국은 2008년에 자신이 부과했던 제재로 인해 그동안 금지되었던 양국 민간 분야 핵 협력에 관한 협정을 체결함으로써 인도의 핵프로그램을 실질적으로 받아들였다. 미국 정부는 안정된 민주주의 국가인 인도에 계속 반대만 한다면, 탈냉전 이후 경제적·전략적으로 더욱 중요해지고 전도유망한 인도와의 관계가 어려움을 겪을 뿐 그 외에는 아무런 효과도 거둘 수 없다는 전략적 판단을 내렸다.

북한은 상당히 다른 사례다. 북한의 공식 국명은 조선민주주의인민공화국인데, 공식 국명에 '민주주의'라는 단어가 들어가면 전혀 민주주의가 아니라는 인식을 한층 더 확인시켜준다. 북한은 가장 억압적인 정권이 통치하는 폐쇄적 국가이고, 전 세계에서 가장 군사화된 병영사회다. 그리하여 북한은 어떤 국가, 그것도 특히 호전적으로 행동하면서 테러리즘을 지원하는 국가가 핵무기를 보유하려는 시도를 막기 위한 전 세계의 단결력을, 아니 정확히 말하자면 무능력을 보여준 사례가 되었다.

미국은 상당히 곤란한 처지에 놓였다. 미국은 북한 정권과 같은 정치집단이 핵무기를 보유하지 못하게 막는 것이 아주 중요하다는 사실을 너무나 잘 알고 있다. 하지만 그러려면 북한이 핵무기를 실전 배치하기 전에 핵시설 대부분을 파괴하는 예방적인 군사조치가 필요하다. 이러한 조치를 취하는 데 있어서 군사작전의 실행 가능성이나 예방 타격에 대한 국제사회의 지지 여부보다는, 오히려 이러한 군사적 공격이 한반도에서 전쟁을 야기할 가능성이 크다는 데 문제가 있다. 한반도에서 전쟁이 발발하면 미국의 동맹국인 한국과 일본이 북한의 보복을 정면으로 받게 되기 때문에 두 동맹국은 한반도에서의 전쟁을 극도로 반대한다. 미국의 동맹국에 대한 안보 공약과 북한의 군사력을 고려할 때 이러한 전쟁은 상당한 수준의 비용이 드는 미국의 군사적 대응이 필요할 것이다.

이 모든 상황이 1994년에 최고조에 달했다. 북한은 10년 전에 이미 NPT에 가입했지만 핵무기 개발을 포기한 적이 없었다. NPT 체제 준수 여부를 감시하는 역할을 맡은 국제기구인 국제원자력에너지기구IAEA: International Atomic Energy Agency는 북한이 NPT의 의무를 위반하고 있다고 비난했다.[13] IAEA가 자신의 임무를 완수하기 위해 북한에게 요구했던 시설 접근권이 자주 거부됨에 따라 사찰단은 결론을 내릴 수가 없었다. 브렌트 스코크로프트와 아널드 캔터는《워싱

턴포스트》에, 그리고 나는 《뉴욕타임스》에 만약 북한 자신이 적절한 선을 넘지 않았다고 외부 세계를 안심시킬 수 있도록 지속적이고 철저한 사찰을 허용하지 않는다면, 북한의 핵무기 제조를 중단시키기 위해 미국이 예방적 타격에 나서야 한다는 요지의 기고문을 게재했다.[14]

클린턴 행정부는 이러한 요구를 밀어붙일 준비가 되어 있지 않았다. 그 대신 미국은 북한과 대화를 시작했으며, 새로운 사찰 시스템을 도입하는 한편, 북한 정권의 핵 활동을 제약하는 내용의 합의문에 서명했다[15](북한의 NPT 복귀 및 플루토늄 재처리 핵시설 동결 대가로 경수로를 제공하고 그 기간 중에는 미국이 중유를 공급하기로 했지만, 2002년 북한이 우라늄 농축 활동을 시인함에 따라 합의가 파기되었다-옮긴이). 단호한 조치를 취하지 못하자 실질적이고도 지속적인 부작용들이 도처에서 나타났다. 북한은 협상 기간 동안 번 시간을 활용해서 핵무기 능력을 은밀히 발전시켰다. 북한이 언제 핵무기를 보유하게 되었는지 정확한 시기를 특정할 수는 없지만, 아마도 그 당시이거나 그 이후 몇 년이 지난 즈음이었을 것이다. 이러한 근본적인 현실을 바꾸려 했던 수십 년에 걸친 협상이 실패하고 말았다. 북한은 2006년부터 적어도 네 차례의 핵실험(기폭 실험)을 감행했다(2017년 9월 현재, 북한은 2006년 10월 9일, 2009년 5월 25일, 2013년 2월 12일, 2016년 1월 6일과 9월 9일, 그리고 2017년 9월 3일 여섯 차례의 핵실험을 감행했다-옮긴이). 북한은 이제 핵탄두 수십 발을 보유하고 있으며, 핵탄두를 탑재한 미사일을 수천 킬

로미터 멀리 보낼 수 있는 미사일을 개발하고 있다. 그리하여 북한의 기존 핵 능력 대부분을 파괴할 수 있었던 예방적 군사 타격의 기회를 놓쳐버리고 말았다.

북한만 핵무기와 관련한 임계점을 넘은 것은 아니다. 파키스탄의 경우에도 자신의 실용적 관점에서 바라본 지정학적 고려가 어떤 대가를 치르더라도 핵확산만은 막아야 한다는 글로벌 원칙보다 우선시되었다. 중국은 파키스탄을 인도에 대한 전략적 대응 수단으로 간주했으며, 그래서 파키스탄의 핵 개발 시도를 기꺼이 도와줄 의향이 있었다. 미국 역시 1979년 12월 소련이 사주한 아프가니스탄 내 쿠데타 발생 이후 아프가니스탄 문제를 놓고 파키스탄과 긴밀히 협력하고 있었다. 반소련 무장단체인 무자헤딘도 파키스탄을 통해 결성되고 무장했다.

파키스탄은 자신보다 더 크고 강력하며 서로 전쟁을 치른 적도 있는 영토 분쟁 중의 이웃 국가 인도에 맞서는 데 핵무기가 필수적이라 생각하고 오랫동안 핵무기 개발을 추구했다. 1974년 인도의 첫 번째 핵실험은 확실하게 파키스탄의 핵 개발 노력을 가속화시켰다. 중국의 도움을 받고 비밀리에 핵무기를 개발하면서 파키스탄은 1980년대 중반에 핵 능력의 임계점에 도달했다. 10년이 지나 1998년에는 인도가 핵실험을 하자 파키스탄도 핵실험을 감행했고 공공연한 핵보유국 지위를 획득했다.

미국은 한편으로 아프가니스탄을 점령하고 있는 소련군과 맞서 싸우기 위해 파키스탄과 협력하고, 다른 한편으로는 핵확산을 막기 위해 파키스탄과 대립한다는 양립 불가능한 노력을 전개했지만 결국 실패했다. 경제적·군사적 제재를 통해 파키스탄의 핵 야욕을 꺾는 게 정답이겠지만, 실제로 제재 내용은 최악의 타협에 불과했다. 제재는 파키스탄의 핵 개발 의지를 꺾을 정도로 충분히 강력하지도 않았고 오히려 파키스탄과 그 나라에서 중요한 정치적 역할을 하는 군부 지도자들만 소외시킬 뿐이었다. 실제로 자신의 사활이 걸린 문제라고 생각하고 추구하던 정책을 단념시킬 정도로 강력하게 제재가 부과된 사례는 찾아보기 힘들다. 파키스탄에 대한 제재는 오히려 파키스탄이 어려움을 겪을 때 외부 세계와 미국은 믿을 수 없다는 주장만 강화시켰고, 자신의 안보는 스스로 챙겨야 하며, 그렇기 때문에 핵무기 획득이 더욱 중요하다는 확신만 굳게 했다.

오늘날 파키스탄은 100여 기가 넘는 핵무기를 보유하고 있으며, 세계에서 가장 빠른 속도로 핵무기를 비축하고 있다. 아울러 파키스탄은 문민 통치가 허울에 불과할 정도로 취약한 국가이고 세계에서 가장 위험한 테러단체들의 온상이라는 사실 또한 더욱 우려스럽다. 파키스탄은 핵무기 프로그램을 다른 나라에 전수한 전력도 있다 (북한은 파키스탄으로부터 우라늄 농축 기술과 핵탄두 설계 방식을 전수받은 것으로 의심된다-옮긴이). 또한 파키스탄 지도부는 핵보유국인 인도와도 대립관계에 있다. 그렇기 때문에 무력 충돌 시 핵무기가 사용되거나 테러단체가 핵무기를 탈취할 가능성도 있다.

또한 이스라엘, 파키스탄, 인도의 경우 핵무기는 5대 핵보유국에게만 허용되고 다른 국가로 확산되어서는 안 된다는 글로벌한 합의 사항을 문서화한 NPT에 서명한 적이 없다는 사실도 주목해야 한다. NPT는 가입하지 않은 데 대한 처벌 규정이 없으며, 북한처럼 탈퇴해도 처벌 규정이 없다. 핵무기 확산을 반대하는 의지가 없다는 말은 아니다. 실제로 핵 비확산에 대한 국제사회의 의지는 강하다. 하지만 실제로 핵확산을 막기 위해 주요 강대국들이 어느 정도까지 대가나 희생을 치를 각오가 되어 있는지는 분명치 않다.

이란은 상당히 다른 사례다. 이란은 NPT 체결국이며, 샤(황제)가 통치하던 시절에는 서방 세계로부터 핵에너지 프로그램 지원을 받았다. 하지만 1979년 혁명으로 이슬람 정권이 집권한 후에도 핵프로그램이 지속되고 확대되자 이란의 핵 활동에 대한 세계의 시선이 달라졌다.

때로는 NPT상 의무와 합치하지도 않으며 IAEA의 비확산 노력을 약화시키려는 의도가 있는 이란의 핵프로그램과 이를 좌절시키려는 미국과 다른 국가들의 투쟁이 35년간 지속되었다. 이 과정에서 제재 조치는 물론, 우라늄 농축을 위한 원심분리기 가동 프로그램을 마비시키는 악성 소프트웨어 설치 등 다양한 방식이 동원되었다. 하지만 이란의 핵프로그램은 발전을 거듭했으며, 오바마 행정부가 취임한 지 몇 년 후에 미국과 전 세계는 이란의 핵시설을 파괴하는 예방적 공격에 나서야 할지, 이란의 핵프로그램을 받아들여야 할지,

혹은 핵무기 실전 배치 수준에는 미치지 못하는 정도에서 이란의 핵 프로그램을 제한하는 합의를 도출할지 등 선택의 기로에 놓였다.

오바마 행정부는 이 중에서 앞의 두 가지 옵션을 거부했다. 미국은 중동 지역에 대한 개입을 줄여나가겠다고 결심했기 때문에 중동에서 또 다른 군사 충돌을 원하지 않았다. 실제로 이 지역에서 미군 병력을 감축시키겠다는 것이 오바마 대통령과 주변 참모들의 핵심 목표였다. 더욱이 군사적 조치를 취하더라도 어떤 성과를 달성할 수 있을지 전혀 확신이 없었다. 예방적 공격을 한다면 이란의 핵프로그램을 몇 년간 후퇴시킬 수 있겠지만, 그 대신 대규모 전쟁을 초래할 수도 있고, 이란 강경주의자들의 입지를 강화시켜주며, 핵무기 개발을 추진하는 이란을 제재하기 위해 직간접적으로 많은 비용을 치렀던 국제사회의 지지를 약화시킬 수 있었다. 물론 이란이 핵무기 제조에 필요한 시설과 공장을 재건설하는 데 시간이 들겠지만, 언젠가는 다시 건설할 것이고, 그때는 아마도 미국이나 이스라엘 무기로도 공격하기 어려운 깊숙한 지하에 건설할 것이다.

동시에 오바마 행정부는 이스라엘, 인도, 파키스탄, 북한처럼 이란이 핵무기 임계점을 넘도록 그냥 용인해주자는 의견도 거부했다. 이런 식으로 상황이 전개되면 중동 전역에서 핵무기 개발 경쟁이 불붙을 것이고, 안 그래도 전 세계에서 가장 불안정한 지역이 더욱 불안정해질 수 있다. 이란이 핵무기를 보유하게 된다면 미국이나 이스라엘을 두려워할 이유가 거의 없어지기 때문에 중동 지역에서 자신의 야심을 펼치고도 아무런 제재를 받지 않을 수도 있다. 또한 이란 지도자들이 이스라엘의 생존권 자체를 부인하는 발언을 많이 했기 때문에 이란의 핵무장은 이스라엘인들이나 다른 사람들이 보기에 유대인 국가인 이스라엘에 실존적인 위협이 될 수도 있다.

이러한 모든 요인들로 인해서 오바마 행정부는 외교적 수단을 택했다. 당시에도 그랬고 지금도 논란이 되고 있는 쟁점은 외교적 해결을 선택했다는 사실 그 자체가 아니라 외교적 해결을 통해 추구했던 목표가 너무 낮았다는 사실이다. 당시 미국의 정책 결정 과정에 참여했던 한 인사의 표현을 빌리자면 미국의 목표는 이란의 핵무기 관련 능력의 '제거가 아니라 제약constraining not eliminating'이었다.[16] 실제로 그랬는지 입증하기가 불가능하다고 치더라도, 나 또한 미국이 너무나 합의를 원했기 때문에 지나치게 양보해버린 협상에서 가장 큰 죄악을 저질렀다고 보고 있다. 특히 당시 유가 하락과 강력한 제재라는 조합으로 인해 미국과 다른 국가들의 대이란 협상력이 상당히 큰 상황이었기 때문에 미국이 협상 과정에서 이란에게 핵 활동 제약 기간을 더 길게 요구했어야 한다고 본다.

그다지 대단하지 않은 소박한 목표에 합의했다는 점은 군사력을 동원하지 않으려고 엄청나게 노력했다는 사실을 보여준다. 이란 핵 합의 결과는 일각에서 제시하는 바와 같이 핵문제에 대해 외교적으로 합의함으로써 이란을 보다 온건하게 변화시키고 미국과 이란의 협력 확대 길을 터주었다는 희망이 반영된 결과일 수도 있다. 이러한 희망이 실현될지 여부는 알 수 없다. 2015년 여름 미국과 다른 4개국 안보리 상임이사국, 독일, 이란이 '포괄적공동행동계획JCPOA: Joint Comprehensive Plan of Action'에 서명했다는 사실은 잘 알려져 있다. 이 합의문은 이란 제재를 완화하고 상당한 규모의 해외 자본에 대한 이란의 접근을 허용하는 대신, 이란이 원심분리기는 10년, 우라늄 농축의 양과 질은 15년 동안 상당히 제약받는다는 조건을 수용하도록 되어 있다.[17] 이러한 제약과 사찰을 통해 만약 이란이 합의를 파기하고 핵무기를 제조하기로 결정할 경우 이를 감지하고 대응할 수 있는 경보 기간을 획기적으로 늘려주는 바람직한 효과를 기대할 수 있었다. 그러한 경보 기간은 협상 타결 이전에는 불과 몇 개월(2~3개월—옮긴이)에 불과한 것으로 추정되었지만, 협정문상 제약 기간이 유효한 15년 동안에는 1년까지 늘어났다.

이란은 또한 협정문상 의무 이행 검증을 위해 좀 더 심도 있는 국제 사찰을 수용하기로 동의했다. 그 결과 이란이 15년 동안 핵무기를 개발하려 할 경우 전 세계가 이를 포착하고 대응 조치를 취할 시간이 생겼다는 확신이 들면서 단기적으로는 상황이 안정되었다. 하지만 이란이 같은 시기에 500억 달러에서 1,000억 달러로 추산되는 재원에 접근할 수 있게 되었고, 그로 인해 더 공세적인 역내 외교정책을 펼치게 되었기 때문에 이러한 확신을 갖기 위한 비용도 엄청나게 컸다. 아울러 원심분리기는 10년, 우라늄 농축은 15년만 지나면 이란이 단시일 내에 핵무기를 대규모로 개발할 수 있고 경보 기간도 거의 없어지게 되었다. 이 기간이 끝나면 이란은 심도 있는 사찰 활동 수용과 NPT상의 약속 존중이라는 의무만 지키면 된다. 그리고 후술하는 바와 같이 이란 핵 합의는 심각한 외교적 문제도 야기했다. 즉, 이란 주변국들이 이란 사례를 똑같이 따라 할 경우 이를 어떻게 막고, 이들의 핵무기 프로그램에 어떤 식으로 더 많은 전제 조건을 부과할지의 문제가 대두되었다.

이스라엘, 인도, 북한, 파키스탄, 이란의 다섯 사례 중 적어도 네 가지 사례에서 핵무기 확산 저지라는 글로벌 규범이 부분적으로 약화되었다. 지난 수십 년간 미국의 외교정책을 그럴 듯한 말로 비판하려는 게 아니다. 핵무장을 추구하고 미국의 압박에 버티겠다는 국가들의 강력한 의지 앞에서 미국의 영향력은 한계가 있었다. 미국의 영향력 또한 미국의 희망 사항이나 우선순위에 동조하지 않는 국가들로 인해 약화되었다. 핵무기를 단순히 정책적 선호(핵 비확산에 대한 미국의 지지도 여기에 가깝다)가 아니라 자신의 생존을 위한 절박한 필수 요소로 간주하는 단호한 민족주의와 직면했을 때 미국의 영향력이 똑같은 통제력을 발휘하기는 어렵다.

덧붙여서 앞의 다섯 사례들은 다 같이 어려운 현실과 선택이라는 상황 논리가 있었다. 핵무기 확산 반대라는 이익은 다른 이익과 공존해야 했다. 이스라엘의 경우에는 독특한 안보 환경에서 동맹국 보호였고, 북한은 미국과 미국의 두 핵심 동맹국이 극도로 꺼리는 전쟁 방지였으며, 인도는 주요 신흥 강대국과의 협력 강화였고, 파키스탄은 소련과의 경쟁에서 유용한 파트너와 협력이었으며, 이란은 어떤 결과가 나올지 알 수 없는 무력 충돌 회피였다.

실용적 관점에서 볼 때, 각 사안별로 내린 결정은 독립적이면서 각각 개별적이었지만 부정적인 효과가 누적되면서 결국 비확산 규범이 약화되었다. 의도하지 않았다고 해서 그 결과가 덜 중요한 것도 아니다. 우크라이나는 독립 직후인 1990년대 초 미국의 요구에 따라 자발적으로 핵무기를 포기했다. 20년이 지나서 우크라이나는 러시아의 침공을 받았고, 크림반도 지역을 빼앗겼으며, 동부 지역의 통제권을 상당 부분 상실했다. 이라크도 1991년 걸프전쟁 후 핵무기 프로그램을 강제로 포기해야 했으며, 10년 후에는 미국의 침공을 받았고, 사담 후세인 정권이 축출되었다. 세 번째 사례인 리비아는 수년 동안 압박을 받아오다가 2003년 마침내 핵프로그램을 포기하고 아주 강도 높은 사찰을 받겠다고 결정함에 따라 칭송을 받았다. 하지만 10년도 채 지나지 않아 리비아는 미국과 유럽 연합군의 침공을 받았고 무아마르 알 카다피 정부가 제거되었다. 반면, 북한 정권은 겉으로 보기에 핵프로그램 덕분에 군사 공격을 받지 않았고 아직까지 건재하다. 이런 사례들로부터 핵무기가 외국의 개입을 막아주며, 핵무기가 없으면 공격을 받고 정권이 붕괴될 수도 있다는 강력한 교훈이 생겼다. 아마도 북한과 이란은 이러한 교훈을 잘 새겼을 것이다.

한편, 화학무기와 생물학무기의 제조와 보유, 사용을 금지하는 국제 규범도 있다. 이와 관련된 공식 협약과 조약도 있으며, 이러한 협약과 조약에는 국가들이 주로 참여하지만 서명 주체가 국가에만 한정되지 않는다. 당사국 정부들이 특정 정책을 수용하기로 하고, 관련 활동을 보고하며, 화학무기협약의 경우에는 관련성이 있다고 신고한 시설에 대한 사찰에도 동의하는 등 이러한 규범들은 협조적인 분위기 속에서 준수된다. 여기서 시리아 내전 와중에 화학무기를 사용한 시리아 정부의 예를 주목할 필요가 있다. 대부분의 국가들이 마음만 먹으면 화학무기를 제조할 수 있기 때문에 화학무기의 확산을 예방하기가 사실상 불가능하다. 또한 화학무기 제조가 통상적인 산업 활동과 대동소이해서 구별이 불가능하기 때문에 화학무기가 제조되고 있는지 여부를 파악하기도 불가능하다. 어떤 사찰 활동도 화학무기 제조와 저장을 다 파헤칠 정도로 충분히 심도 있고 철저하게 할 수가 없다.

화학무기는 제조 및 보유와 달리 사용 여부에 대해서는 일반적으로 검증이 가능하기 때문에 사용 방지에 대해서는 분명히 선을 그을 수 있다. 화학무기를 쓰면 처벌하겠다고 위협하고 만일 그래도 막지 못할 경우 처벌함으로써 화학무기 사용을 억제할 수 있다. 처벌은 심각한 제재 조치, 전쟁범죄 기소 절차 개시, 고통을 안겨주는 단계에서부터 무력 충돌의 양상을 바꾸거나 정권까지도 축출시킬 수 있는 다양한 수준의 군사조치 등 여러 가지 수단이 포함될 수 있다. 상황 발생 후 조치를 취하는 데에는 문제가 되는 국가가 더 이상 추가적인 사용을 하지 못하게 막고 이후 다른 세력들도 화학무기 사용을 하지 못하게 막겠다는 의도가 있다.

요컨대 핵무기, 화학무기, 생물학무기의 확산을 예방하려는 글로벌 차원의 노력은 실천보다는 원론적 수준에서 더 많은 지지를 받았다. 현실적으로는 확산 방지를 우선시하려고 할 경우 종종 다른 정책이나 이해관계, 목표와 상충하는 경우가 많았고, 이들도 다 우선권이 있는 중요한 사안이었다. 그 결과 확산을 반대하기는 했지만, 이러한 반대를 어느 정도 자제했기 때문에 일부 대량살상무기의 확산이 불가피해졌다. 또한 능력이 있고 의지가 단호한 국가는 아무리 외부에서 개발을 막고 생각을 바꾸도록 직간접적으로 노력해도 대량살상무기 개발을 진전시킬 수 있었다.

기후변화

주권, 민족자결, 인도주의적 개입, 테러와의 전쟁, 대량살상무기 확산 방지 등 앞에서 논의된 주제를 넘어서는 또 다른 국제관계 영역은 기후변화다. 기후변화 이슈는 냉전 종식 당시에는 거의 주목받지 못했다. 실제로 기후변화에 관한 유엔기본협약UNFCCC: UN Framework Convention for Climate Change 제1차 당사국 회의는 1995년에 가서야 개최되었다. 기후변화의 과학적 타당성에 대해 일각에서 의문을 제기하고 있지만, 기후변화는 실제로 발생하고 있으며 인류의 활동으로 초래된 것이고, 날씨·보건·농업·수자원·식량 안보 등에 미칠 수 있는 영향을 감안할 때 단순히 저지대에 거주하는 사람뿐 아니라 경제와 사회 전반에 영향을 끼칠 수 있는 위협이 된다는 국제적인 공감대가 폭넓게 형성되어 있다.

이러한 공감대에도 불구하고 매년 각국 지도자들과 정부 대표들이 모여 회의를 개최했지만 별다른 성과를 거두지 못했다. 빈국들과 개도국들은 스스로 온실가스 배출을 제한할 경우 경제성장이 둔화될 가능성을 두려워했고, 또한 이러한 협정 가입은 북아메리카, 유럽, 아시아의 부유한 선진국들이 대부분 초래한 기후변화 문제의 대가를 자신들더러 지불하도록 강요하는 행위라면서 협정 서명을 거부했다. 부유한 선진국들, 특히 미국은 경제성장이 느려질 수 있다고 우려하면서 구속력 있는 협정 서명이 내키지 않았고, 상당한 재원이 빈곤국들과 기후변화에 취약한 국가들로 이전된다는 점도 불만이었다. 그래서 무엇을 해야 할지, 누가 해야 할지에 대한 합의가 거의 없었다.

2015년 말 파리에서 제21차 유엔기후변화협약 당사국총회The 21st Conference of Parties가 개최되었다. 파리에서 개최된 이 총회는 별다른 성과를 거두지 못했던 이전 회의들과 비교했을 때 예전에 비해 목표와 수단이 소박했다. 탄소 배출에 대한 가격(사실상 세금)을 부과하고 탄소 배출 감축을 유도하고자 탄소배출권에 가격을 매겨 거래가 가능한 시장을 설립하는 새로운 국제협정을 추진하지 않았다. 오히려 파리회의는 빈곤한 개도국을 포함한 모든 국가들에게 개별적으로 작성한 계획(소위 국가별 기여 방안NDC: Nationally Determined Contributions)을 제출하고 이행해 달라고 요청했다. 그리하여 이번 세기 동안 세계 평균기온의 상승폭을 섭씨 2도, 혹은 화씨 3.5도로 유지하자는 합의가 도출되었다. 물론 실제로 발표된 약속들이 모두 이행된다 해도 이 목표는 달성될 수 없기 때문에 사실상 희망 섞인 포부에 가까웠다.[18]

국가별 기여 방안은 법적 구속력이 없었고, 일부의 경우에는 어떻게 목표를 달성할지 혹은 실제 목표가 무엇인지에 관한 구체적 내용도 없었다. 하지만 각 국가별 기여 방안과 그 성과가 5년 주기로 평가받게 되었고, 이에 대한 반응도 나온다는 점이 주목할 만하다. "올바른 일을 하고do the right thing" 화석연료(특히 석탄) 사용을 증가시키지 않는 경제성장 정책을 추진하지 않으면 "이름을 공개해 망신을 주겠다name and shame"는 내부의 압박이 커질 것이라고 다들 암묵적으로 기대했다. 선진국으로부터 개도국과 기후변화 취약국으로 자본 및 기술을 이전하는 것에 합의된 표현도 구체적이거나 구속력이 있기보다 권고 성격이 강하고 방향성만 제시했다. 그 결과, 이번 합의는 상당한 진전이 있었다고도 볼 수 있지만, 실제 필요한 수준에는 훨씬 못 미쳤다.

사이버공간

사이버공간은 국제관계 영역 중 가장 최근에 등장한 분야다. 1940년대와 1950년대의 핵기술과 관련된 경험을 떠올려야 한다. 당시에도 지금과 마찬가지로, 여러 번 사용할 수 있으면서 유해하고도 무해한 새로운 기술이 등장했고, 어떻게 하면 정부들이 바람직해 보이는 요소를 장려하고 그렇지 않은 요소를 차단할 수 있을지 의문이 있었다. 핵무기의 경우, 이 질문에 대한 답변은 다음과 같다. 일단 핵무기 보유국의 숫자를 제한한 다음, 외교적 협상과 군비통제를 통해 핵보유국 핵무기의 질과 양을 모두 제한한다. 비핵보유국에 대해서는 각국이 평화적인 목적으로 핵에너지 프로그램을 개발하도록 허용하되, 핵무기 제조 수단으로 악용하는 일이 없도록 철저히 통제해야 한다.

사이버공간의 관리는 더 힘든 도전이 되었다. 핵무기나 핵발전소를 건설하고 운영하는 것은 상당한 재원, 첨단 기술에 대한 접근, 고도로 숙련된 제조업 수준, 물리적 공간이 필요하기 때문에 상당히 어려운 작업이었다. 소수의 국가만 독자적으로 추진할 수 있었고, 대부분의 국가들은 다른 국가의 지원을 받아야 했다. 그리고 핵프로그램이나 관련 징후는 외부에서도 쉽게 포착될 수 있었다. 핵무기를 사용한 공격이 발생할 경우 출처가 어디인지 확실하게 추적할 수 있었기 때문에 보복이 가능했고, 그 결과 핵무기를 사용하지 못하도록 막을 수 있었다.

이와 대조적으로 핸드폰이나 태블릿, 혹은 컴퓨터로 인터넷에 접속만 하면 되기 때문에 사이버공간에는 수십억 명이 활동하고 있다. 필요한 것들은 대부분 쉽게 구매할 수 있다. 인터넷은 글로벌 차원에서 핵에너지와 비교할 수 없을 정도로 민간 혹은 상업 경제 분야에서 큰 역할을 하고 있기 때문에 기술 확산을 도저히 막을 수가 없다. 국가가 사이버공간을 지배하지 못하며, 오히려 몇몇 뛰어난 능력을 가진 개인들이 상당한 영향을 줄 수 있다. 공격 주체를 숨긴 채로 공격이 가능해서 보복이나 억제가 더욱 어렵다.

인터넷은 비록 1960년대 후반 미 국방부 산하 고등연구계획국 ARPA: Advanced Research Projects Agency에서 발명한 시스템에 기원을 두고 있지만, 인터넷이 성장하는 과정에서 정부의 역할은 거의 없었다. 인터넷 관련 규정은 개인과 시민단체, 기업, 정부 간 상호 활동과 노력을 통해 상향식bottom-up으로 설정되었다. 이러한 '다중 관계자multistakeholder' 과정은 기존 통치 제도 중에서도 애덤 스미스의 '보이지 않는 손'과 가장 유사하다.

지금 시대는 마치 갈 데까지 간 것처럼 보이거나 적어도 강한 맞바람을 맞고 있는 상황이다. 사이버공간은 갈수록 옛날 개척 시대 미국의 거친 서부와 비슷해지고 있지만 보안관이 없을 뿐이다. 인터넷이 경제와 사회, 군대에 갈수록 중요해지고 있지만, 운영 교란 행위, 지식재산권 절도 행위, 사생활 침해, 정부 검열 등을 통제하는 규칙이 사실상 전무하며 있어도 아주 극소수만 있을 뿐이다. 심지어 규칙이 있다고 해도, 이러한 규칙을 집행할 수단이 극히 드물거나 아예 없다.[19]

물론 인터넷에 관한 글로벌 거버넌스나 다자 협의가 아예 부재하다는 의미는 아니다. 국제인터넷주소관리기구ICANN: Internet

Corporation for Assigned Names and Numbers가 1998년 설립되었고 실질적으로 인터넷 교통경찰 역할을 수행했다. 2년이 지나서 미국과 EU는 소위 세이프 하버 협정Safe Harbor Agreement을 체결하여 기업들이 EU 시민에 관한 데이터를 미국에 전송할 수 있도록 허용해주었고, 이는 기업이 대서양 양안에서 사업할 수 있도록 하는 필수 조치였다.[20] 인터넷상에서 이뤄지는 사이버 범죄 퇴치, 비즈니스 촉진, 인권 신장, 사생활 보호 등을 위한 다양한 국제회의가 열렸다. 미국 정부는 2011년 인터넷이 "공개되고, 상호 운용이 가능하며, 안전하고, 신뢰할 수" 있도록 해야 한다고 촉구하는 사이버공간 전략을 발표했다.[21] 중국과 미국은 2015년 9월 지식재산권 절도를 금지하기로 합의했는데, 중국은 그동안 광범위하게 지식재산권을 침해하고 있었다.[22]

하지만 진전 못지않게 많은 후퇴가 있었다. 서비스 제공을 거부하게 만들거나 특정한 활동과 운영을 교란하게 하는 공격이 갈수록 빈번해졌다. 간첩 행위와 지식재산권 절도가 흔한 일이 되었다. 2012년 12월 두바이에서 개최된 국제전기통신세계회의World Conference on International Telecommunications는 1947년 다른 목적으로 창설된 국제전기통신연합ITU: International Telecommunication Union에 인터넷 관리를 맡겨 정부의 역할을 확대시킬 것인지 결론을 내리지 못하고 종료되었다. 전직 CIA 요원이었고 불만이 많았던 에드워드 스노든의 폭로로 드러난 사생활 침해 문제를 둘러싸고 어떤 식으로 데이터를 관리할지에 관한 합의도 거의 이루어지지 않았다. 유럽사법재판소가

2000년에 체결된 세이프 하버 협정을 무효화함에 따라 미국과 EU 간에 마찰이 발생했지만, EU의 우려를 해소한 미–EU 간 새로운 개인정보 공유 협정이 2016년에 도출되었다.[23] 전반적으로 급속한 기술 혁신과 어떤 규칙이 있어야 하는가에 대한 컨센서스 부재로 사이버 문제 전반에 관한 거버넌스 격차가 확대되었다. 사이버공간이 공개되고, 상호 운용이 가능하며, 안전하고 신뢰할 수 있어야 한다는 미국의 목표가 위태로워지는 것처럼 보인다.

글로벌 보건

글로벌 보건도 행위자와 각종 제도가 혼란스럽게 얽힌 또 하나의 국제관계 영역이다. 유엔 세계보건기구WHO: World Health Organization는 이 이슈를 다루는 핵심 기구이지만, 감염병이든 대규모 유행병이든 혹은 비전염성 질병이든 글로벌한 보건 문제를 다룰 준비도 안 되어 있고 예산도 부족한 것으로 널리 인식되고 있다. 이는 단순히 경제적, 그리고 질병에 따른 인적 비용(질병으로 인해 국가가 취약해지는 상황) 때문이 아니라 세계화 때문이다. 한 국가에서 발생한 질병이 쉽게 전 세계로 퍼져나갈 수 있다.

이 분야에서 가장 중요한 제도는 1969년 채택되고 2005년 개정된 국제보건규칙International Health Regulations이다.[24] 기본 지침에 따르면, 각국은 콜레라, 황열, 천연두와 같이 감염성이 높은 질병 발병 시 WHO에 통보하도록 되어 있다. 2005년 개정에 따라 각국은 중요한 공중보건 위험을 감시하고 이러한 위험을 예방하고 대응할 역량을 갖추도록 하고 있다. 이러한 조치는 법적 구속력이 있도록 고안되었으나, 의지와 예산 부족으로 잘 지켜지지 않고 있다. 이러한 현실을 인식하고 각국이 10년 전에 서명했던 협정상의 의무를 준수하도록 독려하기 위한 국제 감시 메커니즘으로 글로벌보건안보구상 GHSA: Global Health Security Agenda을 2014년 2월에 도입했다.[25] 2014년에서 2015년 사이에 있었던 에볼라 위기 대응과 WHO의 보잘것없는 성과로 고감염성 질병의 예방 및 대응에 필요한 수단에 비해 기존 역량 및 제도가 상당히 뒤처져 있다는 사실이 극명히 드러났다.

무역과 통화

경제 분야는 거의 틀림없이 글로벌 거버넌스에서 가장 발전된 영역이다. 두 분야가 특히 두드러진다. 첫 번째는 무역이다. 앞에서 언급한 대로 세계 무역을 관장하는 협정이 제2차 세계대전 이후부터 잘 작동해왔다. 물론 GATT체제가 많은 사람들의 기대에 부합하게 IMF나 세계은행처럼 국제무역기구로 발전하지는 못했지만, 여러 차례의 다자 통상 협상을 통해 관세와 특히 공산품에 대한 무역장벽을 낮춤에 따라 무역 규모가 증가했다.

지난 25년간 발생했던 사건들은 다소 서로 모순되는 성향이 있다. 한편으로는 무역 전선에서 상당한 진전이 있었다. 1980년대 중반에 시작해서 1993년 말 마무리된 우루과이라운드는 무역장벽을 낮추고 WTO를 탄생시켰다.[26] WTO 회원국은 160개국으로 확대되었고 무역장벽을 낮췄을 뿐만 아니라 회원국 간 무역 분쟁을 법적으로 해결할 수 있는 장소가 되었다. 또한 지난 25년간 지역 무역협정과 양자 무역협정이 활발하게 체결되었다. 가장 대표적인 사례로 남미공동시장MERCOSUR: Mercado Comun del Sur, 아세안자유무역지대AFTA: ASEAN Free Trade Area, 북미자유무역협정NAFTA: North American Free Trade Agreement 등이 있다. 그 결과 세계 무역 규모가 1990년 3.5조 달러에서 2015년 19조 달러로 5배 증가했다.[27] 무역은 중국과 같은 개도국을 세계경제에 통합시키는 중요한 수단이 되었고, 그로 인해 중국의 경제성장과 발전에도 기여했다. 무역은 미국 동맹국들의 경제적 입지를 다져주었을 뿐 아니라, 다른 많은 국가들에도 이익이 되어서 경제체제를 위태롭게 만드는 행동의 유인을 줄였기 때문에 안정을 지탱시키는 힘이 되었다.

하지만 이와 같은 긍정적 요인에도 불구하고 지난 25년의 시간은 상당한 모순들로 가득 찼다. 글로벌 차원에서 무역 확대를 증진하려는 시도는 많은 난관에 봉착했다. 그렇기 때문에 이슈나 참여자를 배제할 수 있다는 점을 고려하여 차선책으로 수많은 양자·지역 무역협정이 체결되었다. 소위 도하개발어젠다DDA: Doha Development Agenda 협상이 2001년 개시되었지만 정부 보조금, 비관세장벽, 농산품 무역, 서비스 무역 등과 관련한 이슈에서 의견 일치가 이루어지지 않아 결렬되었다. 회원국 숫자가 많아졌지만 합의 도출에는 별로 도움이 되지 않았다. 최근 몇 년간 세계 무역 성장률이 상당히 둔화되었다. 미국을 비롯하여 많은 국가들 내부에서 무역협정에 대한 지지가 약해졌고, 좀 더 개방적인 세계 무역 제도를 위한 미래의 노력에 암운이 드리워졌다.

통화 분야는 확실히 덜 공식적인 거버넌스 체제이기는 하지만 상당한 수준으로 조율이 이루어지고 있었다. 지난 25년간의 특징이라면 변동환율제, 중앙은행 독립, 그리고 달러의 지배적 지위라고 볼 수 있다. IMF는 각국의 경제를 평가(감시)하고 공개 보고서를 제공했지만, 금융 위기 상황에서 정부에 대출 연장을 해주는 경우를 제외하면 개혁을 요구할 수 있는 힘이 없었다. 은행 업무 분야에서는 소위 바젤위원회가 가령 자기자본비율처럼 은행들이 준수하도록 권유받는 기준들을 설정했다. 이러한 역할은 세계 주요 경제 대국들이 참여한 기구인 금융안정화포럼FSF: Financial Stability Forum이 1999년에 설립됨에 따라 한층 강화되었다. 10년이 지나 2008년 금융 위기 발생 이후 FSF는 G20 및 여타 국가들의 재무장관과 중앙은행장이 참여하는 금융안정위원회FSB: Financial Stability Board로 발전했다.

이러한 기구들은 각국이 채택하면 개별 국가들의 경제뿐 아니라 세계 금융 시스템의 위험 요소를 예방하고 관리하는 데 도움이 되는 정책과 '모범 관행best practices'을 발전시키고 증진시킨다는 목적이 있었다.[28] 책임감 있는 활동을 권장하여 이러한 분위기를 활성화하고 최대한으로 끌어올리자는 취지였다. 그리하여 국가들이 자본이나 투자 활동의 고수익만 좇는 나라나 국제기구가 아니라 안전성도 고려한 세계에서 경쟁하도록 만들려고 했다. 이에 덧붙여서 세계화라는 현실과 금융 위기의 전염성으로 인해 각국 정부는 서로에 대해 책임감 있게 행동해야 할 이해관계가 생겼다.[29]

여전히 일부 분야에는 정책 조율이 없기 때문에 너무 낙관적으로만 봐서도 안 된다. 중앙은행들은 경기 부양 조치를 취할 수 있는데, 그 과정에서 환율에 영향을 주어 수출 단가가 낮아지고 수입 단가가 높아질 수 있다. 중국이나 일본 같은 특정 국가들은 상당히 많은 달러화를 보유하고 있으며, 미국과 같은 다른 국가들은 엄청난 적자에 시달리고 있다. 어느 정도는 전 세계에 유동성을 제공한다는 차원에서 미국의 적자가 필요하기도 하다. 하지만 이런 상황이 지속되면서 달러의 미래 가치에 의문이 제기되었다. 실제로, 미국 달러가 미국의 국내 통화이면서도 동시에 수많은 국제 거래에서 결제되는 통화로서 대부분의 국가들이 보유해야 하는 글로벌 예비 통화라는 이중적 지위에 따른 문제 해결의 진전이 없었다. 그리하여 미국 연방준비은행은 미국의 중앙은행이면서 동시에 세계의 중앙은행 역할을 수행했다.

많은 사람들은 문제의 원인이 전 세계가 미국 중앙은행이나 미국 경제정책을 감시하거나 통제할 수 없다는 데 있다고 보았다. 다른 나라 화폐의 역할을 강화하거나 새로운 세계 화폐(IMF가 발행한 소위 특별인출권SDR: Special Drawing Rights이 이와 가장 유사하다)를 창설하려는 시도가 있었지만 별다른 성과는 없었다. 2008년의 금융 위기와 이후 불황은 전 세계 통화제도가 미국의 실수에 취약하다는 점을 여실히 드러냈다. 실질적인 세계 중앙은행이나 세계 금융 규제 기구는 존재하지 않았다.

글로벌 격차와 세계의 혼돈

글로벌 협력에 관해 분석한 결과, 일부에서는 상당한 수준으로 협력이 진행되고 있고 다른 분야에서는 협력이 제한된 반면, 또 다른 일부에서는 격차가 있는 들쭉날쭉한 모습이 드러났다. 난민과 이민, 에너지, 북극, 해양과 해저, 외기권 우주와 같은 글로벌 협력 분야도 마찬가지다. 주권 존중은 오늘날 질서에서 핵심 요소로 자리 잡고 있지만, 이러한 원칙도 우크라이나에 대한 러시아의 행동이나, 어떤 경우에 주권이라는 특전이 일부 혹은 전부 몰수되어야 하는지에 대한 이견이 존재하면서 도전받고 있다. 국제관계의 많은 분야에서 원론적 합의가 있어도 실제로는 합의가 거의 없는 패턴이 있다. 여전히 다른 분야에서는 원론적인 합의조차 이루어지지 못하고 있다. 이러한 차이는 대부분의 경우 협상을 통해 해결할 수도 없다. 세계에 수많은 국가가 있고 비정부기구들이 아주 중요한 역할을 하면서도 협상장에 초대조차도 받지 못한다는 현실을 감안하면 절차가 정책을 압도할 수는 없다.

그 결과 '국제 공동체'는 실제로 존재한다기보다는 사람들의 열망이 반영된 표현에 가깝다. 이러한 단어가 자주 인용되고 있다는 사실을 감안할 때, 국제 공동체는 사람들이 실제로 존재한다고 오판하는 수준만도 못할 수도 있다. 원칙상으로 공동체라면(혹은 헤들리 불의 표현에 따르면 '사회'라면) 국제관계의 수단과 목표, 그리고 무엇을 어떻게 해야 할지에 대한 합의가 있어야 한다. 하지만 무엇을 할지, 누가 해야 할지, 어떻게 결정할지 등에 관한 폭넓고 깊은 합의가 없는 게 냉정한 현실이다. 그리고 세계화의 도전에 대응하기 위해 요구되는 사항과 가능하다고 알려진 수단 사이에는 상당한 격차가 있다. 이러한 격차는 오늘날 세계가 겪고 있는 혼돈의 주요 원인 중 하나다.

06

지역별 현실

Regional Realities

세계를 다양한 프리즘을 통해 바라보고 이해할 수 있다. 우리는 여
태까지 강대국의 관계와 글로벌 거버넌스라는 두 개의 프리즘으로
바라보았다. 세 번째는 지역 프리즘이다. 가장 중요한 경제, 군사, 외
교 활동의 대부분이 지리적으로 가깝다는 단순한 이유 때문에 이 차
원에서 전개된다. 실제로 많은 국가들은 영향력이나 비중이 미미해
서 글로벌 차원에서는 큰 의미가 없으며, 주변국에 더 많은 영향을
주고 동시에 주변국으로부터 영향을 많이 받는다. 나는 각 지역별
격차가 다른 어떤 분야의 차이보다도 더 크다는 사실을 지적하고자
한다. 글로벌 사원에서 이슈별 질서의 차이가 큰 만큼 지역별 질서
의 차이도 크다.

중동 지역

탈냉전 시기 첫 번째 중요한 시험이 중동 지역에서 있었다. 이라크가 쿠웨이트를 무력으로 접수하려고 했고, 유엔 안보리 결의를 통해 미국이 주도하는 다국적군이 이러한 이라크의 시도를 꺾으면서 질서가 회복되었다. 이 사례에서 질서란 독재자들이 지배하는 20여 개 아랍 국가들로 구성된 지역과 공식적으로 합의되지는 않았지만 현실적으로는 널리 승인된 국경선을 의미했다. 이 지역 국가들은 상대적으로 가난하고 인구가 많은 이집트부터 걸프 지역 내 상당히 부유한 도시 국가들까지 다양했다.

여기에서 특이하게 유별난 국가가 있다면 1948년 건국한 유대인 국가인 이스라엘이다. 이스라엘은 이집트와는 법적 평화 관계를, 요르단과는 사실상 평화 관계를, 그리고 시리아와는 비전쟁 상태를 유지했다. 이스라엘은 팔레스타인 주민, 특히 1967년의 6일전쟁 이후 이스라엘이 점령한 지역에 거주하는 팔레스타인 주민과의 관계가 해결되지 않아 계속 알력을 빚었다. 이스라엘은 중동 지역에서 가장 강력하고 유일한 핵무기 보유국이었다.

수니파 아랍인들이 주류인 지역에서 특이하게 유별난 또 다른 국가로 시아파 이슬람을 믿고 페르시아계가 주류인 이란이 있다. 1979년 혁명 이후 이란은 신정정치를 추구하는 정권이 지배해왔고, 중동에서 영향력을 확장하고자 중동 지역 내 시아파 교도나 대리 세력을 직접 지원하기도 했다. 하지만 이란은 1980년대 이라크와 거의

10년에 걸친 전쟁을 하면서 힘이 빠져 중동의 안정을 심각하게 위협할 처지가 못 되었다. 더욱이 이란은 이라크의 견제도 받았다. 실제로, 미국은 이라크가 앞으로도 이란을 견제하는 역할을 지속할 수 있도록 1991년 사막의 폭풍 작전 당시 이라크 육군과 공군의 상당한 전력을 온전하게 놔두기로 결정했다.

미국은 이 지역 내 최대 외부 세력으로서 쿠웨이트를 해방시킨 다국적군을 성공적으로 통솔했고, 이스라엘뿐 아니라 이집트나 요르단 같은 아랍국에 대한 경제적·군사적 지원을 상당히 많이 제공했다. 미국은 일부 병력을 중동 지역에 주둔시켰으며, 그 대부분의 미군은 사담 후세인이 국제 제재를 이행하고 주변국을 위협하거나 공격하지 못하도록 하는 데 초점을 두었다. 미국의 대중동정책은 지금도 그렇고 앞으로도 그럴 것으로 예상되는 중동산 원유에 대한 의존과 이스라엘 및 온건 아랍 정부의 지원에 주로 맞춰졌다. 제2차 세계대전 직후 10년간 있었던 미국과 유럽의 갈등(1956년 수에즈운하 위기로 인해 중동에서 프랑스와 영국의 영향력이 쇠퇴했다—옮긴이), 혹은 그 이후 30년간 지속되었던 미국과 소련의 대립 같은 일종의 강대국 간 경쟁이 더 이상 존재하지 않았다.

중동 지역 내 질서는 미국이 이라크를 침공한 2003년까지 대체로 지속되었다. 1990년부터 1991년까지 진행된 걸프전쟁은 이라크의 침공과 쿠웨이트에 대한 점령을 되돌리겠다는 제한된 목적의 무력 충돌이었던 반면, 2003년 이라크 전쟁은 이라크 정권 교체를 추구했다. 표면적인 이유는 사담 후세인 정권이 대량살상무기 보유 금지라는 유엔의 요구를 충실히 따르지 않았기 때문이다. 이는 이라크 전쟁의 한 원인에 불과하며, 9·11테러 이후 이라크가 핵무기나 화학무기를 개발해서 직접 사용하게 되거나 테러리스트들이 사용할 가능성조차도 전혀 묵인할 수 없게 되었기 때문이다.[1] 조지 W. 부시 행정부의 고위 인사들이 전쟁에 집착했던 이유는 사담 후세인이 물러나고 이라크가 민주화되면 다른 아랍 국가에게 모범적인 선례가 될 것이고 이란도 저항하기가 어려워진다는 상상 때문이었다. 중동 개조라는 길은 바그다드를 거쳐야 한다고 믿게 되었다. 나는 이러한 견해에 동의하지 않았지만, 조지 W. 부시 행정부의 당시 의사 결정 구조를 고려할 때 이렇게 생각하는 사람들에게 이의를 제기할 기회도 거의 없었다. 실제로 내가 그렇게 했더라도 수용되지 않았으리라고 본다.

종종 그렇듯이 계획한 대로 일이 풀리지는 않는다. 이라크는 전쟁을 주장했던 사람들의 예상보다도 민주주의로의 변화를 받아들이기에는 훨씬 미숙했던 것으로 드러났다. 오히려 사담 후세인 정권을 제거하고, 이어서 2003년 5월부터 2004년 6월까지 미국 주도로 이라크를 점령했던 과도통치위원회가 이라크 군대의 상당 부분을 해산시키고 기존 집권 세력이었던 바트당Ba'ath Party(르네상스를 의미함) 소속 대다수 당원을 축출시키자, 오랫동안 차별받아왔던 국민 대다수인 시아파 세력과 사담 후세인 정권의 몰락으로 기득권을 누렸던 소수 수니파의 반목에 기름을 부은 꼴이 되었다. 또한 이러한 조치는 시아파가 지배하는 새로운 정치 질서에 불만이 많은 이라크 수니파 주도의 테러단체인 이라크 내 알카에다AQI: Al-Qaeda in Iraq가 득세할 수 있는 명분과 기회도 제공해주었다.

이라크 전쟁과 그 결과는 이라크에만 국한되지 않고 국경 너머로도 많은 영향을 끼쳤다. 기대했던 바와 정반대로 민주주의 이념이 아랍 세계의 많은 사람들 눈에는 대혼란을 초래할 수도 있다고 보이면서 중동 지역 내 민주주의가 심각한 차질을 빚게 되었다. 이라크라는 국가 정체성은 종파, 부족, 인종 등 국가 하부 단위 수준의 정체성으로 대체되었다. 사람들이 스스로를 이라크인이라기보다 수니파, 시아파, 혹은 쿠르드족으로 간주했다. 수니파의 분노와 굴욕은 알카에다와 이후 ISIS 전투원 모집의 원동력이 되었다. 이라크의 참상이 중동 전역에 방송되면서 다른 국가들에서도 국가 하부 단위 수준의 정체성이 강화되었으며, 각 지역별로 시아파와 수니파의 갈등이 한층 심해졌다. 이라크와 10년에 가까운 전쟁의 상처에서 이미 오래전에 회복되었고, 강력하고 적대적인 아랍 정권의 견제가 없어져 속박에서 풀려난 이란은 자국과 시아파 주민들의 이익을 증진시킬 수 있었기 때문에 여러 면에서 이 전쟁의 가장 큰 전략적 수혜자였다. 2003년 이라크 전쟁은 많은 전략 교리를 어겼고 무엇보다 히포크라테스의 선서처럼 '우선 해를 끼치지 말라'는 원칙도 위배했다.

2003년 전쟁이 부분적·전체적으로 초래한 여러 변화에도 불구하고, 이라크가 쿠웨이트를 침공한 지 20년이 지난 2010년 당시 중동은 그래도 여전히 알아볼 수는 있을 정도였으며 예전과 유사했다. 이 지역을 알아볼 수 없을 정도로 변화시킨 사건의 시발점은 그해 12월 모욕을 겪고 분신자살한 튀니지의 한 과일 채소 행상이었다. 튀니지뿐만 아니라 여기저기에서 사람들이 가두시위에 나섰고 20년 이상 지속되었던 가혹한 통치에 대한 항의가 시작되었다. 아랍의 봄이 시작되었다.

무엇이 아랍의 봄을 촉발시켰는가는 억측과 논란이 있는 주제다. 한편으로는 딱히 지적할 정도로 새롭거나 예전과 근본적으로 다른 요인은 없었다. 이 지역은 정치와 경제를 개혁할 의지가 거의 없거나 아예 의지를 보이지 않은 독재정권들이 지배하고 있었다. 이슬람주의자들이 더 많은 정치적 에너지를 요구할 수 있었지만, 이들은 의심의 눈초리를 받았고 내부 보안경찰의 탄압을 받았다. 시민사회는 미약했으며, 교육 수준은 끔찍했고, 소위 이스라엘-팔레스타인의 평화 프로세스는 동력을 잃은 상태였다.

하지만 우리가 알고 있듯이 2011년에는 중동 지역 대부분에서 정치적 투쟁의 발판이 구축됐다. 핸드폰과 소셜 미디어가 사람들로 하여금 좀 더 적극적으로 항의하도록 만들고 서로 소통하도록 도와주었을 수도 있지만, 이러한 분석은 왜 하필 이 시기에 아랍의 봄이 발생했는지에 대해서는 별다른 설명을 제시하지 못한다. 사담 후세인이 제거되면서 어떤 독재자도 영원하지 못하다는 메시지가 전파

되어서 그랬다는 제안도 마찬가지다.[2] 개인적으로는 이 지역이 정치적 도전, 심지어 대격변을 겪을 수 있을 정도로 무르익었고, 상당 기간 압력이 누적되었으며, 튀니지에서 한 행상이 분신자살하지 않았더라도 어디선가 다른 누군가가 그렇게 행동했을 것이고, 아니면 다른 상황이 전개되어 불꽃이 튐으로써 결국 정부에 대한 광범위한 도전으로 이어졌으리라고 생각한다.

이런 시각에서 볼 때 중동 지역 내 독립적인 아랍 학자와 분석가, 전문가 들이 작성한 2009년도 아랍 인간개발보고서가 시사하는 바가 크다. 지적 사항은 아주 통렬했다. 이 보고서는 대규모의 급속한 인구 증가, 청년 세대의 증가, 급격한 도시화, 시민 의식의 부재, 취약한 헌법, 여러 국가들에서 장기간 지속 중인 계엄령, 여성에 대한 일상화된 폭력, 높은 실업률, 빈곤, 물 부족, 사막화의 확대, 만연한 물과 공기의 오염 등으로 인한 압력을 상세히 서술했다. 이것만으로도 충분하지 않았는지 이 보고서는 더 나아가서 "대부분의 국가들이 포용, 다양한 집단 간 부의 평등한 분배, 문화적 다양성 존중을 보장할 수 있는 민주적 거버넌스와 대의제도를 도입하지 못했다"고 지적했다.[3] 이러한 상황에서 대격변이 반드시 불가피하지는 않더라도 가능성은 상당히 높았다.

일반적이거나 특정의 원인을 막론하고 이집트, 바레인, 시리아, 리비아 등 아랍 세계 곳곳에서 권위주의적인 지배자에 저항하는 시위와 봉기가 얼마 안 가서 현실화되었다. 이라크 상황과 마찬가지로 각각의 상황이 전혀 다르게 전개되었다.

튀니지 이후 이집트에서 시위가 수도의 중심 광장에서 발생했다. 경제적 개혁은 조금 했지만 정치적 개혁은 거의 하지 않았던 전형적인 아랍 독재자인 호스니 무바라크가 지배하는 정권을 향해 수천 명의 시민들이 시위를 벌였다. 설상가상으로 부정부패가 심각했으며 무바라크와 주변 인물들은 단순히 부만 거머쥐려고 한 것이 아니라 권력을 무바라크의 아들인 가말에게 물려주려고 했다. 시위가 확산됨에 따라 무바라크가 2011년 후반 뒤늦게 사임 의사를 밝혔지만, 불길을 끄기보다 오히려 부채질을 한 결과가 되었다. 그 이후 일련의 과도정부들도 마찬가지로 질서유지에 실패했으며, 의회와 대통령 선거를 통해 모하메드 모르시와 무슬림형제단, 그리고 여타 이슬람주의자들이 이끄는 정부가 수립되었다.

이슬람주의자들이 가장 잘 조직화되었고, 기존 정치에 염증을 느낀 이집트 국민 대부분이 질서 회복을 원했기 때문에 선거에서 승리했다. 하지만 선거를 민주주의와 동일시하거나 혼동해서는 안 된다. 민주주의는 헌법상의 제약, 견제와 균형, 권력의 집중이 아닌 분산이 중요하기 때문이다. 밀월 기간이 1년 정도 지속되었지만, 새로 집권한 이슬람 정권이 이집트 사회(이집트는 대체로 세속주의 국가임)뿐 아니라 정치제도도 변질시켜 앞으로 이슬람주의자들이 계속 집권하는 길을 터주는 게 아닐까 하고 이집트 국민이 우려하고 있었던 2013년 여름, 압델 파타 엘시시Abdel Fatah el-Sisi 장군이 이끄는 이집트

군부가 국민의 요구에 호응하여 쿠데타로 정권을 몰아냈다. '일인일표일회one man, one vote, one time' 원칙이 많은 사람들에게 너무나 현실적으로 가능한 일이 되었다. 그 결과 아랍의 봄이 발생한 지 5년이 지난 이집트는 아랍의 봄 이전과 전혀 다른 상태가 되었다.

미국은 이러한 격변기에 이집트와 다른 국가들로부터 미국이 실제로 취한 행동과 미국이 취했다고 오해받는 행동 때문에 상당한 대가를 치러야 했다. 2011년 초 아랍의 봄 초기 몇 주 동안 오바마 행정부는 이집트 정부의 권력 이양을 다소 늦추는 방안을 지지한다고 입장을 밝혔는데, 가두 유혈 사태가 심각해지고 무바라크의 즉각 퇴진을 촉구하는 목소리가 높아지자 그제야 입장을 바꿨다.[4] 공개적으로 무바라크가 물러나라고 촉구할 필요는 없었다. 이미 제시되었던 사임 계획을 몇 달간 고수하고 상황이 전개되도록 관망했더라면 더 현명했을지도 모른다. 무바라크는 어차피 살아남지 못할 수도 있었다. 하지만 굳이 미국이 밀어붙일 필요는 없었고, 이는 사우디아라비아 정부나 다른 정부들에게는 미국이 오랫동안 함께해왔던 친구들을 계속 지지할 것이라고 예상해서는 안 된다는 신호로 받아들여졌다. 또한 미국이 비밀리에 무슬림형제단들을 지지하고 있다는 주장을 좀 더 설득력 있게 만들었고, 단명했던 모하메드 모르시 정권에 대한 미국의 비판이 상대적으로 뜸하다고 보여 이러한 주장의 신빙성이 더욱 높아졌다.

미국이 편파적이라는 인식은 오바마 행정부와 이후 이집트 정부의 갈등이 지속되면서 더욱 심해졌고, 이러한 갈등은 단순히 언어적 비판이 아니라 특정 군사 장비 지원을 거부하면서 더 노골적으로 악화되었다. 많은 미국 정부 관계자들에게 엘시시 장군은 쿠데타로 집권했고 이집트 국민을 무자비하게 탄압했기 때문에 정통성을 잃었다. 오바마 행정부가 걱정하는 이유가 당연했다. 이집트 정부의 '확실히 우리 편이 되든지 아니면 적으로 간주하겠다'라는 식의 정책은 역효과만 낳을 가능성이 크지만, 단기적으로는 우선 새로운 정부를 지지하기로 하고, 새 정부가 수립되고 양국 관계가 재확인된 다음에 시간이 지나면서 점차 개혁하라고 압력을 넣는 게 틀림없이 더 현명했을지도 모른다.

아랍의 봄 초창기에 사우디아라비아로 연결되는 도로가 있는 중심 섬과 몇몇 소규모 섬들로 구성된 인구 100만 명 정도의 바레인에서도 또 다른 도전이 발생했다. 바레인은 금융 센터이면서 동시에 사우디아라비아인이나 외국인에게 주말에 스트레스를 푸는 장소 역할을 했다. 미국 군함들이 1940년대 후반부터 바레인을 기점으로 활동해왔기 때문에 바레인은 미국에게 특별히 중요했다. 바레인 국민의 압도적인 대다수는 시아파 무슬림이었으나 지배 계층인 알칼리파 가문과 엘리트 계층은 수니파였다.

그리 놀랍지도 않게 아랍의 봄은 바레인의 수도 마나마에서도 시위를 촉발했다. 경찰과 군대의 강경 진압에 맞서 시위대의 규모와 요구가 커졌다. 바레인 왕실은 몇 가지 타협안을 제시했지만, 다

혼돈의 세계

른 경우에서 종종 볼 수 있듯이 이러한 타협안은 많은 시위자들이 보기에는 너무나 부족하고 너무나 늦게 제시되어 말 그대로 불난 집에 부채질한 셈이 되었다. 사우디아라비아와 아랍에미리트의 통치자들은 시아파가 정권을 전복시키고 집권한 다음에 이란과 손잡을 가능성도 있다는 것에 경악했다. 그리하여 2011년 3월 사우디아라비아와 아랍에미리트는 바레인 정부를 지원하고 시위대를 분쇄하고자 수니파가 주도하는 지역 안보 기구인 걸프협력기구GCC: Gulf Cooperation Council의 결정을 거쳐 1,500명의 병력을 파견했다. 그 후 바레인에서는 경무장한 시아파 시위대와 정부 사이에 저강도 분쟁이 지속되었고 수많은 인권 침해 사례가 보고되고 있다. 대화와 화해를 위한 시도가 실패했고, 실제로는 서로 대치 상태에 있다. 미국은 바레인의 군사적 활용 가치와 사우디아라비아와의 관계 악화 방지 등을 고려하여 현실주의 외교 노선에 충실하게 따르면서 별다른 언급이나 조치를 취하지 않았다.

리비아는 미국과 전 세계가 처음에는 너무 많이, 나중에는 거의 행동하지 않아서 실패하고 심각하게 무질서를 초래한 대표적인 사례다. 내용은 잘 알려져 있다. 2011년 2월 아랍의 봄 초기 몇 주 사이에 1969년부터 리비아를 철권통치 해왔던 카다피의 하야를 촉구하는 목소리가 불거져 나오기 시작했다. 리비아 정부는 강하게 몰아쳤으며 상황을 장악했다. 이로 인해 일각에서는 특히 반정부 시위와 유혈 사태의 중심인 벵가지 등지에서 민간인 대량 학살이 발생할 수 있다는 우려가 제기되었다. 대량 학살을 예방하는 동시에, 상습적인 인권 침해자로 간주되었고 실제로도 그랬던 정권을 몰아내기 위해 서방세계의 군사적 개입을 촉구하는 목소리가 높아졌다. 2011년 3월 17일, 유엔 안보리는 회원국들이 "시민들과 시민들이 거주하는 지역을 공격 위협으로부터 보호하기 위해 …… 모든 필요한 조치를 취하도록" 하고 리비아 전역에 비행금지구역을 설정하는 결의 1973호를 채택했다.[5] 얼마 지나지 않아 유럽 국가들이 주도하고 미국이 '후방에서 주도하는leading from behind' 나토 연합군이 인도주의적 개입을 했다.[6]

　이러한 접근에는 문제점이 많았다. 첫째, 현장 상황이 정말로 인도주의적 개입을 해야 할 정도로 안 좋았는지 여부가 전혀 확실하지 않았다. 반정부 시위는 초기부터 폭력적이었으며, 심지어 독재 정부를 포함해서 모든 정부는 무장 시위를 막을 권리가 있다. 이게 결국 내전의 요체다. 더 중요한 점은 리비아의 내부 충돌이 나토 개입 전날 밤 잦아들고 있었다는 믿을 만한 증거가 있었다. 또한 카다피가 시민들을 대상으로 무차별적인 공격을 계획하고 있었다는 확실한 증거도 없었다.[7]

　둘째, 군사적 개입이 시민의 생명 보호라는 좁은 목적(유엔 권한 부여의 추동력)을 넘어 전개되었고 정권 교체까지 확대됨에 따라 새롭고 중요한 대가를 초래했다. 러시아와 중국은 이렇게 광범위한 군사 작전에 서명한 적이 없다고 강하게 항의했다. 그들은 이러한 안보리 결의를 외교적 함정으로 보았고, 그 결과 보호의무 원칙이 주권을 침해하고 정부를 타도시키는 데 동원될 수도 있는 위험한 개념이라는 인식을 한층 더 강화시켰다. 인도주의적 개입을 위한 국제사회의 지지를 얻어내기가 한층 더 어려워졌을 뿐만 아니라, 러시아는 이후 우크라이나 사태 개입을 위한 냉소적인 구실로 인도주의적 개입을 원용했다.

카다피의 축출은 핵무기를 포기하면 정치적 생명이 위험해진다는 불운한 메시지도 보냈다. 불과 몇 달 만에 리비아 지도자가 핵 비확산 분야의 책임감 있는 대표적인 지도자에서 전범으로 몰락했다.

리비아 개입과 관련하여 또 다른 문제는 그 개입의 정당성 여부와는 별개로 후속 조치가 없었다는 점이다. 다른 누구가 아니라 오바마 스스로 리비아 개입 종료 이후에 대해 준비가 되어 있지 않았다는 점을 자신의 가장 큰 외교정책 실수로 꼽았다.[8] 콜린 파월은 '진열 상품 파손 시 고객이 구매한 것으로 간주한다'는 소위 포터리 반 Pottery Barn(미국의 가구 및 가정용품 유통업체-옮긴이) 원칙을 언급한 것으로 종종 인용된다. 미국과 일부 나토 회원국은 리비아를 부수는 데는 상당히 일조했지만 그 이후 사태에 대해서는 주인의식을 갖고 조치를 취하지 않았다. 오히려 힌편으로는 리비이 국민이 알어서 일치단결할 것이라고 순진하게 믿었으며, 그보다는 원상회복 비용을 우려해서 국가 재건과 관련된 모든 업무를 회피했다. 그 결과, 카다피가 살아남아서 탄압했을 경우 예상된 희생자 수보다 더 많은 사람들이 희생되었고 더 많은 사람의 터전이 상실되는 내전이 발생했다. 그리고 한때 리비아 영토였던 지역에서 하나가 아니라 복수의 실패 국가들이 등장했다. 놀랍지도 않게 ISIS가 이렇게 통제되지 않은 영토를 갈수록 활용하고 있다.

시리아 사태는 리비아보다 더 심각하다. 시리아 문제는 외교정책에서 어떤 정책을 취할지 결정하는 것만큼 아무런 조치도 취하지 않기로 결정하는 것도 아주 중대한 결과를 낳을 수 있다는 점을 가장 확실하게 보여준 현존 사례다. 2011년 이후 시리아는 2003년 이라크 침공 결정의 정반대 상황에 해당한다. 하나는 작위 행위에 따른 결과였고 다른 하나는 부작위 행위에 따른 결과였으며, 양쪽 다 상상을 넘는 비용을 초래했다.

시리아 사태의 배경은 이미 언급했다. 즉, 소위 아랍의 봄이 2011년 3월 시리아를 찾아왔고, 군대가 반아사드 시위대를 무자비하게 진압했으며, 그로 인해 일부 반대 세력이 무기를 들었다. 8월에 오바마 대통령이 최초로 바샤르 알아사드의 퇴진을 촉구했다.[9] 하지만 아사드를 더 좋은 지도자로 교체하려고 시도하기는커녕 아사드의 퇴진 가능성을 높이고자 별다른 조치를 거의 취하지 않았다. 아랍 연맹과 유엔 감시하 평화 계획이나 정전 시도도 유혈 사태가 심화됨에 따라 별다른 효과를 거두지 못했다. 여기저기에서 발표 내용과 실제 정책 간의 괴리가 심해지면서 오바마 행정부의 정책 결정이 애를 먹었다. 어느 때라도 이러한 괴리가 발생한다면, 이는 신뢰성과 능력

두 가지 다 의심받기 때문에 매우 위험하다. 또한 이러한 괴리로 인해 우방국들이 미국에 친밀감을 덜 느끼거나, 더 독자적인 행보를 추구하거나, 혹은 둘 다 초래하는 방향으로 미국과의 관계를 재평가하기 때문에 미국의 우방국들로 하여금 환멸을 느끼게 할 수도 있다.

시리아 정부가 반군에게 화학무기를 사용할 수도 있다고 2012년 여름에 보고되면서 상황이 한층 심각해졌다. 오바마 대통령은 아사드 정부가 만일 그렇게 한다면 미국의 군사적 개입에 대한 고려를 심각하게 바꿀 수도 있다면서 '레드라인'을 넘는 행위라고 성명을 통해 공개적으로 입장을 밝혔다.[10] 그로부터 대략 1년이 지난 2013년 8월, 시리아 정부가 사린가스로 다마스커스 인근 지역에서 약 1,500명으로 추산되는 사람들을 살해했다. 구체적으로 어떻게 할지 추측이 무성했지만 미국의 직접 개입에 대한 기대감은 높아졌다.

그러나 8월 29일 영국 의회가 데이비드 캐머런 정부가 제출한 시리아 정부의 화학무기 시설과 주요 정치·군사 시설을 폭격하기로 한 공습 작전 참여 계획을 승인하지 않자 직접 행동에 나서려던 미국의 결단력이 약해졌다. 이 당시 오바마 대통령은 시리아가 화학무기 사용과 관련하여 레드라인을 넘을 경우 대가를 치르게 하겠다는 본인의 경고를 재고하고 있었던 것이 확실하다. 나는 개인적으로 당시 이러한 의구심은 제한적으로 군사력을 사용하더라도 더 많이 개입하라는 압력을 받게 될 것이며, 이는 거대 중동 지역(이집트에서 이란, 터키에서 예멘에 이르는 전통적인 중동 지역에서 확대되어 모로코에서 중앙아시아 및 아프가니스탄, 파키스탄, 남쪽으로는 수단과 소말리아까지 확장된 지역 개념으로 2000년대 초에 등장했다−옮긴이)에 대한 미국의 군사적 개입을 줄이겠다는 당시 미국 행정부의 최우선 전략 기조와 배치된다는 오바마 대통령의 불안감이 반영된 결과라고 본다.

나는 약간 특이하게 당시 내부 상황을 들여다볼 수 있었다. 오바마 대통령이 군사력을 사용하지 않겠다고 발표하기 전날 저녁에 나는 결혼식에 참석 중이었는데, 그때 언론이 알았더라면 행정부 고위급 인사라고 표현할 만한 사람으로부터 전화를 받았다. 그 사람은 만약 대통령이 군사조치를 취하는 대신 의회로부터 군사조치 승인을 받도록 한다면 어떻게 생각하는지 나에게 물었다. 나는 그렇게 한다면 중동 지역뿐만 아니라 중동을 넘어 미국에 대한 신뢰 전반에 의문이 제기되고, 아사드 정권에 더 힘을 실어주며, 시리아 반군의 사기를 저하시킬 수도 있다고 답변했다.

또한 나는 미국 정치제도상 제한적인 군사력 사용은 대통령에게 상당한 재량권이 있기 때문에 대통령이 의회로부터 추가로 권한을 부여받을 필요가 없다고 주장했다. 그리고 나는 양당 모두 미국의 군사개입에 반대하고 있고, 일부 공화당 의원들이 대통령이 뭘 하든 간에 무조건 반대하고 있는 상황을 감안할 때 의회가 그런 승인을 해줄지도 확신이 서지 않는다고 말했다. (일부 반대자들은 어떠한 군사조치를 취하든 그게 허울뿐인 소규모 조치에 불과할 것이 뻔하다면서 반대했다.) 아울러 미국이 너무나 분열되어서 미국의 말과 약속이 더 이상 신뢰

받을 수 없다는 메시지를 절대 내보내서는 안 된다고 강조했다. 그 고위 관계자는 실제로 어떤 상태인지는 말해주지 않은 채 나의 의견에 감사한다고만 말했다.

나는 나에게 제시되었던 그러한 가정적 상황이 오바마 대통령이 시리아 정부가 화학무기를 사용한 것에 대해 군사적 보복 조치 명령을 내리기 전에 의회와 상의하겠다고 발표함에 따라 불과 몇 시간만에 미국의 정책이 되리라고는 전혀 상상하지 못했다.[11] 이러한 상황에서 미국과 러시아는 시리아가 보유하고 있는 모든 화학무기를 포기하는 조건으로 공격을 피하는 방안에 대해 서로 협력하기로 했다.[12] 존 케리 국무장관의 러시아 측 대화 상대인 라브로프 외교장관이 이런 아이디어를 제시했고, 불과 몇 주일 만에 러시아는 유엔과의 협력을 통해 모든 화학무기를 폐기하기로 합의했다.

시리아가 화학무기를 포기하기로 합의한 점은 분명히 성과이지만, 그렇다고 해서 미국이 아사드 정권에게 한 경고를 행동으로 실천하지 않은 데 따른 비용을 상쇄할 수준에는 전혀 미치지 못했다. 이와 반대로 충분히 상쇄한다고 주장한다면 이는 정치적 해석이거나 아니면 현실 회피다.[13] 그렇다 치더라도 미국이 위협한 대로 실제로 행동에 나섰다면 어떠한 일이 발생했을지 알 도리는 없다. 전쟁에서는 불가피하게 놀라운 사건이 생긴다. 많은 부분이 미국이 실제로 어떻게 행동했을지에 따라 달라졌을 것이다. 가령, 단일 목표물에 대한 순항미사일 몇 발 발사 같은 '콕 찌르기' 수준의 상징적인 공격은 별다른 성과를 얻지 못했을 것이다.

하지만 며칠 동안 공군기와 순항미사일을 동원해서 시리아의 정치적·군사적 중요 목표물을 타격하는 의미 있는 공격을 실행했더라면 반군들의 사기를 진작시키고 군사적 상황을 그들에게 유리하게 바꾸어놓았을 수도 있었을 것이다. 어떤 공격이든지 이렇게 했더라면 징벌 효과가 있었을 것이고, 미국과 유럽 우방국들이 어느 정도가 되었을 때 충분히 응징한 것인지 판단할 수도 있었을 것이다. 아니면, 시리아 정부가 남아 있는 화학무기를 포기할 때까지 지속적으로 강하게 공격할 수도 있었을 것이다. 공습을 했더라면 시리아 정권 내부의 정치적 역학을 변화시켜 바샤르 알아사드의 입지를 약화시킬 수도 있었고, 심지어 아사드를 축출까지 내모는 상황으로 갔을지도 모른다. 이러한 공습은 어떠한 대량살상무기라도 일단 사용하면 처벌받는다는 규범을 강화시켰을 것이다. 이러한 이유들로 인해 나는 오바마 대통령이 화학무기 사용 금지라는 레드라인을 설정한 행위 자체는 옳았지만, 위반 시 아무런 대응을 하지 않은 것은 잘못되었다고 본다.

우리는 미국이 행동으로 나서지 않기로 결정하고 나서 이후에 어떤 일이 있었는지를 확실히 알고 있다. 호스니 무바라크를 처리하는 데 있어서 미국이 확실한 태도를 보이지 않은 것에 이미 불만이 많았던 사우디아라비아는 이제부터는 더 이상 미국 정부의 의견에 따르지 않고 독자적으로 행동하려고 마음먹은 것처럼 보였다. 2015

년 예멘 침공부터 시리아에서의 행동까지 그 이후 사우디아라비아의 행보에서 이런 태도가 드러난다. 나는 개인적인 대화를 통해 미국의 언행 불일치 때문에 멀리 아시아에 있는 동맹국과 우방국의 지도자들과 고위 관리들마저 당황하게 되었다는 사실을 알게 되었다. 시리아에서는 미국의 결정으로 시리아 정권을 약화시킬 기회를 날려버렸다. 그 이후 시리아 반군 세력 중 ISIS나 알카에다의 시리아 분파인 알누스라 같은 급진적인 단체의 세력이 확대되었다.

이 책의 여러 부분에서 나는 부작위의 잠재적 비용을 강조했다. 유대교 명절인 욤키푸르(속죄의 날) 예배를 상기해보자. 이날에는 평소 예배일의 10배가 넘는 사람들이 모여서 거의 끝나가는 한 해 동안 자신이 저지른 잘못에 대한 용서를 빈다. 부적절한 생각과 말과 행동 등 포괄적인 범위의 40여 개에 달하는 죄악이 거명된다. 하지만 마지막 죄악은 히브리어로 '혼란스러운 마음'을 가진 죄로 해석되며, 이는 정당한 행동임에도 불구하고 행동하지 않은 죄악이다.

존 F. 케네디 대통령은 예전에 "행동 계획에는 위험과 대가가 따른다. 하지만 이는 나태하게 아무 행동도 하지 않은 데 따르는 장기간의 위험과 대가에 비하면 훨씬 작다"고 경고했다.[14] 여기에서 얻을 수 있는 교훈은 행동이 항상 옳지 않다는 게 아니라(가령, 2003년 이라크 전쟁의 경우 틀림없이 그랬다), 오히려 행동하지 않는 것이 행동하는 것만큼이나 모든 면에서 중요하기 때문에 그 결과로서 행동하지 않는 것도 아주 신경 써서 평가해야 한다는 점이다. 개인적인 경험으로 볼 때 실제로 이렇게 된 경우는 극히 드물었다. 더욱이 아무리 검토했더라도 모든 행동은 결점을 수반하기 마련이며, 진부한 표현이지만 분석이 지나치면 마비가 된다_{analysis leads to paralysis}. 비록 불완전한 선택이지만 시간이 지나면 덜 불완전해질 것이라는 희망은 항상 그릇된 망상이다. 적포도주는 시간이 지날수록 숙성되어 좋아지지만 정책 선택은 거의 그렇지 않다. 그래서 기본적으로 현상유지를 선호하는 편견이 생긴다. 종종 그렇듯이 시리아에 대한 미국의 정책이 바로 그랬다.

그 이후 2014년에서 2015년까지 2년 동안 시리아 내전이 한층 격화되었다. 하지만 많은 내전처럼 시리아 내전도 외부 세력의 직간접적 개입에 영향을 받았다. 실제로 시리아는 중동 지역 전체의 특징으로도 볼 수 있는 수니파–시아파, 그리고 사우디아라비아–이란 간 대립의 주된 전쟁터가 되었다. 이란은 시리아 정부에 상당한 수준의 경제적·군사적 지원을 제공했다. 거기에 덧붙여 이란 혁명수비대와 이란이 지원하는 헤즈볼라군도 시리아 정부와 함께 싸웠다.

주요 강대국들도 개입했다는 증거가 있다. 러시아는 2015년 후반부터 시리아에 직접 개입했다. 그 결과 아사드 정권을 지탱시키기 위한 강력한 공습이 전개되었다. 아사드 정권의 대체 세력을 신중하게 준비하지 않은 채 아사드 정권이 갑자기 붕괴되면 ISIS가 다마스커스에 이슬람주의 칼리프 국가를 건설했을 것이고, 이는 무슨 수를 써서라도 반드시 막아야만 했기에 러시아의 공습이 반드시 나쁘다고만 볼 수 없다. 비록 엄청나게 많은 민간인 사상자가 발생했고, ISIS나 알누스라와 같은 테러리스트보다 미국이 지원하거나 사우디아라비아처럼 미국의 예전 파트너 국가가 지원했던 단체들을 약화시키는 상당한 대가를 초래했지만 러시아의 전략은 성공한 것처럼 보였다. 무엇보다도 러시아의 정책은 자신들이 세계무대에서 뭔가 영향력을 발휘할 수 있는 주요 강대국이라는 점을 보여주려는 열망에서 비롯된 것인지도 모른다. 또한 러시아군의 주둔 기지가 있는 오래된 동맹국을 지원한다는 러시아의 이해관계도 걸려 있었다. 나아가 러시아 지도자들이 시리아에서 취한 자신의 조치가 원칙적으로 유럽으로의 난민 유입을 감소시켜 러시아에 대한 호감도를 높이고 우크라이나 사태로 러시아에 가해진 제재를 축소시키거나 철회할 가능성도 높일 수 있다고 희망했는지도 모른다.[15]

　　미국의 개입은 제한적이었다. 미국의 목표는 특정 성과 도출보다 대규모 군사개입 공약 회피에 더 초점을 맞춘 것처럼 보였다. 약 20년 전에 나는 '마음 내키지 않는 보안관The Reluctant Sheriff'이라는 제목으로 미국 외교정책에 관한 책을 출간했다. 이 제목은 빌 클린턴 행정부 시기 외교정책을 지칭했던 것이지만, 시간이 지날수록 오히려 이 제목이 버락 오바마에게 더 잘 들어맞는다는 생각이 들었다.[16] 오사마 빈 라덴을 사살한 공격이 용감한 결단이라는 사실을 부인할 수는 없지만, 이는 군사작전 목표가 아주 좁았다는 점에서 예외에 가깝다. 버락 오바마는 잠재적으로 그 규모와 지속 기간이 커질 수 있는 군사개입이나 기존의 군사개입을 지속할지 여부에 대해 조심스러워하는 것으로 드러났다.

그리하여 시리아 상황이 악화됨에도 불구하고 미국의 대시리아 정책이 의미가 있을 정도로 바뀌지는 않았다. 미국이 ISIS 근거지를 다소 폭격하기는 했지만 지상군 투입은 없었다. 미국은 시리아 민간인들을 위한 인도주의적 지역이나 안전 지역 설정도 반대했는데, 미국이나 터키와 같은 다른 국가들이 상당한 규모로 지상군 병력과 공중 자산을 투입해야 했기 때문이다. 몇 년 동안 성과는 없고 큰 비용만 들인 끝에 2015년에는 백지상태에서부터 '온건한' 시리아 반군 세력을 육성하려는 시도도 폐기되었다. 2016년이 되어서야 현지 쿠르드족과 수니파 단체들을 무장시키고, ISIS가 있는 장소를 폭격하며, 쿠르드족과 수니파 전투원들에게 소규모 미군 특수부대원을 배치시키는 등 좀 더 괜찮은 전략이 전개되기 시작했다. 하지만 미국은 지대공 미사일 같은 더욱 강력한 무기를 수니파 반군 단체에 제공하거나 시리아의 군사 자산을 직접 공격하려던 계획은 철회했는데, 아마도 이미 공군기를 출격시키고 있던 러시아와 대결하게 될 위험 때문이었다.

그 결과, 2016년 초반에는 시리아 현장 상황이 역동적이면서도 교착상태에 빠지게 되었다. 러시아와 이란의 지원으로 시리아 정부는 안정을 되찾았고, ISIS와 알누스라가 지배하는 지역이 축소되었지만 여전히 시리아 영토의 상당 부분을 점령하고 있었으며, 쿠르드족은 터키 접경 지역인 시리아 북부의 좁고 긴 지역을 통제하고 있었고, 수니파 단체들이 시리아 영토의 작은 지역들을 차지하고 있었다. 가장 큰 패배자는 수십만 명이 목숨을 빼앗기고, 1,000만 명 이상이 집을 잃고 국내피난민이 되거나 난민이 된 시리아 국민이었다. 이 외에도 난민을 부담하게 된 주변국과 유럽, 시리아로 인해 평판과 위신이 손상된 미국 등 많은 패배자들이 있었다.

2015년 말에는 시리아의 평화협정에 도움이 되는 원칙을 제시한 유엔 안보리 결의 2254호 등이 채택되어 외교적 해결 가능성의 실마리가 보이기도 했다.[17] 또한 미국과 러시아가 국지적인 '적대 행위 중지'를 여러 번 발표했다.[18] 하지만 침소봉대는 곤란하다. 경험에 비추어볼 때, 외교와 협상은 현장의 현실을 반영하는 성향이 있지 변화를 반영하지는 않는다. 이러한 원칙과 일관되게 유엔 안보리 결의는 사우디아라비아, 터키, 그리고 많은 시리아 반군 세력에게 최우선순위였던 시리아 지도자의 퇴진에 대해서는 아무런 언급이 없었다. 러시아와 이란 같이 시리아 정부를 지원했던 핵심 세력들이 아사드의 퇴진 계획 일정표에 서명할 준비가 되어 있었다는 증거도 없었다. 또한 반군 단체들은 최소한의 수준만큼도 단결되어 있지 않았다. 물론 영토 일부를 차지하고 있었던 ISIS나 알카에다 빙계 조직인 알누스라와 같은 극단주의 단체들의 역할도 전혀 없었다. 그러던 와중에 시리아 내 여러 지역에서 전투가 격화되었고 시리아 국민들이 그 대가를 치렀으며 국가는 정부나 여타 단체들이 지배하는 지역과 더 작은 구역들로 분열되었다.

중동 지역의 이러한 혼란에 예멘 사태가 가중되었다. 예멘도 아랍의 봄을 피하지 못했다. 시위와 무력 공격, 그리고 지역 외교가 결합되어서 2012년 초에 전 부통령이 이끄는 새로운 정부가 수립되었다. 하지만 시아파 반란 세력인 후티족과 알카에다에게 이미 정부의 권위와 국가의 안정이 손상된 상태에서 세워진 정부였을 뿐이다. 2015년이 되자 수니파가 지배하는 정부의 존속 여부가 의문시되었고, 그러자 사우디아라비아가 자신이 보기에 이란의 하수인에 불과한 후티 반군들을 공습하기 시작했다. 이렇게 예멘도 내전이자 대리전, 그리고 지역전의 성격이 혼재된 전쟁으로 인해 엄청난 인도주의적 대가를 치르는 여타 중동 국가들의 대열에 합류했다.

사우디아라비아의 예멘 개입은 저유가와 왕위 계승 문제를 둘러싼 내분으로 아주 취약해진 입장에서 시선을 분산시키는 효과는 있었지만 비용이 컸다. 사우디아라비아의 외교장관은 이 개입이 필수불가결한 전쟁이라고 설명했지만, 실제로는 선택적인 전쟁이었다.[19] 사우디아라비아는 자신의 제한된 군사력과 재정적 어려움에 맞춰 자신을 보호할 수 있는 좀 더 온건한 옵션들이 있었다. 그 결과, 이슬람교의 가장 성스러운 도시와 성소를 관할하는 등 외관상으로 '이슬람 국가'인 사우디아라비아는 당연히 ISIS에 더 취약해졌다. 젊고 디지털 기기에 능숙한 많은 사우디 청년들이 제대로 된 일자리를 얻을 가능성이 거의 없고 만연한 부정부패와 불평등에 불만을 갖게 되자 ISIS는 이들에게 개혁 운동으로 다가왔다.

이라크도 언급할 가치가 있다. 이라크 내 혼란은 아랍의 봄 때문이 아니었다. 오히려 아랍의 봄이 도래하기 몇 년 전에 이미 중대한 사건들이 발생했다. 이라크의 상황은 2005년에서 2006년으로 갈수록 더 악화되었다. 미국의 외교 분야 주류 인사 중 많은 사람들이 대실패로 드러난 분야에서 미국의 역할 축소에 찬성했다.[20] 하지만 2007년 초에 조지 W. 부시 대통령은 새로운 정책으로 전환했다. 이라크에서 압도적으로 수니파가 많은 최서부 지역의 안보를 회복하고자 한 것이다. 이 정책은 ① 선별된 수니파 부족들에 대한 재정적·군사적 지원 확대(이따금 이러한 정책이 수니파 각성Sunni Awakening이라고 지칭되었다)와 ② 3만 명 정도로 이라크 주둔 미군 규모 확대(이라크 안정화 작전surge으로 종종 묘사되었다)라는 두 가지 측면이 있었다. 이러한 노력은 대체로 성공을 거둔 것으로 보였으며, 2008년 말에는 이라크 내 알카에다가 수세에 몰렸고 이라크 영토의 상당 부분이 안정을 되찾았다.[21] 부시 대통령은 자신의 마지막 중요한 외교 활동으로 누리 알말리키 이라크 총리와 주둔군 지위 협정을 체결했으며, 이를 통해 양국 정상은 모든 미군 전투 병력이 2011년 말까지 이라크로부터 철수하기로 합의했다.[22]

버락 오바마는 2009년 1월 백악관에 입성하자마자 미군 병력의 철수를 가속화하겠다고 선언하고, 조속한 철군 이행을 개시했다.[23] 하지만 이라크는 미군이 지속적인 역할을 맡지 않을 경우 질서를 유지할 만한 정치적 응집력이나 군사적 역량이 없다는 사실이 금방 명백해졌다. 이러한 맥락에서 미국은 두 가지 운명적인 결정을 내렸다. 첫째, 미국은 주둔군 지위 협정 개정을 통해 제한된 규모의 미군이 주둔할 수 있도록 하지 않고 계획대로 병력 철수를 추진했다. 둘째, 비록 알말리키 총리가 2010년 선거에서 다수표를 획득하지도 못했고 국가 전체의 이익보다는 시아파의 이익을 챙기는 편협한 종파주의자였지만, 그럼에도 미국은 그에게 정치적 지지를 보냈다.[24] 이러한 정치적 내분과 격화되는 종파 분쟁을 배경으로 이라크 내 알카에다는 세력을 회복하고 시리아로 확장했으며, 그 과정에서 ISIS가 되었다. 2014년이 되자 미국은 다시 이라크 내 적대 세력들을 폭격했으며, 이슬람 국가와 전쟁하고 있는 이라크 정부를 지원하고자 약 3만 5,000명의 미군 병력을 이라크에 투입했다.

이 책에서 이라크와 관련된 결정과 사건을 세세하게 평가할 의도는 없다. 나는 이미 이라크에 관한 책을 썼으며 두 번째 책을 쓸 생각이 없다. 그러나 2003년에 전쟁을 개시하기로 한 결정과, 그 이후 있었던 이라크군의 해산, 그리고 과도하게 많은 지배 정당 소속 인사들을 축출시키기로 한 결정이 가장 중대한 정책적 오류였다는 사실을 언급하고자 한다. 2007년과 2008년의 이라크 안정화 계획과 수니파 각성은 이라크를 안정화시킬 수 있는 두 번째 기회였으나, 그나마 존재했던 가능성조차도 시기상조에 가까운 미군 철수로 약화되었고, 그로 인해 미국이 이라크 지역의 안보나 정치에 미치는 영향력도 축소되었다. 나는 이라크 의회가 미군이 범죄로 인한 처벌로부터 완전한 면제를 보장받는 공식적인 협정을 통과시키지 않아 3만 명에 달하는 병력이 철수한 2011년 이후에도 미군 병력을 이라크에 계속 주둔시킬 방법을 찾을 수가 있었다고 믿는다. 그렇지만 물론 어느 정도로 미국이 개입해야 이라크 국민 자신으로부터, 그리고 심각한 결함을 가진 그들의 정치 문화로부터 이라크 국민을 보호할 수 있었을지 확실히 알 수는 없다. 실제로 바로 이 마지막 대목이 2003년의 이라크 침공이 지혜로운 선택이었는지 의구심만 더 높일 뿐이다.

각 지방의 현실, 미국의 작위 및 부작위, 그리고 미국의 행위 혹은 무위無爲 등이 혼재되면서 전 세계에서 가장 불안정한 지역이라는 오늘날 중동의 특징이 만들어졌다. 앞서 2003년 이라크 전쟁의 맥락에서 나는 히포크라테스의 선서를 인용하면서 우선 해를 끼치지 말라는 원칙을 위배했다고 언급했다. 다시 의학적 비유를 들어보고자 한다. 현재의 중동은 온갖 종류의 생명을 위협하는 질병에 시달리고 있는 환자와 유사하다. 하지만 의사와 의료진의 과실도 일정 부분 책임이 있다. 치료 과정에서 의사의 부주의로 생긴 질병인 외원병醫原病이라는 용어가 있다. 오늘날의 중동 지역은 국지적 병리 증세가 외교정책 행위와 무위 때문에 한층 악화되었다. '의원성 무질서iatrogenic disorder'는 외교정책 분야의 기술적인 용어는 아니지만, 이런 식으로라도 언급되어야만 한다.

역사적으로 비교한다면 오늘날 중동은 지역 내 세력과 외부 세력이 국경을 넘나들면서 다 같이 싸운 결과로 많은 유럽인들이 살상된 17세기 초 정치적·종교적 투쟁이었던 30년전쟁을 연상시킨다. 이러한 전쟁은 어느 한쪽이 승리하거나, 외부로부터 질서가 강요되거나, 혹은 마치 땔감이나 산소가 없어지면 불이 꺼지는 것처럼 전쟁에 참여했던 모든 세력이 소모될 경우에만 끝나는 경향이 있다. 이러한 상황에서는 타협할 여지가 없다. 반대로 신병, 달러, 무기, 대리인, 민병대, 그리고 투쟁 의지는 넘쳐난다. 다음 장에서 어떤 조치를 취할 수 있는지 다루고 있지만, 나는 여기에서 냉전 종식 후 25년, 또한 사담 후세인을 쿠웨이트로부터 몰아내려고 미국이 주도했고 국제적으로 폭넓게 지지받던 노력이 있었던 때로부터도 25년이 지났음에도 불구하고 중동은 그 어느 때보다 더 불안정하고 이 지역뿐만 아니라 전 세계에 비참한 결과를 야기하고 있다는 사실을 언급하고자 한다.

지난 25년간 미국의 대중동정책에 관한 논의를 마무리 짓고 다음 주제로 넘어가기 전에 한 가지 빠진 것을 언급하고자 한다. 외교정책의 수립 방식 및 과정도 아주 중요하다. 엄격하게 기강이 잡히고 상대적으로 공식적인 조지 H. W. 부시 행정부의 국가안보 정책 결정 과정이 상당히 효과적인 정책을 만들어냈다. 또한 당시 최고위층 인사들이 대부분 노련했고, 자신의 지위 및 대통령과의 친소 관계와 별개로 독자적인 위상이 있었으며, 서로 편안한 관계이면서도 이견이 있더라도 불편해하지 않았다는 점이 큰 도움이 되었다. 국가안보회의NSC와 다양한 행정 부처 간의 균형도 잡혀 있었다. 이러한 똑같은 특징이 이후 클린턴 행정부에서도 존재했다.

하지만 조지 W. 부시는 불행히도 정책 결정 과정에서 비공식적인 방식을 도입했다. 가령, 2003년에 이라크와의 전쟁 개시를 검토하기 위한 체계적인 회의도 없었고, 전쟁의 여파를 기획하는 관리체계도 부실했다. 오바마 행정부에서도 정책 결정 과정이 거의 틀림없이 더욱 악화되었다. 비공식성이 일상이 되어버렸다. 시리아가 화학무기를 사용했음에도 행동에 나서지 않기로 한 결정이 대표적으로 가장 악명 높은 사례다. 백악관 직원이 규모나 기능, 영향력 면에서 너무 비대해졌다. 절차가 만병통치약은 아니지만, 필요한 정책결정 과정이 아니라 편안한 정책 결정 과정과 그런 부하 직원들만 택하고 싶은 유혹으로부터 대통령들을 보호해주는 도구가 될 수는 있다.[25]

아시아 – 태평양 지역

아시아–태평양 지역의 역사는 같은 시기 중동 지역의 역사와 아주 다르다. 이 지역은 이 기간 내내 현지하게 안정직이었다. 내가 '현저하게remarkably'라는 단어를 쓴 분명한 의도가 있다. 실제로 이 지역에서 안정이 유지되는 게 당연하다고 여길 만한 이유가 별로 없었기 때문이다. 우선, 이 지역에는 수많은 영토 분쟁들이 미해결 상태로 남아 있고, 이 중에서도 많은 분쟁들이 제2차 세계대전 종전부터 혹은 그 이전부터 존재하고 있었다. 간단한 예만 들더라도 중국과 인도의 국경 분쟁, 러시아와 일본의 소위 북방 영토 분쟁, 동중국해에 있는 섬을 둘러싼 중국과 일본의 대립, 남중국해상의 섬들과 공역과 해역을 둘러싼 중국과 지역 내 모든 국가들과의 갈등이 있다. 이와 더불어 한반도는 여전히 38선을 따라 분단되어 있으며, 한국전쟁이 끝난 지 70년이 넘었지만 공식적인 평화조약이 체결되지 않았다.

이 지역의 안정이 주목을 끄는 두 번째 이유는 아시아-태평양 지역이 중요한 변화와 격변을 거치면서도 존속해왔다는 점이다. 아시아-태평양 지역의 경제성장은 아주 비범한 사례라고 해도 이상하지 않다. 경제 생산력이 국가별이든 1인당이든 간에 지난 25년간 300퍼센트 이상 증가했다. 이러한 경제적 변화와 더불어 국방비 지출이 엄청나게 증가했음에도 불구하고 안정이 유지되었다는 점에 주목해야 한다.

아시아-태평양 지역의 역사가 즐거울 정도로 놀랍다고 할 수 있는 세 번째 이유로 역내 지역 체제가 상대적으로 부족했다는 사실을 들 수 있다. 이 지역에는 냉전 시기 유럽에 존재했거나 현재 유럽에 존재하는 수준의 지역기구가 존재하지 않는다. 물론 얼핏 이 지역을 본다면 동남아국가연합ASEAN: Association of Southeast Asian Nations이나 아시아태평양경제협력체APEC: Asia-Pacific Economic Cooperation 같이 알파벳 수프처럼 다양한 약어로 부르는 수많은 지역 체제가 있어서 이러한 주장이 이상하게 들릴 수도 있겠지만, 이 다자 기구들은 대부분 경제 통합 증진을 목표로 하고 있지 군비통제나 갈등 예방, 제한에 초점을 두고 있지 않다.

그렇다면 이런 상황에서 왜 아시아–태평양 지역이 상대적으로 안정적이었는지에 대한 질문이 떠오른다. 많은 국가들이 자신의 경제발전에 집중했고, 이를 위해서는 외부의 안정이 필요했다. 그래야만 이들이 주변국들과 편안하게 무역을 할 수 있었고, 전쟁을 수행하거나 준비하는 데 재원을 투입할 필요가 없었다. 이러한 높은 수준의 경제적 상호 활동은 상당한 수준의 상호의존으로 이어졌고, 상호의존은 모든 사람에게 이익이 되는 상황을 위험하게 만드는 갈등에도 버틸 수 있는 일종의 집단적 보루 역할을 했다.

두 번째 이유는 구조적이다. 사람들이 국가보다 부족이나 종교에 더 충성하고 있으며 많은 국경선의 역사적 기원이 불분명한 중동 지역과 달리 아시아 국가 대부분은 국민들의 국가 정체성이 강하며 정부의 힘도 강력하다. 중국, 한국, 일본은 모두 오래되고 자랑스러운 전통이 있다. 세 나라 모두 상당한 수준으로 인구와 언어적 동질성을 유지하고 있다.

이 지역이 안정적인 세 번째 이유는 미국이다. 미국은 1975년 남베트남에서 치욕스럽게 철수했지만, 아시아나 혹은 더 넓게 봐서 태평양 지역을 떠나지 않았다. 오히려 미국은 이 지역에서 상당한 수준의 군사적·경제적·외교적 존재감을 보여주었으며, 한국·일본·필리핀·태국·호주·뉴질랜드와 동맹관계를 유지했다. 이렇듯이 긴밀한 관계를 유지하고 역내에서 존재감을 나타냄으로써 모험주의 성향을 띠는 국가나 침략을 하려는 국가를 억제하고, 개별 국가들이 안보 분야에서 각자 자립하려는 부담이나 요인을 약화시킬 수 있었다. 만일 각 국가들이 안보 분야에서 자립하려고 했더라면 더 많은 무력 충돌이 있었을 것이며, 더 큰 규모의 상비군을 보유하려 했을 것이고, 틀림없이 핵무기도 확산되었을 것이다.

그렇다고 해서 아시아에 대한 미국의 정책이 항상 이상적이었다는 말은 아니다. 오히려 지난 25년간 아시아-태평양 지역에 대한 미국의 안보정책은 전략적 왜곡을 초래한 지리적 편견이라는 죄를 지었다. 두 번의 이라크 전쟁, 장기간 지속된 아프가니스탄 개입, 이스라엘과 팔레스타인 간의 평화협상 주선, 이란의 핵프로그램 통제, 아랍의 봄 이후 상황 관리 등 지난 25년간 미국의 상당한 외교적 관심과 군사적 노력이 거대 중동 지역에 집중되었다는 사실을 아시아-태평양 지역 사람들은 잊지 않았다. 우방국과 적대 세력들 둘 다 미국이 이 지역에 더 이상 우선순위를 두고 있지 않다는 점도 점차 인식하게 되었다. 지역 경제 기구, 군사 활동, 그리고 무엇보다 동중국해와 남중국해의 공역과 도서 구역에 대한 영유권을 주장하면서 아시아-태평양 지역에서 역할을 증대하려는 중국의 노력과 대조되면서 이러한 인식이 한층 강화되었다.

미국은 어느 정도 이러한 인식을 불식시키려고 했다. 임기 초 오바마 행정부는 중동 지역을 과도하게 중시했던 시대가 끝났다는 사실을 강조하려는 차원에서 아시아 회귀pivot(이후 재균형rebalacing이라는 용어로 대체)라는 용어를 고안해냈다.[26] 이러한 정책이 아시아 국가들을 별로 안심시키지도 못했고 유럽과 중동의 전통적인 우방국들만 불안하게 만들기는 했지만, 이 개념 자체는 상당히 적절했다. 우디 앨런의 표현을 빌리자면 인생의 80퍼센트가 현장 출석이라면, 외교 정책이라는 인생에서 80퍼센트는 후속조치다. 하지만 후속조치 성과는 순탄하지 않았다. 대통령 순방이 취소되었고(오바마 대통령은 연방 정부의 일시 폐쇄로 2013년 11월 APEC 정상회의와 동아시아정상회의 참석 일정을 모두 취소했다-옮긴이), 오바마 행정부 2기에서는 국무장관도 국가안보보좌관도 이 지역에 우선순위를 두지 않았다. 아시아-태평양 지역 내 해군과 공군력 증강도 상당히 느리게 진행되었고, 그조차도 군사 자산의 상시 배치가 아니라 중국의 도전에 대해 결국 주기적으로 해군과 공군 자산으로 대응하는 방식이었다.

가장 중요한 점으로 오바마 행정부가 2015년에 지역 무역협정인 환태평양경제동반자협정TPP: Trans-Pacific Partnership을 체결했다는 사실을 들 수 있다.[27] 하지만 미국 국내 정치 상황으로 인해 이 협정의 운명이 불투명해짐에 따라 이러한 성과의 긍정적인 효과도 퇴색했다(트럼프는 대통령 취임 직후인 2017년 1월 23일 TPP 탈퇴를 공식 선언했다-옮긴이). 아시아-태평양 지역의 자체적인 내부 동력과 미국 국내 정치의 비일관성이 결합되면서 이 지역은 겉으로 보기에는 안정적이지만 미래가 불투명한 어정쩡한 상태가 되었다.

이 지역에서 가장 중요한 관계로서 각각 세계 2, 3위의 경제 대국인 중국과 일본의 관계가 부각되었다. 실제로 바로 이 기간 동안 중국이 경제 규모 차원에서 일본을 추월하여 양국의 경제 순위가 바뀌었다. 양국의 역사적 유산, 특히 일본과 중국이 전쟁을 치렀던 제2차 세계대전 당시 중국 영토 내 일본 점령 지역에서 자행된 중국인 학대 문제로 중국과 일본은 서로 불편한 관계를 유지해왔다. 일본 정치인들의 다양한 담화 발표 등 중국의 아픔을 달래려는 노력들이 있었지만, 이 또한 일본 교과서 왜곡과 전쟁 범죄자들이 합사된 신사에 대한 일본 정치 지도자들의 참배로 퇴색되었다. 이러한 긴장에 덧붙여 양국은 군비를 증가시켰다. 일본은 제2차 세계대전 후 제한받아오던 범위를 넘어서는 군사적 활동을 전개하려고 하며, 중국의 '화평굴기'가 그다지 평화롭지 않다는 증거도 있다.[28]

이러한 갈등 중 상당 부분은 어업 활동, 역외 자원 채굴, 그리고 일본에서는 센카쿠, 중국에서는 댜오위다오라고 부르는 동중국해의 열도 영유권을 둘러싸고 불거지고 있다.[29] 몇 번의 충돌 사건이 있었지만, 비상사태 발생 시 긴급 소통이 가능한 수단(핫라인)이나 신뢰구축조치CBM: Confidence-Building Measures가 없었음에도 불구하고 사건이 커진 적은 한 번도 없었다. 두 가지 요소 덕택에 사태 악화를 막을 수 있었다. 바로 미일 동맹이라는 상당한 군사적 역량으로 인해 어떤 군사적 충돌이라도 일단 발생하면 어떤 식으로 확대될지 알 수 없다는 불확실성과 경제적 상호의존이다. 중국과 일본의 무역 규모

는 냉전 종식 후 10배로 증가했으며, 이에 따라 양국 관계가 한층 긴밀해졌다.[30]

남아시아

남아시아는 지리적으로는 동아시아에 가깝지만 지정학적으로는 거리가 멀다. 이 지역은 인도와 파키스탄이 장악하고 있으며, 두 국가는 1947년 독립할 때부터 마찰이 잦았고 때로는 무력 충돌도 불사하는 관계를 유지해왔다. 어떻게 보면 많은 인도인들에게는 파키스탄의 존재 자체가 모욕일 수도 있다. 그들은 인도에 이미 상당히 많은 무슬림이 있으며 이들 대부분이 인도 사회에 동화되어 잘 살고 있는데 굳이 무슬림 국가가 따로 있을 필요가 없다고 보기 때문이다 (파키스탄의 공식 국호는 '파키스탄 이슬람 공화국'이다-옮긴이). 카슈미르 영토를 둘러싼 분쟁으로 인해 1965년과 1971년 두 차례의 전쟁이 발생했다. 앞에서 언급한 바와 같이 인도는 중국을 격퇴했고 파키스탄은 인도를 견제하고자 양국 모두 핵무기를 개발했다.

냉전이 종식되면서 그동안 대체로 인도가 소련과 협력해왔고 파키스탄은 미국 및 중국과 협력해왔기 때문에 앞으로 인도-파키스탄 관계가 개선되는 시대가 오리라고 예상되었다. 하지만 냉전이 끝나자 양국은 각자의 핵무기를 보유한 채 각자도생하는 처지에 놓였다. 1990년 봄 전 세계의 이목이 유럽에 쏠리고 몇 달이 지나 쿠웨이트와 이라크에 집중되었을 때, 인도와 파키스탄은 거의 전쟁을 시작할 뻔했다.

더 나아가 양국이 상호 교류가 없다는 점이 상황을 더 악화시키고 있다. 냉전이 절정에 달했던 시기에 미국과 소련의 외교적·경제적·문화적 교류가 인도와 파키스탄의 교류 수준보다 훨씬 높았다는 사실이 이를 뒷받침한다. 전쟁을 한다면 값비싼 대가를 치러야 하는 경제나 여타 분야의 상호의존이 거의 없었다.

오늘날의 상황은 여전히 아주 취약하고 불안하다. 인도와 파키스탄의 관계는 깊지 않다. 파키스탄은 정치적 관점에서는 취약하지만 핵과 관련해서는 강력하다. 선거로 선출된 민간 정치인들은 명목상으로만 국가를 통치하고 있고, 실제 권력은 군대와 정보기관을 지휘하는 군인들이 쥐고 있다. 정부가 테러단체들을 통제할 만한 능력이 없는 반면, 실권을 쥐고 있는 군부와 정보기관은 테러단체들이 인도와 아프가니스탄에 대해 유용하다고 생각하기 때문에 통제를 꺼린다는 점에서 파키스탄은 상당히 취약하다. 실제로 2001년과 2008년에 인도에서 발생한 테러 공격은 파키스탄에 근거지를 둔 테러단체들이 감행했고 인도와 파키스탄 간의 전쟁으로 이어질 뻔했다.

이 당시 미국은 아주 섬세한 균형정책을 구사했다. 미국은 두 나라가 전쟁으로 치닫지 않도록 할 수 있는 모든 노력을 기울였다. 인도와 파키스탄이 정상적인 관계로 발전하도록 수시로 권유했으며, 전쟁이 예상되면 긴급하게 외교적 노력을 경주했다. 나도 개인적으로 이런 활동에 참여한 적이 있다. 1990년 5월 인도와 파키스탄의 갈등이 무력 충돌로 이어질 것처럼 보일 때, 나는 당시 국가안보부 보좌관이었던 로버트 게이츠와 같이 인도와 파키스탄을 방문하여 긴장을 완화시켰다. 미국은 인도와 관계 강화를 추구했으며, 이는 인도의 경제적·전략적 잠재력을 고려할 때 현명한 선택이었다. 2005년 미국과 인도가 최초로 핵에너지의 평화적 이용에 관한 협력을 선언함으로써 중요한 돌파구가 마련되었다. 몇 년 후 관련 협정이 체결되었고, 그 과정에서 미국의 대인도 제재가 해제됨으로써 인도의 핵무기 프로그램으로 인한 양국의 이견이 좁혀졌다.[31] 오바마 대통령의 두 차례 인도 방문을 포함해서 고위급 회담이 양국 관계를 심화시켰고 동시에 이렇게 심화되는 양국 관계를 반영했다.

파키스탄과의 관계 발전은 더욱 어려웠다. 파키스탄의 핵무기 프로그램보다 테러리즘에 대한 파키스탄의 관용과 때로는 노골적 지지, 그리고 아프가니스탄 탈레반에 대한 은신처 제공과 지원을 통해 아프가니스탄을 불안정하게 만드는 정책 때문이었다. 실제로 미국은 파키스탄의 핵무기 프로그램을 내키지는 않지만 오래전부터 현실로 받아들였다. 파키스탄은 선거로 선출된 지도자들이 정책을 책임질 위치에 있지 않아 이들에게 정책에 대한 책임을 지우기가 어려웠기 때문에 상황이 한층 더 복잡했다.

파키스탄의 취약성 또한 문제였다. 제재를 부과할 경우 핵무기가 있고 수천 명의 테러리스트가 있는 국가가 더 불안정해질 수 있다. 적을 다루기가 위험하기는 하지만 그래도 상대적으로 솔직한 측면이 있다. 협상, 제재, 그리고 군사력 동원 등 다양한 도구가 있다. 어떤 도구를 어떻게 써야 할지 불투명하기 때문에 이견이 있는 우방국이나 파트너를 다루기가 훨씬 복잡하다. 이렇게 할 필요가 있는지 의심이 든다면 미국과 터키, 사우디아라비아, 이스라엘의 관계를 떠올려보면 된다. 하지만 이들보다 다루기가 더 훨씬 복잡하면서도 취약한 나라가 파키스탄과 아프가니스탄이며, 대안을 모색할 경우 훨씬 나쁜 결과가 나올 수도 있다.[32]

남아시아 국가들 중에 언급할 만한 가치가 있는 또 다른 나라는 아프가니스탄이다. 2002년 탈레반 지도부가 정부에서 축출된 다음 새로운 정부를 수립하는 데 있어 미국이 일조했다는 점은 이미 앞에서 설명했다. 하지만 이렇게 상황이 전개되었지만 아프가니스탄은 정상 국가가 되지도 않았고 평화를 되찾지도 못했다. 인접국인 파키스탄으로부터 지원과 은신처를 제공받은 탈레반 잔당과의 내전이 지속되었다. 유엔 차원의 군사적 노력의 일환으로 조지 W. 부시 행정부는 주둔군 병력을 2만 5,000명까지 증가시켰지만 정책 결정을 내리지 못했다. 미군 병력은 대테러 작전에 한정되어 수행하기에는 충분했지만 아프가니스탄을 안정화시키고 자립시키기에는 부족했다. 이라크의 경우와는 반대로 아프가니스탄의 국가 건설이라는 목표에는 미국이 별로 의욕이 없었다. 성공 가능성도 낮아 보였고, 설령 목표를 달성하더라도 이 지역 내 다른 국가들에게 긍정적으로 유사한 변화를 야기할 것 같지도 않고 아프가니스탄에만 한정되리라고 생각했기 때문이다. 흥미롭게도 이러한 생각은 소련군이 철수했던 1989년 당시에도 미국의 대아프가니스탄 정책에 영향을 주었는데, 바로 그런 태도가 탈레반이 정권을 장악하는 데 일정 부분 기여했다. 나는 두 사례 모두 정책 수립과 이행 과정에 참여했기 때문에 직접 경험을 통해 이런 사실을 알 수 있었으며, 두 경우 다 성공적이라고 보기는 어렵다.[33]

버락 오바마가 대통령으로 취임한 2009년이 되었을 때 아프가니스탄의 안보 상황이 한층 더 악화되었다. 오바마 대통령은 전임자와 마찬가지로 아프가니스탄이 다시 9·11 이전으로 돌아가는 상황을 예방해야 한다는 필요성과 미군 병력을 모두 철수시키겠다는 약속이라는 두 가지 상충하는 우선순위를 놓고 고민하게 되었다. 그 결과 2009년 12월에 미군 병력 규모를 50퍼센트 증가시켜 약 10만 명을 주둔시키되, 주둔군을 18개월에 걸쳐 철수시키는 절차를 시작한다는 결정을 내렸다.[34] 그렇게 함으로써 오바마 행정부는 정책을 현장 상황이 아닌 달력(그것도 자의적으로 잡은 기간이다)에 의존하는 중대한 실수를 저질렀다. 철군 계획이 명시되어 발표됨에 따라 주둔 병력이 실제로 할 수 있는 역량이 소모되고 제한되었으며, 그 결과 아프가니스탄을 안정시킨다는 목표에 역행하는 결과를 낳았다. 이런 식의 일정 발표는 안정화에 대한 의지가 없다는 메시지도 전달함으로써 이후 상황을 관리하는 미국의 역량도 약화시켰다.

미군의 완전 철수를 연기하고 수천 명 규모의 병력이 잔류한다는 발표가 2015년에 나왔고, 다시 2016년 7월 4,800명의 미군이 아프가니스탄에 무기한으로 주둔한다고 발표함으로써 이러한 부정적인 정책의 효과가 어느 정도 상쇄되었다.[35] 2016년에는 탈레반이 전 국토의 20퍼센트를 점령하고 있는 것으로 추산되었고, ISIS도 점차 침투하고 있었다.

흔들리는 유럽

유럽의 발전상은 현저하게 다르다. 앞에서 설명한 대로 제2차 세계대전 이후의 유럽은 지난 수백 년 동안 있었던 사건들과 결별을 고했다. 냉전이라는 구조와 규율이 이러한 변화에 직접 연관이 되지만, 어떤 점에서 더 근본적인 요인은 서유럽과 유럽연합이라는 구상의 성공에 기인하고 있다. 이러한 구상은 미국에 버금가는 규모의 경제권을 창출했을 뿐만 아니라 서유럽을 전 세계에서 가장 안정적인 지역으로 만드는 데에도 큰 도움이 되었다.

냉전이 종식되면서 많은 유럽 국가들은 자국 국민들과 함께 어느 정도의 통합이 바람직하고 정치적으로 실현 가능한지에 대해 의문을 가졌다. 어떤 측면에서는 이러한 토론이 유럽에 관한 두 가지 비전으로 요약될 수 있다. 첫 번째는 '유럽합중국United States of Europe'이라는 표현으로 대변될 수 있다. 이는 권한이 점차 각국의 수도에서 브뤼셀로, 그리고 유럽연합이라는 초국가적인 기구로 이양되는 것을 의미한다.

이러한 방향으로 몇몇 조치들이 취해졌다. 가장 의미심장한 발전은 1992년 초 12개 EC 회원국 지도자들이 체결한 마스트리히트 조약이었는데, 이를 통해 EC를 계승한 EU가 탄생했다.[36] EC와 EU의 차이점은 후자는 경제나 여타 분야의 기존 유럽 프로젝트에 덧붙여 공동 외교안보정책이라는 '기둥pillar'이 추가되었다는 점이다(EU는 ① 통상정책 및 농업을 포함한 공동 시장 등 기존 EC 체제, ② 유럽 공동의 외교안보정책, ③ 경찰 및 사법 분야 협력이라는 소위 3대 기둥으로 구성되어 있다—옮긴이). 그로부터 10년이 지나서 EU는 발칸반도 일부의 평화 유지 활동에 대한 책임까지 나토로부터 넘겨받았다. 경제적 측면에서 마스트리히트 조약은 중앙은행과 공동 화폐 개념을 도입했고, 1990년대가 끝날 때까지 이를 현실화시켰다. 1993년에 단일 EU 시장이 탄생했으며, 이로 인해 상품, 서비스, 인간, 그리고 자본이 국경을 넘어 자유롭게 이동할 수 있게 되었다. 몇 년 전에는 소위 셍겐 지역(협상이 진행되었던 룩셈부르크 도시명에서 유래)이 설립되어 사람들의 이동과 여권 사용 측면에서 국경선이 지워졌다. 이와 동시에 EU는 통합의 수준만 깊어진 게 아니다. 1995년에는 15개 회원국에서 10년 후에는 25개 회원국으로 늘어나고, 2016년에는 28개 회원국에 달하는 등 회원국 수도 확대되었다.

물론 비대한 관료제의 부작용이나 국가 정체성과 주권 상실을 두려워하는 많은 사람들이 이러한 구상을 마냥 반기지는 않았다. 이런 대안은 '유럽국가연합United Europe of States'이라는 비전으로 가장 잘 표현될 수 있다. 이러한 대안적인 유럽 구상은 각국의 수도와 브뤼셀의 관계에서 균형추가 전자에 좀 더 쏠려 있다. 2005년 몇몇 국가들은 각국 정부의 권한이 인간미도 없고 무책임해 보이는 브뤼셀의 관료기구에 더 쏠리도록 하는 새로운 유럽헌법의 채택을 거부했다. 이 유럽헌법의 요소가 전부는 아니더라도 대부분 리스본 조약에 반영되었으며, 2009년에 리스본 조약이 발효됨에 따라 직접선거로 선출하는 유럽의회의 권한이 한층 강화되었다.[37]

하지만 지난 10년간 유럽의 현실은 비전을 충족시키지는 못했다. 리더십이 약한 지도자들이 잇따르고, 각 회원국들이 충분한 국방비 지출을 꺼리고 국방 예산을 제대로 활용하지도 못함에 따라 EU가 무기력해졌다. 오히려 각 회원국이 외교와 국방 정책을 계속 통제하려고 했고, 정보 및 법 집행 분야의 조율도 특별히 더 좋지는 않았다. 유럽은 어떤 경우에는 전체 역량이 개별 국가 역량의 총합보다 못했다.

진정한 구조 개혁을 하지 못하면서 경제문제가 더욱 두드러졌다. 그 결과 저성장이 지속되었고, 19개 유로존 회원국이 공동으로 통화정책을 조율하면서도 재정정책(조세와 지출)은 개별 국가가 담당하는 부조화에서 비롯된 심각한 문제들이 불거졌다. 개인 예금이 특정 상한선까지 보호받는 미국과 달리 유럽 공동 은행은 그러한 제도가 없었다. 그 대신, 각 나라가 각자 알아서 해야 했다. 고령화와 이에 따른 고령 인구에 대한 생산 가능 인구 비율 악화로부터 시리아 및 여타 중동 지역에서 쇄도하는 난민 흡수와 사회 통합이라는 위기에 이르기까지 인구문제도 다양했고 한층 부담이 가중되었다.

소위 유럽의 표류라고 부를 수 있는 문제가 다양했고 매서웠다. 좌우 양극단 포퓰리스트 정당의 규모나 세력이 확장되어왔다. 그 결과로 많은 유럽인들은 중앙집권화된 '유럽합중국'과 분권화된 '유럽국가연합' 사이에서 선택해야 하는 것이 아니라, 유럽국가연합과 훨씬 덜 통합되고 좀 더 국가 지향적인 형태 사이에서 선택을 하게 되었다. 2016년 6월 브렉시트에 찬성했던 영국의 극적인 국민투표 결과에서 드러났듯이, 많은 유럽 국가에서 유럽 구상에 대한 대중들의 지지가 상당 부분 사라졌다.

마치 이것만으로도 충분하지 않은 듯 최근에는 유럽의 어려움에 지정학 문제까지 가중되고 있다. 나는 구유고공화국의 분열과 관련된 문제를 언급하려는 것이 아니다. 구유고공화국의 분열로 인한 문제는 유고공화국의 분열이라는 사건의 결과물이었을 뿐 지속되어온 문제는 아니었다. 물론 테러리즘 빈도가 증가했지만 테러리즘을 언급하려는 것도 아니다. 오히려 이러한 요소에 가장 잘 부합하는 사례는 러시아의 크림반도 지역 정복과 우크라이나 동부 지역에 대한 노골적인 간섭, 그리고 주변 소국들에 대한 위협이라 할 수 있다. 2년 남짓한 기간에 유럽은 전 세계에서 가장 통합되고 안정적이며 소위 '역사의 종말'이라는 이념에 가장 부합하는 지역에서 맹렬한 기세로 복귀하는 역사에 압도당할 위험에 노출된 지역이 되었다.

라틴아메리카

라틴아메리카는 냉전 종식 이후 25년간 긍정적인 방향으로 가장 많이 변화했다는 점에서 평가받을 만하다. 이러한 상황 개선은 냉전 종식과는 그다지 관련이 없다. 이 지역은 일부 예외를 빼면 자유 진영과 공산 진영 간의 그렇게 두드러진 대립이 없었고 지역 내 자체적 변화만 있을 뿐이었다. 몇몇 국가들은 독재정치에서 민주주의, 그리고 역동적인 시장경제로 성공적으로 체제를 변환했다. 그중 칠레와 멕시코가 두드러진다. 미국으로부터 상당한 원조를 받은 콜롬비아는 대규모 게릴라 활동을 극복했고, 2016년에는 반군 단체를 군사적으로 패배시키고 평화협정에 서명했다. 브라질도 수백만 명을 빈곤에서 탈출시키면서 장족의 발전을 이루어냈다. 지역 차원의 경제 규모가 400퍼센트 이상 성장했다. 2015년 말에는 아르헨티나가 마침내 수년간의 실정에서 벗어나기 시작했다. 심지어 끝까지 저항하던 쿠바도 과거보다는 좀 더 개방된 자세를 취했다. 냉전이 종식되면서 쿠바는 오랫동안 지원해주던 후원자가 사라졌기 때문이다.

그렇다고 해서 이 지역에서 도전이 없다고 말할 수는 없다. 베네수엘라는 10년이 넘게 독재정치와 과다한 석유 의존으로 고생하고 있다. 중앙아메리카 지역은 범죄, 마약, 취약하고 부패한 정부가 복잡하게 얽혀 있는 문제들을 대처하고 있다. 멕시코도 마약, 범죄, 부실한 사법제도, 불평등, 국가 전역에 질서를 제공할 능력이 부족한 중앙정부 등과 관련한 도전에 직면하고 있다. 브라질은 부정부패와 방만한 공공 분야, 높은 부채, 축소되는 경제의 중압감에 시달리고 있다.

하지만 놀라운 사실은 이 지역에서는 지정학이 거의 부재하다는 사실이다. 국내 치안 유지 목적이 아니라 전쟁에 필요한 종류의 무기 구매는 거의 없다. 또한 핵확산 위협도 없다. 한때 아르헨티나와 브라질이 핵프로그램을 추진했지만 오래전에 폐기되었고 틀라텔롤코 조약이 이 지역 내 핵무기를 금지하고 있다.[38] 국경 분쟁도 별로 없다. 국가 간 분쟁도 크지 않다. 이러한 상황은 여러 가지 측면에서 매우 바람직한데, 특히 라틴아메리카 지역기구인 미주기구OAS: Organization of American States는 만장일치가 있어야만 조치를 취할 수 있어서 실제로 할 수 있는 일이 거의 없다는 점을 고려할 때 더욱 그렇다. 이 지역이 직면하고 있는 문제와 도전이 실제로 있기는 하지만, 대부분 거버넌스와 경제, 국가 역량 강화와 관련된 문제다.

아프리카

50개가 넘는 국가가 있는 아프리카는 라틴아메리카와 중동의 특성을 둘 다 갖고 있다. 아프리카의 경우에도 많은 국가들이 인상적으로 장족의 발전을 이루었다. 남아공에서 아파르트헤이트(인종차별 정책)의 평화적 종식은 비록 그 이후 발전이 실망스럽기는 하지만 대표적인 성과였다. 르완다도 국가적인 대재난을 겪은 후 국민 단합을 이룩한 대체로 긍정적인 사례다. 보츠와나, 카포베르데, 케냐, 나미비아, 세네갈과 같은 국가들은 거버넌스와 경제적 경쟁력 분야에서 높은 평가를 받았다. 대체로 지난 25년간 아프리카의 경제 규모가 500퍼센트가량 증가했다. 다만, 이는 초창기 경제 수준이 워낙 낮았고 상품의 왜곡 효과가 있었다는 사실을 반영하며, 또한 국가 내부적으로 그리고 국가 간의 심각한 불평등을 제대로 보여주지 못하고 있다.

라틴아메리카와 마찬가지로 대부분의 아프리카 현안들은 정치적 거버넌스와 경제·사회 개발과 연관된 문제들이다. 부정부패가 만연해 있다. 하지만 대체로 고전적인 지정학은 존재하지 않는다. 중국이 경제적으로 다소 진출했지만, 중국도 그 과정에서 외부인이 거둘 수 있는 성과에 한계가 있다는 사실을 배우고 있다.[39]

강력한 국가가 약한 주변국들의 독립을 위협하는 사례는 거의 없다. 대부분의 시급한 문제들은 국가 간 문제라기보다 국내 문제다. 핵확산 위협도 없다. 질서에 위협이 되는 문제들은 대체로 분리주의를 지향하는 소수파나 소수파를 억압하려는 다수파, 부족과 종교적 충돌, 난민 문제, 테러단체 등이었다. 그렇다고 해서 오랫동안 지속된 다양한 내전, 제노사이드, 수많은 억압 통치 등으로 얼룩진 역사를 사탕발림하려는 의도는 없다. 단지, 아프리카 대륙이 지난 25년간 대체로 강대국의 대결이나 고전적인 형태의 전쟁이 벌어졌던 장소가 아니었다는 점을 지적하고자 한다.

07

절차의 조각

Pieces of Process

내가 하버드 케네디 스쿨에서 강의할 당시에 공공정책의 90퍼센트
는 이행이라는 말이 공통의 주제였다. 물론 정책 구상도 중요하고
원칙에 대한 합의도 바람직하지만, 결국 실제 결과물이 가장 중요했
다. 정통성과 질서는 정책뿐 아니라 절차로서도 중요한 역할을 맡기
때문에 나는 이 점을 강조하고자 한다.

전 세계 거의 모든 국가들이 유엔 안보리를 중심으로 단결하여
사담 후세인의 쿠웨이트 침공과 강제 병합을 저지했기 때문에 탈냉
전기가 도래하면서 마침내 정통성과 질서에 관해서도 폭넓은 의견
일치가 이루어진 것처럼 보였다. 하지만 이러한 의견 일치는 전통적
인 주권 관념이 폭넓게 지지받는 상황에서 사담 후세인이 노골적으
로 이와 배치되는 행보를 보였기 때문에 가능했다. 만약 안보리 상
임이사국 중 어느 한 국가라도 시각을 달리하여 미국의 안보리 결의

추진을 반대하고 거부권을 행사하려고 했다면, 미국은 이 문제를 아예 안보리에 회부하지도 않았을 것이다. 달리 말하자면, 미국 정부는 유엔 안보리의 지지를 통해 정통성을 얻는 것이 바람직하겠지만 이를 반드시 거쳐야 하는 필수 절차로는 생각하지 않았다.

미국과 유럽이 보기에 부당하면서도 부도덕해 보이는 세르비아의 행동에 국제적으로 대응해 나가는 과정에서도 똑같은 사안이 문제가 되었다. 유엔에서 대세르비아 군사조치에 대한 러시아의 거부권 행사가 확실해짐에 따라 미국은 영국, 프랑스와 함께 이 사안을 나토에 회부했다. 이러한 포럼쇼핑forum shopping(자신에게 법적으로 유리한 재판관할권을 찾아 재판을 하는 행위─옮긴이)은 다자 회의 무대에서 지지를 얻어내고 정통성을 확보하는 데 있어 실용적인 수단이 될 수도 있다. 하지만 이렇게 행동하면 애초에 해당 사안 자체를 반대했던 사람들과, 특정 국제기구가 정통성을 부여하는 배타적인 권능이 있음에도 이를 교묘히 빠져나가려는 술책이라고 보는 사람들로부터 원성을 살 수도 있다.

2003년 이라크 전쟁 당시 미국은 처음에는 유엔 안보리를 거치려고 했지만, 결국 안보리 회부를 포기하고 국제사회로부터 공식적이거나 비공식적인 지지를 거의 받지 못한 채 일방적으로 전쟁에 나섰다. 그로부터 10년이 지나서 러시아도 유엔 안보리를 거치지 않고 크림반도 지역에 개입했다. 유엔이 크림반도 사태로 소집되었지만, 러시아 행동을 승인하기 위해서가 아니라 어디까지나 사후 대응 차원에서 소집된 것이었다.

여기서 몇 가지 결론 도출이 가능하다. 첫째, 강대국은 말할 것도 없고 어떤 국가든지 단순히 유엔으로부터 승인을 못 받았다고 해서 매우 중요한 국가이익을 수호할 기회를 쉽게 포기하지 않는다는 사실이다. 앞에서 간략히 언급한 발칸반도 문제가 바로 이런 경우다. 물론 세르비아 정부의 행동이 국제법이나 도덕적 가치관에서 볼 때 정당하지 않았으며, 미국과 유럽의 대응이 근본적으로 정당했다고 주장할 수도 있다. 하지만 러시아가 협조를 거부함에 따라 정당하다고 생각되는 미국과 유럽의 행동이 권위 있는 기구로부터 정통성을 부여받지 못한다는 딜레마에 봉착했다.

이 사례는 규범과 규칙에 대한 컨센서스가 없을 경우 절차 과정에서 정통성을 규정하기가 불가능하다는 현실을 보여준다. 원칙에 근거한 정당성과 절차에 근거한 정통성은 명백하게 상호 긴장 관계에 있다. 미국은 대체로 전자를 선호하는 반면, 약소국들은 후자를 선호하는 경향이 있다. 후자가 강대국들의 행동을 제어할 수 있는 수단이 되기 때문이다.

이와 관련해서 유엔 안보리도 정통성 자체가 의문시되고 있기 때문에 정통성을 부여히는 기관으로 부를 자격이 없다. 현재의 안보리 구성 체제는 오늘날의 세계 현실을 제대로 반영하지 못하고 있어 문제다. 놀라울 것도 없이 안보리는 제2차 세계대전 당시 주요 강대국들이 예상했던 전후 질서의 모습과 자신들이 원했던 미래상이 반영되어 있기 때문이다. 영국과 프랑스 둘 다 상임이사국이라는 점에서 유럽이 안보리에서 차지하는 비중이 과도하게 높다. 동시에 독일이나 EU가 상임이사국이 아니기 때문에 반대로 유럽의 비중이 낮다고도 말할 수 있다. 독일과 마찬가지로 제2차 세계대전 패전국인 일본도 상임이사국이 아니며, 당시 식민지였던 인도도 그렇다.

안보리 개혁 시도는 다양한 개혁안이 계속 거부됨에 따라 수포로 돌아갔다. 안보리 개혁이 성공하지 못한 이유는 간단히 설명할 수 있다. 상상해볼 수 있는 모든 개혁안이 어떻게 보면 몇몇 상임이사국들에게는 이익이 되지만 다른 상임이사국들은 손해를 볼 수 있기 때문이다. 불리하다는 확신이 들면 일부 상임이사국들이 당연히 거부권을 행사했고, 그 결과 안보리를 거치지 않은 수많은 우회 방안이 나왔다.

대표적인 우회 방안은 이미 언급되었다. 세르비아 위기 당시 미국과 서유럽은 유엔 안보리에서 반대하는 러시아에 좌절감을 느끼고 이 사안을 아예 나토에 회부했다. 이란이나 북한의 핵문제 같은 특정 국가나 이슈를 다루기 위해 여러 다자 협의체들이 형성되었고, 그중에서도 핵무기 확산을 다양한 방식으로 막고자 100여 개국 이상이 동참하는 체제인 확산방지구상PSI: Proliferation Security Initiative이 가장 두드러졌다. 나는 이러한 접근 방식을 '일품요리식 다자주의 multilateralism a la carte'로 설명했고, 다른 사람들은 '상황별 맞춤형 다자주의phenomenon designer multilateralism'라고 불렀다. 이러한 접근 방식은 나름대로 도움이 되었지만, 다루는 사안의 범위가 아주 협소했고 참여국도 제한되었으며 수시로 변했기 때문에 이런 현상을 일괄적으로 묶어 현대적인 협조 체제로 착각하면 곤란하다.

또 다른 우회 방안은 어떤 특정 여건에 대한 반발이 아니라 현대 세계의 권력과 영향력의 분포를 충분히 반영한 새로운 제도를 설립하려는 시도로 나타났다. 이러한 노력은 전쟁과 평화 이슈뿐 아니라 경제나 다른 글로벌 이슈도 포괄적으로 다루려고 했다. 세계은행이나 IMF와 같이 오래된 국제기구에서도 세계경제의 권력 분포 변화가 어느 정도 반영되기는 했지만 아무래도 현실보다 뒤처지기 마련이었고, 여하튼간에 이러한 기구들은 새롭게 등장한 많은 도전들을 제대로 대처할 수 있도록 설계되지는 않았다.

1970년대 중반 미국, 서독, 프랑스, 이탈리아, 영국, 일본, 캐나다로 구성된 G7 체제는 당시에는 획기적인 혁신이었다. 얼마 안 가서 유럽공동체가 동참했다. 20년이 지나서 러시아가 참여하여 G8이 되었고, 이 모임은 다양한 이슈들을 논의하고자 전 세계에서 가장 부유한 국가들의 지도자들이 모이는 연례 회의체가 되었다. 초기 G7 재무장관들은 별도의 회의를 통해 글로벌 경제문제를 논의했으며, 러시아는 경제체제 특성과 상대적으로 작은 경제 규모로 인해 이 모임에서는 배제되었다.

G7과 G8 체제는 자주 모이지도 않았고, 상근 직원도 별로 없었으며, 초대받지 못한 나라들로부터 비판받는 등 여러모로 시달렸다.

회원국 확대 문제는 1999년 G20이 창설되어 G7과 G8의 영역이었던 사안을 다루면서 상당 부분 해소되었다. 중국이 포함되었고, 라틴아메리카에서 멕시코, 브라질, 아르헨티나가, 그리고 (종종 중견국으로 분류되는) 인도, 한국, 호주, 터키, 남아공도 포함되었다. 이 모임에 포함된 20개국은 전 세계 인구, 생산, 무역의 대부분을 차지했다. G7이나 G8처럼 G20도 매년 회합했으며, 경제 분야 의제를 강조했고, 상근 직원이 별로 없었으며, 권한이 확실한 공식 기구라기보다 조정 협의체에 가까웠다.

G20 체제도(추가로 초대받는 국가들이 있어 때로는 G25나 G30처럼 보였다) 회원국 수가 많아질수록 의미 있는 성과 도출이 어려워진다는 불가피한 한계를 피할 여유가 없었다. 이러한 약점은 무역과 환경처럼 광범위하고 보편적인 참여가 필수적이면서도 참여자가 많을수록 의미 있는 컨센서스를 도출해내기가 불가능한 이슈에서 여러 번 드러났다. 그 결과 무역 분야에서 지역 협정이나 양자 협정이 폭발적으로 체결되었다. 또 다른 결과로 특정한 협상이나 문제를 해결하기 위해 입장이 비슷한(종종 '유지연합coalition of the willing'이라고 부른다) 유관 국가들의 비공식 모임들이 등장했다. 정통성과 효율성이 때로는 상치될 때가 있다.

무엇이 정통성을 형성하는가에 대한 컨센서스 도출도 여러 가지 이유로 어렵다. 가장 명백한 이유는 상이한 국가들이 동일한 사안을 상이하게 보기 때문이다. 구체적이면서 단기적인 국가이익이 광범위하고 장기적인 목표보다 항상 우선순위가 있다. 그래서 환경문제에서 중단기적으로는 비용이 크고 경제성장을 둔화시킬 수 있지만 장기적으로 모두에게 이익이 되는 좀 더 거창한 정책을 채택하라고 각국 정부를 설득하는 것은 불가능까지는 아니더라도 상당히 어렵다. 마찬가지로 많은 국가들은 어떤 형태로든 주권을 제약하거나 주권 행위에 조건을 부과하는 것을 상당히 경계한다. 만일 어떤 국가가 질서유지에 필요하다고 판단해서 국내적으로 취한 조치가 다른 국가들이 보기에 해당국 국민의 권리를 침해할 경우, 이러한 주권 제약이 자신들에게 불리하게 작용할 수도 있다고 두려워하기 때문이다.

아울러 국제체제의 구조도 변했다. 20세기 후반이 되자 강대국들이 예전만큼 그렇게 강력하지 않았다. 절대적인 힘이 없어서가 아니라 기존 선진국들이 도저히 당해낼 수 없을 정도로 개도국들이 빠르게 성장해서 강대국들의 상대적인 지위가 약화되었기 때문이다. 중국은 어떻게 보면 상당 부분 순전히 인구로 인해 개도국이면서도 동시에 주요 강대국이라는 아주 드물고 예외적인 사례가 되었다.

이러한 추세와 맞물려 강대국들은 실질적으로 힘을 행사할 수 있는 국가나 비국가 단체들과의 경쟁이 갈수록 심해지고 이들의 숫자도 증가하고 있다. 이와 같이 권력과 능력이 널리 분산된 현실을 설명하기 위해 나는 '무극체제nonpolarity'라는 용어를 사용하고자 한다. 무극체제는 질적으로 그리고 근본적으로 과거 세계와 다르다.

이 시대의 특징이라 할 수 있는 권력 분산으로 인해 특정 사안과 연관된 모든 행위자들을 한곳에 소집하기가 어려워졌고, 그렇게 소집된 모임이 제 역할을 하기도 어려워졌다.[1]

이러한 세계가 하나의 초강대국이 지배했거나(단극체제) 두 초강대국이 지배했던(양극체제) 세계와 얼마나 다르게 보일지는 쉽게 이해할 수 있다. 전자는 제국의 본질이다. 냉전 종식 직후 세계는 미국이 지배하고 있었고 다른 국가들이 미국에 대항할 능력이나 의지가 없었기 때문에 단극체제라고 주장할 수도 있다. 설령, 그런 세계가 1989년 이후 존재했다고 하더라도, 그러한 세계는 단명하고 말았다.[2]

미국과 소련이 각자의 동맹국들과 우방국들을 규합하여 40년 동안 서로 맞서 대립하고 있었던 시절에 양극체제는 냉전의 핵심이었다. 당연한 말이지만 양극체제는 냉전 시기의 진영 간 대립이 사라지고 소련과 소련 제국이 붕괴하면서 함께 소멸했다. 이때 '초강대국superpower'이라는 용어도 같이 사라졌어야 했다. 이 용어는 냉전 시기 당시 미국과 소련이 각각의 동맹국과 대리인들에게 상당한 영향력을 행사했기 때문에 그 시기의 많은 부분을 설명해주겠지만, 오늘날의 세계와는 부합하지 않는다. 러시아가 더 이상 소련이 아니어서가 아니다. 오늘날 미국은 냉전으로 인해 존재했던 규율이 사라지면서 집중적이고 통일된 목소리를 내지 못하고 있다. 미국이 세계에서 무엇을 해야 할지에 대한 컨센서스가 더 줄어들었다. 거기에 덧붙여서 동맹체제도 이완되었고 아래에서 언급하겠지만 권력과 영향력이 그 어느 때보다 분산되었다.

아울러 많은 사람들이 우리가 살고 있는 세계가 다극체제라고 착각하고 있다. 하지만 오늘날의 세계는 다극체제와 여러 가지 중요한 측면에서 다르다. 다극체제의 세계는 몇몇 국가가 지배하는 세계를 의미한다. 오늘날 6대 주요 강대국(미국, 중국, 러시아, 유럽, 일본, 인도)이 세계 인구의 과반수, 경제 생산의 약 70퍼센트, 그리고 국방 예산의 대략 80퍼센트를 차지하고 있기 때문에 우리가 마치 다극체제에 살고 있는 것처럼 보인다. 이는 잘못된 해석이다.

첫째, 현재 세계를 다극체제로 본다면 여타 많은 주요 국가들을 무시하는 셈이 된다. 간단히 몇 나라만 언급한다 하더라도 남미의 브라질, 아르헨티나, 칠레, 베네수엘라, 북미 지역의 멕시코와 캐나다, 아프리카의 나이지리아와 남아공, 남아시아의 파키스탄, 동아시아와 태평양의 호주, 베트남, 한국, 북한, 중동 지역의 사우디아라비아, 이란, 이스라엘, 이집트 등이 있다. 터키도 자신이 속한 지역에서 종종 중요한 역할을 하는 중견국으로서 이 명단에 포함된다.

하지만 의미 있는 권력의 집중이 반드시 국가에만 한정되지 않는다. 정치적 영향력이 큰 몇몇 국제기구들도 있다. 유엔과 수많은 유엔 기구가 있으며, IMF, 세계은행, 그리고 WTO 등도 쉽게 떠올릴 수 있다. 아울러 지역기구와 기능기구가 있다. 지역기구로는 가장 대표적으로 EU가 있고, 그 외에 아프리카연합AU: African Union, 미주기구, 기타 지역별 회원국이 있는 정치·경제 기구 등이 있다. 기능기구로는 석유 카르텔인 석유수출국기구OPEC: Organization of the Petroleum Exporting Countries, NPT 관련 의무 사항을 감시하는 IAEA, 공동의 안보와 경제 목표를 증진하고자 20여 년 전 6개국으로 창설되었고 중국과 러시아가 주도하고 있는 상하이협력기구SCO: Shanghai Cooperation Organization 등을 꼽을 수 있다. 자치 능력이 뛰어나고 소속 국가의 국경을 넘어 영향력을 행사할 수 있는 주, 지방, 시 정부도 있다. 그리고 기업, 언론사, 민병대, 테러단체, 종교 기관 및 종교 활동 단체, 마약 카르텔, 다양한 종류의 비정부기구NGO, 게이츠 재단에서 국경없는 의사회에 이르기까지 국제적으로 족적을 남기는 다양한 단체들이 있다. 재차 강조하지만, 오늘날 세계는 권력이 분산되어 있으며, 갈수록 주요 강대국뿐 아니라 다양한 단체들에게도 여러 형태로 권력이 분산되고 있다.

그러나 주요 강대국이 수많은 다른 행위자와 같은 무대에 서야 한다는 의미는 아니다. 때로는 절대적인 힘과 당면한 문제에 국한된 힘 사이에는 상당한 격차가 있다. 주요 국가들은 전자는 있지만 후자가 부족할 때가 더러 있다. 다양한 원인이 있다. 멀리 떨어진 지역까지 힘을 행사할 수단이 없을 수도 있고, 특정한 문제 해결을 위해서는 장기간에 걸쳐 힘을 투사하겠다는 의지가 필요하지만 국내 정치 상황에서 그러지 못할 수도 있으며, 국가가 절대적인 힘은 훨씬 강할지라도 국지적으로 활동하는 세력들이 현장 능력과 의지가 더 강해 상쇄되는 경우도 있다.

어찌 되었든 결과는 똑같기 마련이다. 특히 다른 국가의 국내 정치 구조에 영향을 주려 할 때 이렇게 될 경우가 많다. 군사력이 일단 어떤 환경을 만들어내는 데는 도움이 될 수 있지만, 무력으로 점령하거나 국가 건설을 시도한다고 해서 문화를 개조할 수도 없고 충성심이나 이미 확립된 태도를 바꿀 수도 없다. 서류상으로 힘이 강하다고 해서 반드시 실제로도 힘이 강하다는 보장이 없다.

절차의 조각

3부

미래

주권국가는 다른 국가나 정부에 대한 권리뿐 아니라 의무도 가져야 한다는 식으로 정통성의 개념을 발전시키고 이런 인식이 널리 지지받아야 한다. 국경선 외부에 사는 사람들에게까지 부정적인 영향을 줄 수 있는 활동을 단지 국경선이 그어져 있고 그 내부에서 발생한 사건이라는 이유로 용인하기에 세계는 너무나 작고 아주 긴밀히 연계되어 있다. 나는 이러한 개념을 '주권적 의무sovereign obligation'라고 부르고자 한다.

08

무엇을 할 것인가?

What Is to Be Done?

이 책의 제1부는 17세기 근대 국가 시스템의 부상부터 냉전 종식까지 국제질서의 진화 과정을 추적해보았다. 질서는 국가, 그중에서도 특히 당시 주요 강대국을 중심으로 발전했다. 새로운 질서의 핵심요소는 상호 주권 존중이었다. 이런 인식이 널리 공유되면서 상대방의 국내 문제라고 이해되는 사안에 대한 간섭의 빈도와 강도가 줄어들었고 전쟁의 가능성도 낮아졌다. 세력균형과 정례적인 외교 활동을 통해 이러한 원칙(외교 영역에서 무엇이 정통성인지에 대한 공통된 개념 규정)이 널리 받아들여질 수 있었다. 또한, 이런 수단은 기존 질서를 뒤흔들 수도 있는 문제를 관리하는 데에도 도움이 되었다.

현 시점의 역사, 특히 20세기 역사는 질서유지가 말은 쉬워도 실제로 실천하기가 매우 어렵다는 사실을 여실히 보여주었다. 양차 세계대전은 질서가 얼마나 쉽게 붕괴될 수 있는지 입증했다.

20세기 후반은 적어도 강대국 간 충돌을 피했다는 점에서 안정적이었던 것으로 판명되었다. 수많은 위험과 실패, 국지적 충돌에도 불구하고 냉전 시기는 상당한 수준의 안정을 유지할 수 있었다. 일단 핵전쟁이 발생하면 누가 먼저 공격했는지 무관하게 모두에게 큰 재앙이 되기 때문에 신중하게 행동했고, 사소한 이견이 양대 초강대국이 직접 충돌하게 되는 위기로 비화하지 않도록 예방하는 창의적인 외교 활동을 전개했기 때문에 그나마 안정을 유지할 수 있었다.

상대적으로 덜 두드러지지만 제2차 세계대전 이후 발전해왔고 글로벌 차원의 상호 경제·정치·전략 활동 측면에서 중요하게 영향을 끼친 질서의 두 번째 근원이 있다. 이 두 번째 근원으로서 일부 특정 분야에서 잘 진행되고 있는 국제 협력 사례를 설명하면서 이 책의 1부를 마무리 짓고 2부로 넘어왔다. 너무나 잘 알려져 있듯이 냉전 종식 후 낙관적으로 출발했던 시대는 오래가지 못했다. 25년이 지난 오늘날 세계에 질서가 있다거나 질서가 잡혀가고 있다고 주장하기는 어렵다. 오히려 수 세기에 걸쳐 질서 파괴의 주범이었던 강대국 충돌이 세계무대에서 사라졌지만, 앞으로 세계가 어떻게 될지에 관해 우려할 만한 이유가 있다. 국제사회가 무질서해진 이유는 구조적 변화 때문이다. 무엇보다 과거 어느 때보다도 많은 행위자들에게 권력이 분산되었고, 결정적 순간에 미국과 주요 국가들이 취하거나 취하지 않은 행동으로 인해 세계질서가 한층 더 악화되었다. 그 결과 권력이 더 많은 행위자들에게 분산되었을 뿐만 아니라 더 많은 의사 결정자와 독립적인 행위자가 세계에 등장했다. 그리고 주요 강대국들에게 훨씬 어렵고 벅찬 문제들이 글로벌 차원과 지역 차원에서 등장했다. 핵무기와 장거리 운반 수단의 실제적 혹은 잠재적 확산, 테러리즘, 난민과 국내피난민의 급증, 중동 지역의 혼란, 포위된 유럽 지역, 위태롭게 간신히 균형을 유지하는 아시아–태평양 지역, 거의 통제받지 않고 있는 사이버공간, 기후변화에 대한 불충분한 대응, 자유무역과 이민에 대한 거부감 확산, 수백만 명의 목숨을 앗아갈 수도 있는 세계적 유행병 등 오늘날 우리가 직면하고 있는 핵심 도전 목록만 간단히 짚어보아도 이렇게 많다.

나도 이러한 분석이 지나치게 비관적이고 심지어 암울하기까지 하다는 지적을 이해한다. 불필요한 우려를 자아낼 의도는 없지만 현실 안주야말로 위험하다. 장밋빛 색안경을 쓰고 세상을 바라보면서 편안하게 안주한다면 오래가지 못할 것이다.

그렇다고 아무리 해봤자 소용없다는 말은 아니다. 여기에서 운명론을 설파하려는 것도 아니다. 역사에서 불가피한 것은 거의 없다. 오히려 국가와 기구, 사람들이 택한 행동이나 하지 않은 행동이 큰 차이를 만들고, 시간이 지날수록 역사를 만들어간다.

비유를 떠올리지면, 다시 유대교 속죄의 날인 욤기푸르를 들 수 있다. 유대인들에게 1년 중 가장 성스러운 열흘인 속죄 기간은 유대인의 설날인 로시 하샤나Rosh Hashanah에서 시작해서 욤키푸르에 끝난다. 통상 9월에서 10월 사이에 있는 이 열흘은 묵은해와 새해에 대해

깊은 성찰을 하는 시간이다. 열흘이 끝나면 다가오는 해를 위한 '생명의 책Book of Life'이 봉인되고 책의 중요한 내용과 관련된 기도를 한다. 기도할 때는 이 책에 적힌 내용을 읊는다. 누가 휴식을 취하고 누가 방황할지, 누가 평온을 누리고 누가 괴로워할지, 누가 편안하고 누가 고통을 겪을지, 누가 가난해지고 누가 부유해질지, 누가 천해지고 누가 고귀해질지, 그리고 가장 극적으로 누가 살고 누가 죽을지.

생명의 책이 봉인되고 속죄의 날에 해가 지면 아무것도 할 수 없기 때문에 마치 운명론처럼 들릴 수도 있지만 실은 그렇지 않다. 일어날 수 있는 각종 운명을 언급하고 나서도 기도는 지속되며, 생명의 책에 적혀 있는 각종 천명이 아무리 가혹하더라도 회개와 기도와 자비를 통해 경감될 수 있다는 점을 확인한다.

이러한 내용을 이 책에서 논의된 내용과 비교하면 아주 명백하다. 모든 조건이 그대로라면 질서를 뒤흔드는 근본적인 흐름이 진행되고 있다. 하지만 모든 조건이 예전과 동일하지도 않고, 정책 구상과 집행이 더욱 중요해졌으며, 국제질서의 특성이나 헤들리 불이 지칭한 무정부와 사회 간의 균형이 더 개선될 수 있기 때문에 국정 운영 경륜과 외교력, 외교정책이 더욱 중요해졌다. 바로 이것이 이 책의 마지막 부분인 3부의 기본 전제다. 즉, 무엇을 어떻게 해야 하는지 아주 중요해질 것이라는 의미다.

이 책의 1부와 2부가 설명과 분석에 집중했다면, 3부는 무엇을 할 수 있고 무엇을 해야 하는지에 관한 처방에 집중하고 있다. 여기에서는 강대국 관계에 대해 논의하고 어떤 식으로 다루어나가야 할지를 먼저 언급하면서 시작한다. 이어서 글로벌 차원과 지역 차원의 도전에 더 잘 대응하기 위해 어떤 조치를 취해야 하는지 조언을 제공한다. 마지막으로 현재와 가까운 미래에 가장 힘이 세고 국제관계에 가장 큰 영향력을 미칠 수 있는 국가인 미국이 국내외적으로 무엇을 해야 하고 무엇을 하지 말아야 할지를 설명하고 있다.

09

투키디데스의 덫 방지

Thwarting Thucydides

오늘날 외교정책은 강대국의 대립과 경쟁, 무엇보다 충돌이 과거처럼 국제관계에서 다시 두드러진 주된 특성이 되는 일이 없도록 단합하여 막는 데 우선순위를 두어야 한다. 두 가지 이유가 있다. 첫째, 어떤 식이든 강대국들의 관계가 악화되면 직접 충돌하지 않더라도 극심한 피해가 발생할 것이며, 직접 충돌하면 피해가 훨씬 더 커지기 때문이다. 둘째, 주요 강대국들이 서로 적대적 관계에 놓이면 상호 반목과 경쟁에 집중하느라 관심이 분산되어서 현재 직면하고 있는 글로벌과 지역 차원의 많은 도전을 해결하기 위해 서로 협력하기가 더욱 어려워지기 때문이다.

이런 상황을 예방하기가 결코 쉽지 않을 것이다. 투키디데스가 서술했듯이 당대 패권국과 신흥 강대국과의 경쟁은 국제 문제에서 자연스러운 현상이었다.[1] 강대국들의 관계가 심각하게 악화되는 상황을 방지하려면 반드시 상대방으로부터 일정 수준의 상호주의를 전제로 해야 한다. 어떠한 비용을 감수하더라도 충돌만 막으려 한다면 결국 유화정책으로 이어질 뿐이다. 이러한 태도는 경쟁자인 상대국의 야심만 키워주며, 다른 국가들이 상대국과 가까워지게 되거나, 아니면 독자적으로 안전을 보장하고자 군사적 역량을 추가로 개발하게 된다. 그로 인해 도저히 받아들일 수 없는 조건(특히 가장 공격적이고 강력한 강대국이 요구하는)에 기반한 질서나 지속적인 무질서라는 결과가 나올 수도 있다.

여기에서 미국과 주요 강대국 중에서 미국에게 잠재적 적국이 될 수 있는 중국 및 러시아와의 관계를 언급하고자 한다. 물론 북한, 이란, 그리고 몇몇 테러단체 등 중요한 적들도 있고 이들의 위협이 심각하다고 볼 수도 있지만, 중국과 러시아에 비교하면 이들의 위협은 규모나 범위 면에서 제한적이다. 다른 강대국 사이에서도 유럽과 러시아, 중국과 일본 혹은 인도처럼 악화될 가능성이 있는 관계도 있다. 이에 대해서는 다음 장에서 지역별 이슈를 다룰 때 논의하고자 하며, 이번 장에서 제시된 조치를 취한다면 관계가 개선될 것이라고 생각된다. 미국의 대중국, 대러시아 관계는 중국 및 러시아와 신냉전 구도를 형성하거나 글로벌 혹은 지역 치원에서 바람직한 관계를 형성할 수 없는 상황을 막는 데 초점을 두어야 한다.

만약 이러한 노력이 성공한다면 단순한 성과 이상이 될 것이다. 마치 외교 분야에서 바늘에 실을 꿰는 것과 비슷하다. 무엇보다 압박이나 공격이 통할 것이라는 생각이나 유혹을 효과적으로 차단해야 한다. 러시아와 중국 모두 '가까운 외국near abroads'을 강조하는데, 러시아의 경우 러시아 서쪽에 있는 유럽 국가들, 중국의 경우 남중국해가 이에 해당한다. 무력 사용과 일방적 행동으로 현재의 영토 상황을 바꾸려는 시도를 저지해야 하며, 이러한 억제 활동이 실패할 경우 그 지역의 정치적·군사적 현실에 맞춰 대응해나가야 한다. 그러기 위해서는 미국의 국력이 단순히 강력한 것만으로는 충분하지 않으며, 이 지역 내 군사력 수준을 유지하고 주변국과 긴밀한 관계를 유지해야 한다.

중국과 러시아는 어떤 행동을 하더라도 미국이 대응할 의지와 능력이 있다는 사실을 알아야 한다. 방어보다 억제가 확실히 바람직하다. 하지만 억제는 국가가 자신의 이익을 방어할 능력과 의사가 있을 때 효과적이다. 그렇기 때문에 중국이나 러시아가 영유권을 주장하거나 행동에 나설 수 있는 지역과 그 주변에 병력 배치가 필요하며, 미국이 유럽에는 육군과 공군을, 그리고 아시아−태평양 지역에는 공군과 해군을 더 증원시켜야 한다는 주장이 나온다. 러시아에 대해서는 비정규군과 현지 민병대가 우크라이나 동부를 침공한 사례처럼 일종의 '애매한 공격gray area aggression'에도 대비해야 할 필요가 있다. 이러한 전술에 대해 나토 5조상의 공동 방위 조약을 원용하기가 어려울 수도 있지만, 그럼에도 이러한 공격은 안정에 위협이 된다. 러시아 주변의 나토 회원국들에 대해 이와 같은 공격이 발생했

을 때 대응이 가능하도록 무기와 정보를 제공하고 훈련도 실시해야 한다.[2]

　주기적인 병력 파병과 빈번한 군사훈련이 역량 강화에 도움이 될 뿐 아니라, 미국이 해당 지역에 대한 안보 공약을 확인하고 관심이 있다는 점을 보여주기 때문에 우방국과 동맹국을 안심시키고 잠재적 적국에게 메시지를 보낼 수 있다. 이러한 조치를 지역 차원에만 국한시키고 재래식 군사력만 동원해도 가능하다는 점이 중요하다. 미국은 지리적 차원이나 무기의 수준에서 위기를 확대시키거나 혹은 침공을 묵인함으로써 긴장을 고조시킬 수밖에 없는 상황에 놓이고 싶지 않기 때문이다. 미국이 이 지역들에서 취하기 시작한 행동이 미국이 주장하는 방향으로 나아가게 될 것이다.

　여기에 중요한 사실 한 가지를 추가하고자 한다. 나는 냉전시대 미국의 외교정책으로서 소련의 영향력 확대를 억누르려고 했던 봉쇄정책을 지지하지 않는다. 소련도 그랬지만 중국이든 러시아든 이념이나 지정학적 욕망이나 동기로 인해 자신이 통제하거나 영향력을 미칠 수 있는 지역을 무한정 확대하고 싶어 한다고 나는 생각하지 않는다. 우크라이나에서 러시아의 행동이 매우 유감스럽지만 전세계를 지배하려는 첫 수순이 아니었으며, 마찬가지로 남중국해에서 중국의 태도도 그랬다. 오히려 러시아와 중국은 각각 정치적(민족주의적)이면서 안보와 연관된 이해관계가 있고, 비록 이러한 이해관계가 아주 크기는 하지만 전혀 충족시킬 수 없는 건 아니기 때문에 외부로부터 영향을 받거나 방향성이 설정될 수도 있다. 그렇기 때문에 러시아와 중국에 대해 '통합'이라는 정책이 한층 더 설득력 있다.[3]

이 정책은 러시아와 중국에게 정통성을 형성하는 과정에서 일정한 역할을 줌으로써 미국과 동맹국이 보기에 정통성이 없는 정책을 러시아와 중국이 추구한다면 이익이 아니라 심각한 손해를 본다는 점을 명확히 인식시켜서 위험을 줄일 수 있다. 다른 식으로 설명하자면 물론 군사적 대비와 힘의 과시가 필요하지만 이것만으로는 충분하지 않다는 의미다. 미국은 대결과 충돌이 불가피하다는 인상을 주지 않으려고 한다. 그렇기 때문에 외교적·경제적 상호의존을 제시하고 이를 강화시키는 노력이 중요하다.

외교적 상호의존을 강화시켜야 한다는 말은 달리 표현하자면 다른 강대국들도 지역적 혹은 글로벌 수준의 질서 형성과 운영 과정, 즉 정통성이 무엇인지 규정짓고 현실에서 정통성을 유지하려는 노력에 참여시켜야 한다는 의미다. 이는 지정학적 통합으로서 몇 년 전 중국에게 제시했던 '책임 있는 이해관계자responsible shareholder'[4]와 유사하기도 하지만, 이 표현은 많은 중국인들에게는 미국이 주도하는 질서에 동참하라는 의미로 받아들여졌기 때문에 그 이상을 의미한다. 미국과 중국이 협력하여 이 시대에 통용될 수 있는 정통성을 형성하는 규범과 제도 창출을 목표로 삼아야 한다. 목표는 현실적이면서도 구체적이어야 한다.

이렇게 하려면 2009년에 발족되어 매년 미국과 중국의 양국 외교 및 재무부 고위급 당국자 간에 개최되고 있는 관료주의적이고 점진적인 전략경제대화SED: Strategic Economic Dialogue보다 훨씬 더 빈번하고 창의적이면서도 많은 시간을 들여 협의가 진행되어야 한다. 그리고 가령, 경제 등 특정 분야에서의 협력을 다른 분야의 협력과 연계하거나 적어도 다른 분야에서 경쟁하지 않도록 의식적으로 엮었던 냉전 시대의 '연계' 전략을 더 이상 구사하지 말아야 한다. 이러한 전략은 이슈와 영역을 넘어서서 영향력을 행사하려는 의도가 있었고, 아주 극단적인 양자택일까지는 아니더라도 그러한 성향이 없지 않았다. 나는 근본적으로 다른 방식을 제안하고자 한다. 불가피한 이견이 있는 가운데 협력 유지와 확대를 외교의 목표로 삼자는 것이다. 물론 분명히 이러한 접근 방식은 미중 양국 관계의 본질 자체에 의문을 제기하는 이견에 압도될 수도 있지만, 어차피 때로는 이견이 불가피한 만큼 양국이 서로 의견을 달리하더라도 기존 협력을 유지하고 잠재적 협력 분야도 관리해나가는 방향으로 운영 원칙을 잡아야 한다.

연계 전략을 구사하지 말아야 한다면 외교정책 수단인 제재의 활용에도 영향이 있게 된다. 러시아 또는 중국의 행동이 정당하지 않아서 제재를 해야 할 경우에도 양국 관계에 악영향을 주지 않아야 하고, 다른 선택이 가능한 분야에서는 협력을 위해 가급적 좁은 범위에서 제재 조치를 취해야 한다. 다행스럽게 교묘하면서도 한정된 분야에만 집중할 수 있도록 제재를 조건에 딱 맞춰서 구상하는 것이 갈수록 가능해지고 있다. 그리고 일단 상황이 해소되면 어떤 제재라도 조절과 해제가 용이하도록 고안되어야 한다. 여기에 두 가지 요소를 추가하고자 한다. 첫째, 제재는 아무런 조치도 취하지 않는 것과 무력 사용 사이에서 쉽게 택할 수 있는 '안전한' 제3의 선택 수단이 될 수 있다. 하지만 역사를 통해서 보았을 때 제재만으로는 성공을 거두는 경우가 거의 없다. 물론 제재가 민간인 피해나 원하지 않는 결과 등 의도하지도 않았고 바람직하지도 않은 결과를 초래할 때도 있다. 둘째, 우방국이나 동맹국이 이러저런 이유로 미 의회나 행정부가 원하는 모든 조치를 거부한다고 해서 제재가 이들과의 주된 갈등 요소가 되지 않도록 조심해야 할 필요가 있다. 미국은 의도한 목표 대상이 비용을 치르도록 하면서도 여타 관계에서 부차적인 피해가 발생하지 않을 때에만 제재를 동원해야 한다.[5]

원치 않는 우발 사태가 발생할 가능성을 낮추려면 적이 될 수도 있는 주요 강대국에 대한 포괄적인 접근이 필요하며, 두 가지 요소가 더 추가되어야 한다. 첫째, 외교적 상호의존은 경제적 상호의존이 뒷받침되어야 한다. 이를 위해 중국 및 러시아와의 무역, 투자, 기술 전파 등 양자 경제협력을 유지하고 더 나아가 이런 협력 확대가 그들에게도 이익이 되게끔 해야 한다. 즉 자신들의 전반적인 이익에 도움이 되는 현 상황을 뒤집고자 위협하지 못하도록 유인책을 제시하는 것이 필요하다. 이상적이라면 중국과 러시아가 나쁘게 행동하면 제재로 인해 경제적 손해가 발생하기 때문에 그렇게 행동하지 못하도록 억제되어야 한다.

둘째, 미국도 다른 방식으로 절제해야 한다. 대중국·대러시아 관계는 이들의 국내 정치보다는 대외 활동, 즉 외교정책에 초점을 두어야 한다. 중국과 러시아의 국내 활동에 초점을 두더라도 이들의 행동을 개선시킬 수 있을 정도로 의미 있게 영향을 주지 못하며, 오히려 미국에 대한 이들의 인상과 대미 관계만 악화시킬 뿐이다. 물론 미국은 중국·러시아와 어떤 식으로 발전해나갈지에 대한 선호도가 있으며 중국과 러시아가 어떤 수준이라도 인권을 침해할 경우 비판할 수 있겠지만, 이 두 나라에 영향을 크게 줄 수도 없고 그러한 우려 사항을 핵심 문제로 간주할 만큼 여유도 없다.

또한 미국은 전통적인 외교정책에서 자제력을 더욱 발휘해야 한다. 우크라이나와 조지아의 나토 가입은 보류되어야 한다. 양국 모두 나토 회원국 자격을 충족하지 못하며, 이들의 나토 가입을 강행한다면 러시아를 더욱 자극시켜 대러시아 관계만 악화시킬 뿐 아니라 미국이 제대로 이행할 수도 없는 군사적 공약만 추가시키는 셈이 된다. 오히려 미국과 나토는 새로운 의무를 추가하기보다 기존 의무를 이행하는 데 집중해야 한다. 또한 미국은 러시아와의 관계에서 군비통제 분야를 되살리는 방안을 검토해야 한다. 중국의 경우, 미국은 남중국해의 섬들에 대한 중국의 영유권 주장에 강하게 맞서고 있는 다른 국가들의 행동을 자제시키는 게 미국에 이익이 된다. 위기를 촉발시킬 수 있는 일방주의적인 행동을 취하지 않도록 이들도 압박해야 한다.

미국이 어떤 태도를 취한다고 해서 중국과 러시아로부터 의도했던 결과가 반드시 나온다는 보장도 없다. 두 나라의 국내 상황이 어떻게 전개되며 각국 지도자가 이에 대해 어떻게 대응해나갈지가 적어도 미국의 영향력보다 더 큰 결정적인 요소다. 블라디미르 푸틴이 이끄는 러시아가 훼방꾼이 될지, 자신의 대외 영향력 행사를 군사력에 심하게 의존하려 할지, 혹은 국제사회의 일부가 되려고 할지에 대해 스스로 중요한 결정을 내려야 한다. 또한 석유와 천연가스에 의존하는 대체로 깊이 없는 국가로 남을지, 국가 전반에 걸쳐 근대화를 추진하여 필연적으로 국내 경제에 대한 정부의 영향력을 축소시키고 세계경제와의 통합을 확대시켜나갈지에 대한 결정도 내려야 한다. 최근 추세가 그다지 고무적이지는 않지만, 태도 변화를 이끌어내는 게 중요하며 또한 그 가능성이 있다는 점을 감안한다면 러시아를 포기해야 할 이유가 없다.

중국의 경우, 갈수록 중앙집권화되는 지도부가 수출에 크게 의존하는 경제구조의 내수 전환, 몇몇 경제 분야의 시설 과잉 및 투기 거품 축소, 부정부패 단속, 노령화 대응, 기후변화 및 환경오염 대처 등 다양한 도전 과제에 직면하고 있다. 중국의 경제성장률이 앞으로 둔화될 것이라는 전망이 이러한 모든 문제와 연관되어 있다.[6] 중국 지도자들은 근대화된 경제체제의 성과를 원하지만 그 선결 조건인 개방된 사회를 원하지는 않는다. 좀 더 공세적인 외교정책을 펼치면 내부적으로는 새로운 정치적 정통성을 만들어낼 수는 있겠지만, 그 대신 무역과 투자 기회가 위태로워질 것이다. 중국 지도자들이 이러한 딜레마를 어떻게 풀어나갈 것인가가 중국과 전 세계에 중대한 결과를 가져다줄 것이다.

10

세계질서 2.0

World Order 2.0

미래가 어떤 모습으로 펼쳐질지는 이 시대 주요 강대국들이 정통성을 구성하는 요소가 무엇인지에 관해 공통된 인식을 가질지, 아니면 적어도 그러한 인식에 어느 정도 겹치는 요소가 있을지에 크게 달려 있다. 과거 사례에서 알 수 있듯이 정통성은 내용과 절차 모두와 관련이 있다. 정통성에 대한 기본 인식과 그로부터 파생된 기본 질서는 주권에 대한 전통적, 혹은 고전적인 사고 체계로부터 출발해야 한다. 하지만 현재 우리가 직면하고 있는 도전과 위협을 고려한다면 주권에 대한 접근 방식도 다소 달라져야 한다. 20세기에 여러 번 반복되었고, 21세기에 들어서도 우크라이나 사태에서 볼 수 있듯이 여전히 무력 수단을 통한 국경선 침범이 있으며(그리고 흥미롭게도 사이버 기기의 공격적 사용 등 여타 수단으로도), 그로 인해 세계가 갈수록 위험하고 불안정해지고 있다.

하지만 질서관이 국가 주권 존중에만 기반하고 있다면 이 또한 충분치 않다. 국가의 권리와 특권만 강조하는 전통적인 질서관은 현 상황을 대처하기에는 갈수록 충분치 못하며 심지어 위험한 결과를 초래할 수도 있다. 세계화로 인해 가장 두드러진 현실은 어떤 일이 발생하든 간에 그에 따른 결과나 여파가 해당 지역에만 국한되지 않는다는 점이다. 세계를 라스베이거스와 혼동해서는 안 된다(도박, 성매매 등 다른 지역에서는 불법인 행위들이 허용되는 라스베이거스의 일탈 행위는 남들이 알 필요가 없고 비밀로 남는다는 의미의 'What happens in Las Vegas, stays in Las Vegas'를 빗댄 표현이다—옮긴이). 한 지역에서 발생한 사건이 그 지역에만 머무르는 경우가 거의 없다. 관광객, 테러리스트, 이민자, 난민으로부터 이메일, 무기, 바이러스, 달러, 온실가스에 이르는 모든 사람과 사물이 세계화라는 수많은 컨베이어 벨트에 올라타서 돌아다니며 지구 어느 곳이라도 갈 수 있다. 주권국가의 국경 내부에서 발생해서 과거에는 국내 문제로 간주되었고, 그래서 외부에서 손댈 수 없었던 사안이 이제는 영향과 효과 측면에서 잠재적으로 무제한으로 뻗어나갈 수도 있게 되었다. 그 결과 다른 나라의 국내에서 발생한 사건을 손댈 수 없는 금지된 영역으로 치부할 여유가 더 이상 없어졌다.

이러한 주장에 따르면 전통적 사고방식뿐만 아니라 주권 중심의 국제체제에 도전하는 중요한 기존의 정치적·지적 담론으로부터도 벗어나는 새로운 시각이 필요하다. 전통적 사고방식에 따르면 주권은 거의 절대적이며, 자국 영토 내에서 어떻게 행동해야 하는 문제는 오로지 해당 국가의 고유 권한이었다. 이러한 인식에는 비록 아직 보편적으로 수용되지는 않았지만 한 가지 두드러진 예외가 있다. 바로 개인의 권리가 강조되어야 하며, 어떤 정부라도 개인의 권리를 대규모로 침해할 경우 국가와 정부를 보호해주는 주권이라는 보호막이 일부 상실될 수도 있다는 점이다. 바로 이것이 '보호의무'의 본질이다.

주권적 의무와 외교정책

나는 이와 근본적으로 다른 의견을 제안코자 한다. 즉, 주권국가는 다른 국가나 정부에 대한 권리뿐 아니라 의무도 가져야 한다는 식으로 정통성의 개념을 발전시키고 이런 인식이 널리 지지받아야한다는 것이다. 국경선 외부에 사는 사람들에게까지 부정적인 영향을 줄 수 있는 활동을 단지 국경선이 그어져 있고 그 내부에서 발생한 사건이라는 이유로 용인하기에 세계는 너무나 작고 아주 긴밀히 연계되어 있다. 나는 이러한 개념을 '주권적 의무sovereign obligation'라고 부르고자 한다.

주권적 의무라는 개념은 오늘날 국제관계에서 정통성을 어떻게 이해해야 하는가를 일깨워주고 있다. 분명히 말하자면, 주권적 의무 개념은 자국 국민에 대한 정부의 의무와 보호의무의 사례처럼 책임을 충실히 이행하지 못할 경우 전통적인 주권적 보호와 혜택을 상실하게 된다는 '책임으로서의 주권sovereignty as responsibility'과는 근본적으로 다르다.[1] 놀라울 것도 없이 많은 국가들은 보호의무를 자신에게 악의를 품은 세력이 악용할 수도 있다면서 불안해하거나 노골적으로 의심하고 있다. 또한 우크라이나에 거주하는 러시아계 주민들을 보호한다는 명분으로 블라디미르 푸틴이 했던 것처럼 다른 국가에 대한 내정간섭을 정당화하는 수단으로 인용될 수도 있다.[2] 이런 식의 해석은 베스트팔렌 이전 시대를 상기시킨다. 보호의무를 지지하는 사람들조차도 보호의무가 주권을 축소시킨다는 점에는 동의할 것이다. 보호의무의 지지자와 비판자들의 기본적인 차이는 이러한 보호의무에 따른 결과와, 특히 구체적으로 어떠한 상황에서 개입이 정당해질 수 있는지, 그리고 누가 그런 승인을 내리는 권한이 있는지에 대해 어느 정도까지 편안하게 생각하는가에 달려 있다.

다시 말해서, 주권적 의무는 책임으로서의 주권 개념과 완전히 다르다. 주권적 의무는 다른 정부들에 대한 정부의 의무로서 이를 통해 다른 국가의 국민에게도 의무를 지게 된다. 책임으로서 주권과 주권적 의무라는 두 개의 상이한 개념은 상이하면서도 때로는 상충하는 미국 외교정책의 전통에서 비롯되었다. 전자는 소위 이상주의, 혹은 윌슨 학파의 산물이다. 제1차 세계대전 이후 전 세계 곳곳의 다양한 권리와 자유를 옹호했던 우드로 윌슨 대통령의 이름을 딴 윌슨 학파는 다른 국가들의 국내 상황 개선을 미국이 세계에서 수행해야 하는 주요 임무로 보고 있다. 인권과 민주주의를 증진하거나 인류의 고난을 예방하겠다는 것이 그 목표다. 이러한 철학은 지미 카터, 로널드 레이건, 조지 W. 부시 같은 대통령들의 사고와 궤를 같이 한다. 이러한 사고방식을 지지하는 사람들을 오늘날에도 민주·공화 양당에서 찾아볼 수 있다. 실제로 미국 외교정책에 관한 논쟁은 민주당과 공화당 사이가 아니라 각당 내부에서 더 치열하게 전개되고 있다.

외교정책의 또 다른 전통적인 시각은 현실주의 항목에 해당한다. 현실주의 외교정책은(국제정치학의 현실주의는 국가들이 자원과 권력 추구 과정에서 불가피하게 다른 국가들을 희생시킨다고 가정하는 개념이므로 이와 혼동해서는 안 된다) 리처드 닉슨이나 조지 H. W. 부시 같은 대통령들과 닿아 있다. 현실주의 외교정책은 다른 국가들의 국가 형태나 국내 활동보다는 국외 활동, 즉 외교정책을 중시한다.

그 외에도 국내 정책보다 외교정책을 중시할 것인지[전통적인 '대포와 버터'(군비와 국민경제—옮긴이)의 선택], 외교정책을 단독으로(일방주의) 아니면 다 같이(다자주의) 수행할지, 항상 끊이지 않는 질문으로서 안보정책 실행 과정에서 다양한 수단을 어떻게 활용하고 조합할지, 미국 외교정책 수립에서 무엇보다 행정부와 의회의 균형을 어떻게 잡을지 등 외교정책에서 선택해야 할 문제가 아주 다양하다. 하지만 외교정책에서 윌슨식 이상주의와 현실주의 간의 긴장이 가장 첨예하고 오래 지속되고 있다. 무엇보다 미국이 세계 속에서 성취하려는 목적과 직접 연계되어 있기 때문이다.

일각에서는 외교정책이 성공하려면 둘 다 추구해야 하기 때문에 이러한 설명이 잘못되었다고 지적한다. 이들은 미국이 다른 나라의 국내 상황과 외교정책을 모두 만들어나가야 한다고 주장한다. 이는 원칙상으로야 맞는 말이지만 현실적으로는 별로 그렇지 못하다. 불가피하게 둘 중 하나만 선택해야 한다. 조지 H. W. 부시 행정부는 중국 정부가 1989년 톈안먼 광장에서 시위대를 강경 진압했을 때 그런 선택을 했다. 중국의 행태에 강력하게 반발하면 다른 모든 양자 관계에서 역효과만 초래한다고 판단했다. 만약 다른 대통령이었다면 다른 선택을 했을 것이고, 그 결과도 달라졌을 것이다.

이와 같이 불가피한 양자택일 사례로 최근 이집트 문제가 있다. 오바마 행정부는 무슬림형제단과 연루된 야권 세력을 가혹하게 탄압하는 이집트 엘시시el-Sisi 대통령에게 여러모로 불만이 많았다. 그와 동시에 테러리즘 분쇄, 리비아의 안정, 이스라엘과의 우호 관계 유지 등 지역 안정을 위해서는 이집트의 지지가 긴요했다. 이집트 정부를 압박한다고 해서 이집트 정부의 정책이 순화될지, 이집트 정부가 교체되어 더 좋은 정부가 출범할지 확신이 없었다. 그 때문에 지지와 협력, 비판(무기 수출 통제 등) 사이에서 오락가락하는 정책이 전개되었다.

여전히 몇몇 사람들은 현실주의와 윌슨식 이상주의 사이에서 히나만 선택해야 하는 것이 다른 이유로 잘못되었다고 주장한다. 즉, 민주주의 국가들은 더 평화적인 외교정책을 전개할 가능성이 높다는 것이다. 이런 시각을 가진 사람들은 정치적 자유가 인간 존엄성의 일부이며 그래서 근본적으로 중요하다는 '규범적' 이유와 다른 국가들이 좀 더 온건하고 건설적인 외교정책을 채택하도록 이끌어야 한다는 '도구적'인 이유로 인해 미국이 민주주의와 인권을 증진해야 한다고 믿고 있다.[3]

완전한 민주주의 국가fully democratic countries[영국 〈이코노미스트〉는 전세계 국가들을 완전한 민주주의, 결함 있는 민주주의flawed democracy, 혼합형 정권hybrid regime, 권위주의 정권authoritarian regime으로 구분한다. 한국은 완전한 민주주의(2010-2014)나 결함 있는 민주주의(2015-2016)를 오가는, 아시아에서 가장 수준 높은 나라로 평가받고 있다—옮긴이]는 외국과의 관계에서 평화적인 길을 모색하는 경향이 있다. '민주평화론democratic peace' 옹호론자들은 이러한 판단에 근거해 자신들의 존재 이유를 내세운다. 다만, 한 가지 문제가 있다면 민주주의 수립이 말이야 쉽지만 행동이 어렵다는 점이다. 교육 수준이 높은 대중, 두터운 중산층, 고도로 발전한 시민사회, 관용 문화, 정치와 종교의 엄격한 분리 등 필수적인 전제 요소가 없는 경우가 많으며, 쉽게 만들어지지도 않는다.

여기에 덧붙여 외부인들이 민주적인 절차 형성에 영향을 끼치는 데는 한계가 있다는 점이다. 제2차 세계대전 이후 독일과 일본이나 최근 한국과 칠레처럼 성공적인 사례도 있지만, 미국이 이라크와 아프가니스탄을 수년 동안 점령하는 동안에도 제 역할을 하는 민주주의를 정착시키지 못했다는 사실에서 알 수 있듯이 좀 더 신중하고 겸허할 필요가 있다. 최근 중동 지역 상황에서 보듯이 결함이 있는 정치체제의 대안으로 결함이 더욱 많은 정치제도가 등장할 수도 있다.

불완전하거나 혹은 파리드 자카리아Fareed Zakaria가 표현한 것처럼 '반자유주의적인illiberal' 민주주의 국가들은 그 나라 국민뿐 아니라 외국에게도 위험을 줄 수 있다.[4] 러시아, 터키, 혹은 이란과 같은 불완전한 민주주의 국가들은 성숙한 혹은 완전한 민주주의 국가의 특성이라고 볼 수 있는 요소를 모두 갖추지는 못했다. 야권 인사들이 출마할 수 없거나, 언론 접근에 제약을 받거나, 혹은 정당을 조직해도 정치적 자금을 조달할 수 없거나, 아니면 투표 절차가 어떤 형식으로든지 조작되는 상황에서 투표가 실시된다면 전혀 민주적이지 않지만 몇몇 국가들에는 그럴 듯하게 민주적이라는 잘못된 인상을 줄 수도 있다. 이런 국가들은 권력의 집중과 행사 과정에서 견제와 균형이 충분하지 않거나 아예 없는 경우도 있다. 그 결과 소수파 탄압이나 외교적 모험, 혹은 두 가지 모두에 대해 국민 다수로부터 지지를 이끌어내고자 포퓰리즘이나 민족주의를 너무나 쉽게 악용한다.

마지막으로 외교정책이나 외교와 관련된 어떤 종류의 공공정책이든 간에 우선순위를 결정하고 그에 따라야 한다. 통치는 곧 선택이다. 일부 외교 분야에서 어떤 국가로부터 지지를 끌어내고 그 지지를 유지하는 동시에 그 나라의 국내 상황을 비판하기는 어렵다. 이러한 논리는 러시아와 중국, 그리고 중동의 많은 독재국가에도 적용될 수 있다.

확실히 말하자면, 모든 국가들이 자신들의 외교정책에서 우선순위를 따지기 때문에 이런 요소들이 미국에게만 특정된 것은 아니다. 강하게 남아 있는 윌슨식 전통, 역사적으로 이와 관련된 격렬한 논쟁, 그리고 미국의 영향력과 역할이 전 세계에 미친 결과를 미국만의 독특한 특성이라고 볼 수 있다.

내가 여기에서 주권적 의무와 관련하여 제시하는 내용은 주권 존중을 전제로 하고 있다는 점을 강조하고자 한다. 주권은 앞으로도 국제질서의 기반이 되어야 한다. 베스트팔렌 이전의 세계는 거의 평화롭지 않았다. 한 국가나 정치적 실체가 다른 국가나 정치적 실체를 계속 간섭하는 상황이 다시 발생하지 않도록 막아야 한다. 특히 영토를 빼앗거나 정복하려는 시도를 막는 게 중요하다. 그래서 지역과 글로벌 차원에서 세력균형을 유지해야 한다. 다시 말하자면 군사적 수단이나 다른 강압적인 수단으로 국경선을 변경시킬 수 없고, 현재의 국경선이 확고히 존중받아야 한다는 원칙을 유지하며, 또한 각 나라가 국내적으로 독자적 자율성을 보장받도록 하는 주권 질서를 유지하고 강화시키는 데 목적을 두어야 한다. 이런 식으로 정통성을 정의하고 국제관계를 다루는 것을 세계질서 1.0이라고 종합할 수 있다.

여기에서 더 나아가 질서에 관한 전제 조건을 오늘날 서로 좀 더 긴밀하게 연계된 세계 현실에 확대해 적용해야 한다는 주장이 있다.

국경을 초월하는 의무까지 포함된 방대한 주권 관념에 대한 의견 일치를 형성하는 데 목표를 두어야 한다. 이를 세계질서 2.0이라고 불러보자.

주권적 의무는 현실주의와도 일부 겹치는 측면이 분명히 있다. 하지만 현실주의는 강대국들의 관계만 강조하기 때문에 글로벌 이슈가 산적하고 지역 강국들이나 다양한 종류의 비국가 행위자들이 상당한 영향력을 행사하는 세계에 적용시키기에는 너무나 협소하다. 강대국의 대립이 적어도 현재까지는 국제관계에서 하나의 주된 요소이지만, 21세기에서 가장 중요한 요소는 아니다. 다른 식으로 보자면 주권적 의무라는 개념은 세계화가 역사의 흐름과 개별 국가들의 이해관계에 크게 영향을 끼치는 시대에서의 현실주의라고 볼 수도 있다. 주권적 의무는 세계화된 시대의 급박한 상황을 반영하고 적응한 현실주의다.

이미 제시한 바와 같이, 전통적인 질서의 일부 요소들은 주권적 의무라는 개념으로 서술된 세계에서도 지속되고 있다. 첫 번째 요소는 국경선을 존중해야 하며, 국경선을 변경하고자 군사력이나 여타 강압적인 수단을 쓰지 않겠다는 약속이다. 전 세계 국가들이 이 원칙을 상당히 지지하고 있지만, 실제로는 절대적이지 않다. 만약 이 규범이 위배되면 사담 후세인이 쿠웨이트를 침공했을 때처럼 물리적이거나 러시아가 크림반도 지역을 합병했을 때처럼 금융적인 제재가 따르기 마련이다. 어떤 식으로 대응하고 응징할지에 관해서는 결코 합의가 이루어지지 않겠지만, 무력에 의한 영토 획득 금지 원칙은 실제로는 항상 100퍼센트 적용되지는 않더라도 원론적으로는 널리 받아들여지고 있다.

고전적 혹은 전통적 질서로서 여전히 고려해야 하는 두 번째 요소는 각국 정부들이 자신들의 영토 내부에서는 상대적으로 원하는 대로 자유롭게 행동할 수 있다는 점이다. 이러한 관념은 물론 세계 인권선언과 제노사이드 협약으로 다소 제약이 가해졌고, 또한 보호의무 관념이 공표되면서 조건이 부과되었다. 하지만 이러한 제약이 언제 그리고 어떻게 발동되는지는 전혀 명확하지 않다. 특히 국내 질서유지와 자국민 보호를 위해 국가가 취할 수 있는 조치 중 무엇이 용인되고, 어느 수준이 되면 선을 넘은 것으로 간주하며, 주권적 의무에 배치되는 탄압 활동으로 판단되어야 하는가? 누가 결정하는가? 해결 수단은 무엇인가?

냉혹한 진실은 이러한 질문에 추상적으로 답할 수가 없다는 점이다. 추상적으로 답을 하려다 보면 기본적인 보호의무를 이행하지 못할 뿐 아니라, 보호의무의 기본 관념에 대한 강한 반발에 직면하게 된다. 리비아 사태 개입 후에 만약 보호의무를 표결에 붙일 경우 많은 국가들이 원칙상으로도 지지할지 불투명해졌다. 그냥 보호의무를 현재 상태로 놔둔 채로 어떤 국가의 행동이나 부작위로 인해 국민의 안녕이 위협받는 상황이 발생할 경우, 글로벌 혹은 지역적 차원에서 대응해나가는 것이 현명하다.

이론상으로는 안 되지만 현실에서는 잘되는 이유를 설명했던 옛 프랑스 지성인의 표현을 빌리자면, 때로는 문제를 원칙 차원이 아닌 실천 차원에서 해결하는 것이 더 낫다. 모든 조건이 그대로라면, 특정 지역에 있는 국가들이 그 지역에서 대규모 난민 유입을 초래할 수도 있는 위기에 대해 이해관계가 훨씬 크기 때문에 글로벌 차원에서 문제를 다루기보다는 지역기구가 다루는 게 더 적절할 수도 있다. 지역적 접근이 강대국의 영향력을 더 줄일 수도 있다. 그럼에도 중동 지역에서 볼 수 있듯이 지역기구가 이견으로 마비되거나 역량 부족으로 제약을 받고 있는 상황에서 대규모 민간인 피해와 제노사이드를 예방하고 막기 위해 지역적 수준에만 의존하는 것도 만병통치약이 될 수 없다. 이러한 모든 점을 감안했을 때, 이런 사안은 개별적으로 하나씩 다루어야 하며 저절로 처리할 수도 없고 처리되지도 않을 것이다.

나는 여기에 한 가지를 덧붙이고자 한다. 만약 미국이나 다른 국가가 보호의무라는 명분을 내세우거나 실행에 옮길 경우, 이러한 조치는 반드시 인도적 개입에만 국한되어야 한다. 이 또한 주권적 의무 사항이다. 정권 교체가 보호의무라는 허울로 위장되었던 리비아 사례는 결과적으로 보호의무가 추구했던 원칙을 훼손시켰다. 어떤 이유든 간에 정권 교체를 추구했다면 그 동기가 일부이든 전체이든 인도주의적 문제였다 하더라도 다른 식으로 논거를 제시하고 보호의무와는 거리를 두었어야 했다.

세계질서 2.0

민족자결의 역할을 앞으로도 계속 인정할지 여부는 의견 일치를 보기가 쉽지 않을 것이다. 어떤 상황이 발생하든 간에 미국이나 다른 국가가 예외 없이 입장을 정할 수 있게 해주는 확고한 기준에 대한 합의를 이끌어낼 수가 없다. 차라리 자신들만의 독립국가 수립이 타고난 일방적 권리라는 민족자결 개념을 수정하여 국가 지위 획득은 요구되고 부여받을 수 있는 어떤 것이라는 개념으로 대체하는 게 적절한 출발점이 될 수도 있다. 이러한 선례로는 1978년 이집트와 이스라엘 사이에 체결된 캠프데이비드협정이 있다. 이 협정은 팔레스타인인에게 민족자결 원칙을 베풀지 않았고 오히려 '팔레스타인 인민의 대표들이 모든 분야에서 팔레스타인 문제를 해결하기 위한 협상에 참여해야 한다'는 개념을 지지했다.[5] 소위 민족자결 개념에 대한 지지는 탈식민지 시대보다 덜할 것이며 자동적인 지지도 덜할 것이다. 역사적으로 볼 때 타당하며, 부인할 수 없는 근거도 있고, 해당 민중들이 지지하며, 주권국가로서 의무를 이행할 수 있는 잠재적 능력을 갖췄을 정도로 영토적 측면에서도 실행이 가능한 경우에 기존 국가들이 이들에게 국가 지위를 부여할지 여부를 고려하기로 합의할 수 있다. 아울러 영토와 국민 일부를 포기해야 하는 국가에 미칠 수 있는 파급 효과에 대한 고려가 필요하다. 결론을 내리기 전에 관련 국가들이 먼저 서로 협의해야 한다.

테러리즘과 대량살상무기에 대한 대응

앞에서 정의 내린 바와 같이 정치적 목표를 달성하기 위해 무고한 시민이나 비전투 요원을 상대로 의도적으로 무기를 사용하는 폭력 행위인 테러리즘을 용납하지 않겠다는 것에 대해 국제적인 합의가 도출될 가능성이 크다. 앞에서 말했듯이 이제는 아무리 대의명분이 정의로워 보여도 테러리스트들에 대한 관용이 전 세계에 걸쳐 상당히 줄어들었다. 테러리즘에 대해 단순히 기록 차원의 규탄뿐만 아니라 테러리즘에 맞서기 위한 집단행동 승인 사례도 상당히 많아졌다. 실제로 질서에 대한 어떠한 다른 위협보다도 국가가 개별적이든 집단적이든 테러리즘 자체뿐 아니라 테러리스트를 지원하거나 은신처를 제공하는 국가에 맞서 행동해야 하는 것이 권리일 뿐만 아니라 의무가 되었다는 것에 큰 공감대가 형성되었다. 심지어 유엔헌장 51조(자위권을 지지하고 있다)와 지난 몇 년간 안보리에서 통과된 수많은 결의를 통해 각국은 예방적인 방식이든, 선제적이든, 사후 대응이든 간에 어떤 방식으로라도 테러리스트들을 타격할 수 있는 법적·정치적 권한이 있다고도 말할 수 있다. 다만, 대테러리즘 명분으로 국가가 행동에 나설 경우 정말로 테러리스트인 개인이나 단체만 공격해야 하며, 무고한 시민을 보호하는 조치 등을 포함해서 법적·윤리적 기준에 부합하는 방식으로 공격이 이루어져야 한다.

대량살상무기의 확산이나 사용을 막기 위한 기존 규범을 지지해야 할지 여부도 더 많은 논란이 있을 것이다. 특히 핵무기 사용이 엄청나게 파괴적인 결과를 초래하기 때문에 비확산 규범이 아주 명백히 중요하다. 또한 더 많은 국가들이 대량살상무기나 관련 물질을 보유하게 되고 비축 규모가 늘어남에 따라 테러리스트가 이를 입수하게 될 위험성이 더 커지고 있다. 대량살상무기가 확산될수록 오히려 세계가 안정될 수도 있다는 의견은 망상스럽고 위험하다.

수평적 확산horizontal proliferation(핵보유국 숫자 증가. 이와 대조적인 개념이 핵보유국의 핵무기 숫자가 증가하는 '수직적 확산vertical proliferation'이다 — 옮긴이)에 대해 편견이 있을 수도 있지만, NPT 체제 등 기존 국제 규범은 핵 관련 기술과 물질, 무기 접근을 차단하는 방식으로 핵확산을 방지하려고 했다. 이란 사례에서 볼 수 있듯이, 제재나 무역 금지, 시설 파괴 수준 등 각론 차원에서 어떤 조치를 취해야 할지는 의견 일치에 실패했지만, 추가적인 핵확산을 예방해야 한다는 것에는 상당한 지지가 있었다. 문제는 어떤 국가가 핵무기 개발이나 획득에 우선순위를 두고 이를 집요하게 추진할 경우 실제로 가능하다는 사실이 증명되었다는 점이다. 이스라엘, 인도, 파키스탄, 북한이 모두 이를 입증했다.

핵무기가 확산된 경우에 어떤 조치를 취할 것인가에 대해서는 더욱 의견이 엇갈렸다. 핵무기 보유가 NPT와 부합하지 않는다는 사실 외에는 이 영역에서 의미 있는 국제 규범이 없으며, 심지어 문제가 되는 국가가 NPT 체약국이 아니면 이 조약과도 전혀 무관해진다. 선택 가능한 옵션 중 하나는 그냥 현실로 받아들이고 사는 것이다. 이스라엘, 인도, 파키스탄의 경우가 그랬다. 이러한 접근법은 실제로 핵무기를 사용하지 않도록 단념 혹은 억제시키고 핵무기가 잘못된 사람의 수중에 들어가지 않게 하는 데 초점을 두고 있다. 경우에 따라서는 핵무기 및 미사일의 운용 안전과 '지휘통제command and control' 체제를 강화하는 기술을 제공할 때도 있다. 또한 핵무기를 사용해야 할 정도로 위기가 커지지 않도록 정보가 제공되거나 외교 활동이 이루어질 수도 있다. 명백한 적이 핵무기를 보유할 경우에는 보복 수단이 있다는 사실을 확실하게 하고 정당한 상황에서는 이를 사용하겠다는 의지를 확실히 밝혀서 억제 수단으로 동원하기도 한다. 미사일 방어체계와 같은 방어 무기도 배치될 수 있다. 북한의 핵위협이 증가함에 따라 이에 대응하는 차원에서 한국과 미국이 2016년 7월 전역戰域 미사일 방어체계(사드-옮긴이)를 배치하기로 한 결정의 요체가 바로 이것이다.[6] 이러한 접근 방식은 비확산이 아닌 상황 대응 방식이 된다.

하지만 북한의 상황은 다르다. 이스라엘이나 인도는 핵무기를 신중하고 책임감 있게 관리할 것으로 확신이 들지만 북한은 전혀 그렇지 않다. 더구나 파키스탄과 달리 북한은 아직 핵무기 보유 규모 면에서 돌이킬 수 없는 단계를 지닌 것으로 판단되지 않는다. 그래서 여전히 일각에서는 북한을 설득하거나 압박해서 핵이나 미사일 수준을 동결하고 더 나아가 완전히 포기하게 만들 수 있다고 희망한다. 나는 이러한 접근법을 일종의 외교적 롤백rollback으로 서술하고자 한다. 또한 북한 지도자들이 핵무기를 자신들이 보유하고 있는 수단 중 가장 확실한 정권 생존 수단으로 여기고 있는 상황을 감안할 때, 이러한 희망이 지나치게 낙관적wildly optimistic이라고 말하고 싶다. 북한은 핵무기를 유일한 수단은 아니지만 주된 레버리지 수단으로 보유해야 한다고 본다. 실제로 북한의 지도자 김정은이 2016년 5월 북한의 핵무기를 억지력[7]으로 언급했다는 사실은 시사하는 바가 크다(2016년 5월 7일 〈제7차 당대회 중앙위원회 사업총화문〉을 통해 김정은은 "핵억제력을 중추로 하는 자위적 군사력을 마련하고 …… 핵전쟁 위험을 강위력한 핵억제력에 의거하여 근원적으로 종식시키고 ……"라고 명시했다−옮긴이).

이러한 상황 관리 방식(북한의 핵 능력을 후퇴시키는 외교적 노력과 미사일 방어체계 배치가 수반되거나 보완하는 수단)의 대안으로는 핵확산을 받아들이되, 핵무기가 사용되거나 테러단체와 같은 비국가 단체에 전달되기 직전이라는 정보가 입수되면 조치를 취하는 것이다. 이 단계가 되면 임박한 위협에 대한 선제 타격이라는 잠재적 선택이 있다. 이를 위해 정확하면서도 상대적으로 명백한 정보를 적시에 입수할 수 있어야 하고 또한 실행에 옮길 수 있는 의지와 수단이 필요하다.

앞에서 논의했듯이 이런 조치를 국제법적으로 지지하는 의견도 있다. 사전에 혹은 추상적인 상황에서 이러한 조치를 취해도 된다는 공식적인 국제적 지지를 얻기는 거의 불가능하겠지만, 실제로 위협이 존재하고 임박했다는 사실을 증명할 수 있다면 정통성 측면에서 선제공격에 대해 상당한 양해를 구할 수 있을 것이다. 선제공격에 관한 논의가 있다는 사실 자체가 중국에게는 북한에 대해 아무런 조치도 하지 않으면 그 후과가 엄청날 것이라는 경고를 줄 수도 있고, 또한 아마도 중국으로 하여금 북한이 핵프로그램을 후퇴시키도록 더 많은 압박을 가하도록 유도할 수도 있다. 아울러 이러한 정책을 선전할수록 이런 정책이 실효성이 있다고 인정하지 않더라도 북한의 주의를 환기하고 행동을 자제시킬 수도 있다.

미국이 취할 수 있는 두 번째 대안은 핵확산을 막기 위한 예방적 조치에 대해 국제적 지지를 얻고자 노력하는 것이다. 이미 논의한 바와 같이 선제적 조치와 대조적으로 예방적 조치는 실질적이고 임박한 위협이 아니라 커지는 위협을 목표로 삼고 있다. 조지 W. 부시 행정부가 2002년 9월 발간한 국가안보 전략에 이러한 아이디어가 생생하게 반영되어 있었다. 이 보고서는 "문명에 대한 적이 세계에서 가장 파괴적인 기술을 노골적이면서도 적극적으로 획득하려는 이 시대에 미국은 위험이 커지는 상황에서 한가하게 가만히 있을 수 없다"고 분명히 입장을 밝혔다.[8] 예방은 원칙적으로 핵무기가 만들어지기 전에 관련 프로그램을 교란하는 수단을 제공하거나, 무기가 이미 있을 경우 무기 숫자가 늘어나는 것을 미리 막거나, 혹은 더 야심차게 말하자면 기존의 무기들을 파괴하는 행위를 말한다. 따라서 미국과 이스라엘이 사용했던 것으로 알려진, 이란의 우라늄 농축 프로그램에 필요한 컴퓨터를 교란시키고자 사용된 악성 소프트웨어는 예방적 조치로 인정된다. 핵시설로 의심되는 기관을 재래식 무기로 공격하는 것도 마찬가지다.

이러한 입장은 미국이 북한이나 이란을 공격할 수 있도록 승인하는 행위라고 간주하는 국가들이 반대할 게 분명하기 때문에 국제적 지지를 얻어내기는커녕 동정 여론조차 얻기가 거의 불가능하다. 이런 조치가 바람직한지 여부조차 불확실하다. 앞에서 지적한 대로 예방적 공격이 빈번해질수록 세계가 더 폭력적이고 위험해지기 때문이다. 미국도 이런 권리를 다른 국가에게 주기를 원하지 않을 것이며, 가용한 조치 중에 이것이 가장 덜 나쁜 옵션이 되는 여건에서 거부되는 상황을 원하지도 않을 것이다(이란의 경우 이 옵션이 고려되었으며, 다시 고려할 만한 가치가 있을 수도 있다).

군사력을 동원한 예방적 조치에는 다른 문제들이 있다는 점도 드러난다. 우선, 이러한 공격은 부득이하게 불완전하고 어쩌면 부정확한 첩보에 기초할 수도 있다(저자는 정보intelligence가 아닌 첩보 information라고 적시했다. 정보 분야에서는 통상 평가 및 해석되지 않은 1차 지식을 첩보라고 하며, 이러한 첩보가 분석을 거쳐 가치가 평가되고 체계화되어 정책 판단의 기준이 되는 최종 생산물을 정보라고 한다—옮긴이). 이라크의 대량살상무기 사례를 이에 대한 경고로 볼 수 있다. 둘째, 갈수록 핵프로그램이 잘 은닉되고 보호받기 때문에 예방공격을 해도 소기의 목표 달성이 가능하리라고 가정할 수 없다. 셋째, 예방공격은 전쟁 행위이기 때문에 보복 조치를 유발할 가능성이 있다. 내가 '확실하다'고 하지 않고 '가능성이 있다'고 한 이유는 1981년 이라크 핵시설에 대한 이스라엘의 예방적 공격과 2007년 건설 중이던 시리아 핵시설에 대한 예방적 공격이 보복으로 이어지지 않았기 때문이다. 하지만 북한이나 이란에 대한 예방공격은 다양한 보복 조치로 이어질 수도 있다는 전제하에 실시되어야 한다. 물론 북한이나 이란이 보복할 경우 확실하게 더 많은 공격을 받게 될 것이라고 미리 경고한다면 보복 가능성에도 어느 정도 영향을 줄 수는 있을 것이다.

결국 규범으로서 핵 비확산에 대한 지지는 상당하지만, 핵확산이 실제로 발생할 경우 이를 되돌리기 위한 군사조치는 별로 지지받지 못하고 있다. 임박한 위협에 맞서 선제 행동에 나설 경우 이러한 조치가 타당하다는 점만 증명한다면 강력한 지지를 받을 수 있다. 핵무기 보유를 미국, 영국, 프랑스, 러시아, 중국이라는 5개 국가로만 한정함으로써 NPT는 다른 국가들이 핵무기를 보유해서는 안 된다는 의무를 천명하고 있다. 5대 핵보유국도 자신들 외에 핵무기를 보유하거나 추구하는 국가들을 대상으로 무제한의 조치를 취할 수 있다는 권리를 보유한 것은 아니며, 이들이 어떤 권리를 어떤 조건에서 보유하고 있는지도 반드시 짚어봐야 할 문제다.

양자 회의나 다자 회의에서 이러한 사안을 논의 의제로 상정한다고 해서 공식적으로 합의가 도출될 가능성은 낮지만, 이런 상황에서 개별 국가나 국가들이 집단으로 예방적 혹은 선제적 행동을 취해도 정통성을 인정받을 수 있는지 이해 수준을 높일 수 있기 때문에 이 문제를 제기해보는 것이 합리적이다. 어떤 상황에서 예방적 혹은 선제적 조치를 취해도 되는지 알 수 있다면, 이란이나 북한이 미국으로 하여금 실제로 이러한 조치를 검토하는 상황까지 가지 않도록 러시아나 중국이 조치를 취하는 데 영향을 줄 수도 있다(실제로 조치를 취할 가능성을 높여줄 것이다). 또한 예방공격이나 선제공격을 시행할 가능성이 제일 큰 국가인 미국이 행동에 나서려고 할 때, 공격받는 국가가 취할 수 있는 대응 수준을 낮추는 데에도 도움을 준다.

기후변화, 사이버공간, 글로벌 보건, 그리고 경제

기후변화는 여러 측면에서 세계화의 전형적인 발현이라고 볼 수 있다. 현재 전개되는 상황을 종합해서 보여주고 있으며, 개별 국가들이 자신들이 초래한 몫과 무관하게 자국의 기후 변동 수준이나 수면 상승에 따라 취약 지대에 거주하는 주민들의 숫자처럼 불균등하게 영향을 받고 있다. 기후변화가 실제로 있고, 대부분 인류에 의해 초래되었으며, 지구와 인류의 미래에 심각한 위협이 된다는 사실에 대해 완전히 보편적이지는 않아도 폭넓게 공감대가 형성되어 있다. 다만, 누가 어떤 조치를 취해야 하는가에 관해 대부분 의견이 엇갈린다.

원론적으로는 기후변화야말로 개별 국가들이 자국 영토 내에서 탄소를 배출하지만 전 세계에 영향을 끼치기 때문에 주권적 의무라는 항목에 딱 들어맞아야 한다. 달리 말하자면, 환경 변화는 지역 활동이 누적된 결과다. 그렇기 때문에 지역 활동으로 인해 지역 차원에서만 영향을 끼치는 공기나 수자원 오염과는 근본적으로 다르다.

문제는 기후변화에 맞서 싸우는 데 있어서 개별 국가들이 자신들의 탄소 배출량을 감축하거나, 다른 나라의 탄소 배출을 도와주거나, 혹은 두 가지 조치를 다 취하는 데 있어 얼마씩 '분담'할 것인가에 대한 의견 일치를 도출하기가 어렵다는 점이다. 이전에 논의되었던 것처럼 글로벌 차원의 상한선을 설정하고, 각국별 분담을 할당하며, 탄소에 가격을 책정하려던 시도는 저항을 받았다. 하지만 2015년 파리회의는 다소 다른 접근 방식으로 약간의 현실주의와 창의성을 발휘했다. 지구 전체 평균기온 상승폭의 목표를 설정하여 기후변화를 제한하려는 전반적인 목표가 설정되었지만, 이 목표를 달성하기 위해 개별 국가들에게 구체적인 기여 방안이 부과되지는 않았다. 즉, 의무가 부과되지 않은 희망 섞인 포부였다. 실제로, 개별 국가들은 탄소 배출량의 절대적 감소나 탄소 배출 증가분의 감소 목표를 스스로 판단하기에 야심차면서도 달성이 가능한 수준으로 설정하고 이 목표 달성을 위해 알아서 조치를 취할 의무가 있다는 데 동의했다.

이러한 접근 방식은 '최선의 주권적 노력 또는 의도sovereign best efforts or intent'라고 말할 수도 있겠지만 주권적 의무에 한 걸음 더 다가선 것이다. 재정 지원이나 기술 공유 같은 장려책을 활용해서 국가들이 목표를 달성하거나 초과할 수 있도록 도와줘야 한다. 이미 발생했거나 앞으로 발생할 가능성이 큰 기후변화 영향에 국가나 사회가 적응할 수 있도록 더 많은 재정 지원 등 많은 도움을 주는 방안도 강조되어야 한다. 무책임하게 행동하는 정부에 대해서는 제재와 같은 극단적 조치나 응징이 동원될 수 있다고 으름장을 놓거나 실제로 적용해야 할 필요도 있다.

사이버공간도 여러모로 국제 활동에서 최신 영역이며, 흔히 있는 일이지만 이 분야는 한편으로 중첩되게 협력이 이루어지면서도 다른 한편으로 의견이 충돌하고 잠재적으로 갈등의 소지가 있기 때문에 상황이 복잡해진다. 이에 덧붙여 사이버공간에서 일부 활동은 아무런 해를 끼치지도 않고 국가안보와도 거의 관계가 없지만, 다른 일부 활동이 외교정책·정보·경쟁력 등과 긴밀하게 연계되어 있기 때문에 더욱 복잡해진다. 사이버공간의 특정한 이용을 권장하고 다른 이용은 못 하게 막는 국제적 제도, 즉 학술적 용어로 레짐regime(국제정치학에서 특정 분야의 제도나 정책을 일컫는 용어. 국가들의 행위와 행위 기준을 규정하며, 국가들의 기대나 이익이 수렴될 때 형성되고 작동한다—옮긴이)의 형성이 필요하다. 각국 정부들은 이러한 레짐에 부합하게 활동해야 하고 모든 권한을 동원해서 자국 내 영토에서 사람들이 이 레짐에 어긋나게 행동하지 못하도록 막아야 할 의무가 있다.

그렇다면 사이버공간상에서 레짐이란 무엇인가? 평상시나 특정 상황에서 허용되거나 금지된 행동이 무엇인지를 제시할 수 있어야 한다. 이상적이라면 사이버공간을 위한 글로벌한 제도가 단일의 통합된 연계 체제를 유지하며, 정보와 소통의 자유로운 흐름을 차단하는 정부 활동을 제한하고, 상업적 스파이 활동과 지식재산권 절도 행위를 금지하면서, 평시에 사이버공간에 의존하는 민간 혹은 군사 시스템(오늘날 거의 모든 시스템이 사이버공간에 의존하고 있다)을 간섭하거나 교란시키는 행동을 엄격히 제한하도록 했을 것이다. 정부 활동을 통해 훈련받은 간첩 활동은 아마 허용될 것이다. 대량살상무기 확산과 테러리즘을 막기 위한 사이버 공격에는 예외를 두어야 할 필요가 있다. 민간 분야에 대한 사이버공간의 영향을 고려할 때, 전시에 사이버공간을 사용할 경우 무엇이 허용되고 무엇이 금지되는지에 관해 전쟁법의 사이버 부속서도 마련해볼 수 있다. 또한 그동안 논의되었고 합의된 사항과 여전히 갈등을 빚고 있는 사이버공간 활동을 어떻게 대응할지에 관해 합의까지는 아니더라도 심도 있는 논의를 상상해볼 수도 있다.[9]

각국 정부는 금지된 활동을 하지 말아야 할 의무뿐 아니라 자신들의 권한을 총동원해서 자국 영토 내에서 다른 행위자들이 이런 행위를 하지 못하도록 막아야 하는 의무도 있다. 이는 사이버공간에서의 테러리즘과 맞먹는다. 각국 정부는 합의된 행동양식에 맞춰 행동해야 할 뿐만 아니라, 자신의 영토 내에서 제3자가 금지된 행위를 하지 못하도록 확실히 해야 하며, 금지된 행위를 한 것으로 밝혀질 경우 중단시키고 처벌해야 한다. 물론 이러한 원칙 중 어느 한 가지라도 다수가 아닌 제한된 소수 국가들 간의 합의를 이끌어내는 것도 상당히 많은 노력이 필요하다. 마찬가지로 어떤 경우에 예외가 허용되고, 어떤 경우에 원칙을 위반한 것으로 봐야 하며, 이럴 경우에 어떻게 해야 하는지에 대한 합의를 이끌어내기 위해서도 엄청난 노력이 필요하다.

그러나 이 새로운 기술 영역을 통치하는 규범이 어떤 식으로 되어야 하는지 파악하기에는 아직 시기상조이며, 현 단계에서는 사이버공간에서 주권국가들이 준수해야 할 행동양식을 개발하고, 공식적인 수용까지는 아니더라도 이 양식을 준수하도록 하는 데 목표를 두어야 한다. 많은 국가들이 공식적으로 모이는 것보다 핵심 국가, 기업, NGO 들이 소규모로 협의를 할 경우, 오히려 이런 목표를 달성할 가능성이 크다.

글로벌 보건 분야에서도 다양한 도전이 제기되고 있다. 세계화된 오늘날, 한 국가에서 발생한 전염병이 순식간에 전 세계 다른 곳에 심각한 위협을 줄 수 있다는 사실에 거의 모두 공감하고 있다. 사스SARS와 에볼라의 경우가 그랬다. 수백만 명의 목숨을 앗아갈 수 있는 유행병은 더 이상 공상과학소설의 소재가 아니다. 정부에게 무엇을 기대해야 할지, 즉 이 영역에서 주권적 의무가 정확히 무엇인지 명확히 해야 한다. 질병의 발생을 파악하고, 전 세계 다른 국가들에게 통보하며, 질병에 대처하기 위한 조치를 취하고, 필요하면 지원도 요청해야 한다는 식으로 주권적 의무 개념이 이 분야에서 이미 상당히 발전해 있다. 다만, 각국 정부와 WHO가 이러한 문제를 해결할 역량을 갖추었는지가 관건이고 이를 위해서는 상당한 기술적·재정적 지원이 필요하다.[10] 하지만 의무를 제대로 이행하지 않는 국가들에게는 압력을 가하는 수단으로 '이름을 밝혀 망신을 주는naming and shaming' 방식을 동원할 필요도 있다. 공포감을 조성해 관광과 사업 기회를 축소시켜서 사실상 제재로 간주될 수도 있기 때문이다.

주권적 의무는 경제 영역에서 이채롭게 보일 수도 있다. 안정적인 통화 지속, 금융기관들의 적절한 보유고 유지, 정직한 회계 처리, 부패 척결, 무역 확대, 투자 유치를 위한 환경 조성 등이 필요하기 때문에 각국 정부는 남들에 대한 의무감이 아니라 스스로 이렇게 해야 한다는 유인이 있다. 아주 대단한 것은 아니지만, 국민들이 괜찮은 삶의 수준을 누리고 밝은 미래 전망을 기대하는 측면에서 취약하지 않고 탄탄한 경제를 원하기 때문에 각국 정부는 자국민에 대한 경제적 의무가 있다. 달리 표현하자면, 국가들이 자신의 이익을 좇기 때문에 굳이 투자를 유치하고 적자를 해소하며, 부채도 통제해야 한다는 주권적 의무가 없다.

물론 몇 가지 예외는 주목할 만하다. 무역협정은 당연히 관세 장벽, 비관세 장벽 등에 관한 주권적 의무를 상호 부과하는 협정이다. 한 당사국이 이러한 의무가 충족되지 않았다고 생각한다면 문제를 해결하기 위해 의지할 수단이 있어야 한다. 실제로 WTO는 상선 분쟁 해결 기구를 마련했다는 점에서 의의가 크다. 수출을 장려하고자 수출 단가를 낮추고 동시에 수입을 억제하고자 수입 가격을 높이는 환율 조작에 대한 국가들의 의무 사항에 관해서는 아직 논의가 부족하다. 또한 수출 경쟁력을 높이기 위한 정부 보조금 지급 문제도 마찬가지다. 이 분야뿐 아니라 농업, 서비스, 노동, 환경 등 기존 무역협정에서 별로 다뤄지지 않았던 각종 특정 분야에 관한 주권적 의무가 명시된 무역협정을 체결해서 국가들이 이 분야에서도 책임을 지는 제도가 마련되어야 한다.

주권적 의무와 세계질서의 새로운 운영체제

각국 정부가 이러한 의무 사항을 이행하도록 하고, 철저한 의무 이행을 위해 의무 불이행 시의 조치에 대한 국제적 합의를 도출해내는 작업은 보통 이상의 엄청난 외교적 난제가 될 것이다. 이러한 질서가 제대로 작동하고 국가들이 자신들의 의무를 충실히 이행하도록 하는 작업은 한층 더 어려울 것이다. 단순한 설득 작업뿐 아니라 각종 장려와 지원, 역량 강화, '이름을 밝혀서 망신 주기'부터 정치적·경제적 응징에 이르는 다양한 제재, 그리고 특히 테러리즘과 핵 확산과 같은 경우에는 군사적 개입을 포함해 다양한 수단이 강구되어야 한다. 전 세계가 주권적 의무를 새로운 운영체제로 받아들이기 위해서는 몇 년에 걸친 협의와 협상이 필요하며, 그렇다 하더라도 각국이 주권적 의무를 수용하는 수준이나 그 파급력이 균질하지는 않을 것이다. 하지만 이러한 구상이 점차 주목받아 논의가 개시되었고, 세계화 시대에 부합하는 질서를 구상하려는 최선의 희망이 보이고 있다는 데 주목해야 한다.

어쩌면 너무 당연하게 들릴 수도 있겠지만, 주권적 의무는 단순히 미국이 다른 국가들에게 기대하는 개념만이 아니라는 점도 주목해야 한다. 다른 국가들이 준수하기를 원한다면 미국도 똑같이 행동해야 한다. 확실히 미국은 세계에서 특별한 역할과 독특한 의무가 있지만, 미국이 위선적이거나 이중 잣대를 적용하는 것처럼 보인다면 영향력을 상실할 수 있다는 사실을 깨달아야 한다. 비준을 거부한 유엔해양법협약UNCLOS: United Nations Convention on the Law of Sea처럼 미국이 참여하지 않은 일부 제도의 참여도 재검토해야 한다. 미국의 이러한 입장이 해당 사안의 시비를 따져보면 정당화될 수 없고, 미국이 원칙에 따라 행동할 것이라는 의지에 대해 의구심을 초래하기 때문이다.[11] 미국이 참여를 거부하고 있는 국제형사재판소와 같은 예외 사항도 특정한 과거 사건의 심판만 담당하는 법정 설립이라는 우회 방안으로 관리가 가능할 것이다.

환경과 같은 일부 영역에서는 다른 국가들이 책임감 있게 행동하도록 미국이 얼마나 설득(상당히 괜찮다)할 수 있는지가 다른 국가들에 대한 재정적·기술적 지원 의지와 더불어 미국의 중요한 의무 이행 성과로 평가받을 것이다(트럼프 대통령은 2017년 7월 1일 파리기후변화협약 탈퇴를 공시 발표했다. 반면, 허리케인 히비와 이마가 미 본도를 강타한 후 트럼프 정부의 환경정책 비난이 거세지자 틸러슨 국무장관은 언론 인터뷰를 통해 파리협약 잔류 가능성을 시사했다─옮긴이). 보건 분야의 주권적 의무 증진도 상당히 유사하다. 여타 분야의 경우, 테러리즘을 최소화하고 핵확산을 막기 위해 군사력을 동원하겠다는 의지가 필요할 수도 있다. 물론 이 경우에도 군사력을 언제, 어떻게 동원할지에 대해서는 상당한 수준으로 자제력을 발휘해야 한다.

미 달러화가 사실상 세계의 준비 통화 기능을 하고 있기 때문에 미국은 경제 분야에서 주권적 의무를 받아들여야 한다. 즉, 이자율이나 자산 구매(양적 완화) 등의 조치를 취할 때 다른 국가들의 입장도 고려해야 한다는 의미다. 미 연방준비은행과 전 세계 주요 중앙은행 간에 정기적이고 심도 있는 논의가 필요하다. 무역 분쟁도 일방적 행동이 아니라 WTO에서 논의해야 한다.

이 모든 것들과 일관성을 유지하고, 이 책의 핵심 주제로 돌아가기 위해 정책뿐 아니라 과정의 측면에서 정통성이 중시되어야 한다는 점을 강조하고자 한다. 주권적 의무를 위한 정통성을 수립하는 과정에서 협의 과정이 매우 중요하다. 보건과 같은 일부 영역에서는 이미 논의가 상당히 진전되었고, 국가들의 역량 강화가 관건으로 남아 있다. 사이버공간의 경우에는 아직 무엇이 바람직한지 합의조차 이루어지지 않았다. 다른 영역에서는 규범에 대한 합의가 있지만 규범이 무시될 경우, 실제로 허용되는 바람직한 조치가 무엇인지에 관한 문제가 해결되지 않았다.

이 모든 사안이 권한 혹은 승인이라는 새로운 문제를 제기한다. 만약 일부 사안에서 유엔과 같은 국제기구로부터 '허가'를 받아야만 행동이 가능하다면 어떤 국가도 이러한 원칙을 받아들이려 하지 않

266

혼돈의 세계

을 것이다. 유엔 총회는 가장 민주적이면서 대표성이 있는 기구이지만 바로 똑같은 이유로 주요 강대국들이 활동하기에 적절한 무대가 아니다. '일국일표one country, one vote'야말로 주권 평등을 궁극적으로 상징하지만, 각국의 국력이나 현실 세계와 무관하다. 유엔 안보리는 소규모이고 강대국들이 거부권을 행사할 수 있기 때문에 더 위상이 높지만, 어떠한 강대국도 스스로 판단하기에 자국의 중대한 국가 안보와 관련된 사안이 안보리 결정에 회부되도록 내버려 두지 않는 현실과, 안보리에 초대받지 못한 영향력 있는 국가들이나 관련 정치단체들로 인해 그 위상이 흔들리고 있다.

유엔을 변화시켜야 한다는 제안은 애당초 가능성이 없다. 어떤 분야든 간에 강대국이 수용할 의지가 없는 상황에서 세계 기구가 주권적 의무를 부과할 수 있다고 생각하는 것 자체가 중대한 오류다.[12] 의도가 중요한 것이 아니다. 정통성을 구성하는 요소가 무엇인지에 대해서는 자발적인 합의가 있어야 한다. 각국 정부는 모든 것을 따져볼 때 자신이 스스로 운신의 폭을 줄이도록 주권을 포기하는 게 이익이 되는지 여부를 결정해야 한다. 무역 분야에서는 이미 이렇게 되었고, 기후 및 사이버공간에서도 점차 구체화되고 있다. 정치·군사 영역의 전망은 아지 이견이 엇갈리고 있다.

무엇 때문에 주권적 의무가 오늘날 새로운 정통성의 핵심이 못되고 있는가? 우선, 일부 국가들이 특정한 목표를 원칙상의 문제, 혹은 특정 맥락 때문에 반대하는 경우를 상상해볼 수 있다. 두 번째는 특정 국가가 원칙적으로는 찬성하지만 이런저런 이유로 실행할 능력이 없는 상황도 있을 수 있다. 이런 국가는 재원이나, 국내법, 혹은 국내 정치적 지지가 부족할 수도 있다. 세 번째 이유로는 앞 단락에서 언급한 맞교환과 같은 타협을 받아들이기 어려운 경우가 있다. 즉, 제약을 받아들일 수가 없다는 것이다.

이러한 우려를 해소시킬 수 있는 어떤 제도적 혹은 절차적 해결책도 있을 수 없다. 비록 유엔 안보리 회원국 숫자가 많아지면 좀 더 협의를 촉진시킬 수 있겠지만, 유엔 안보리를 어떤 방식으로 조정한들 행동에 나설 수 있는 권위를 부여하는 메커니즘 제공 역할 자체에는 별다른 차이를 만들 수 없다. 이러한 개혁이 없다면 협의가 다른 장소에서 진행될 가능성이 크다. 가령, 양자나 다자 협의, 비공식 혹은 공식 협의, 일반적이거나 특정 이슈에만 국한되는 방식 등 별도의 협의가 많아질 것이다. 하지만 많은 사안들이 성공적으로 협상하기에는 아직 무르익지 않았다. 일부 사안은 절대로 그렇게 진전되지도 못할 것이다. 그럼에도 특정 행동에 대한 양해와 관용을 구하고, 합리적이고 수용 가능한 범위와 그 범위를 넘어설 경우 비용이나 결과가 어떻게 될지 파악하며, 역사를 돌이켜봤을 때 질서의 붕괴를 종종 초래했던 오판이나 돌발 상황을 줄이는 데 협의 과정이 많은 도움을 줄 수 있다.

나는 세 가지 견해로 이러한 절차에 관한 논의를 마무리 짓고자 한다. 다자주의가 이 시대의 정통성을 구성하는 핵심 요소로서 주권적 의무를 채택하도록 촉진하는 역할을 할 수 있다면 이를 재고해야 한다. 첫째, '모범 관행'이 있는 다자주의는 국내 정책과 관련되면서도 글로벌 차원의 영향력 있는 이슈를 다루는 규범이 되어야 한다. 금융 및 보건 분야의 제도와 2015년 파리기후회의는 앞으로 나아가야 할 길을 제시하고 있다. 각국 정부가 특정 영역에서 국내적으로 최상의 관행을 선택하도록 약속하고, 그 결과로 공동의 도전을 다루어나가는 데 글로벌 차원에서 영향을 주도록 목표를 잡아야 한다. 대테러리즘과 특히 사법 집행도 이러한 영역이 될 수 있다. 이러한 약속이 계약상 의무는 아니다. 어떠한 관행을 따르지 못하거나 목표 달성에 실패할 경우, 전통적인 조약 규정 미준수처럼 의무 불이행이 되는 것이 아니라 그냥 약속을 지키지 못하는 것이다. 약속을 지키지 못해 치러야 하는 대가가 그냥 지적당하고 망신당하거나, 낮은 평판과 자체 조사를 받게 될 뿐이다. 좀 더 긍정적으로 보자면, 이러한 접근 방식은 주권적 의무 이행을 위해 국내적으로 조치를 취하지만 여러 가지 이유로 의무를 이행하지 못하는 국가들을 돕기 위한 지원을 늘릴 수도 있다.

둘째, 공동의 도전에 대응하려는 다자주의적인 노력은 실용주의적 접근이 좀 더 중요하다. 당면한 특정 과제를 다룰 능력과 의지가 있으며 가장 관련이 있는 국가들이나, 후술하겠지만 비국가 단체들의 대표들을 규합해야 한다는 의미다. 이러한 방식을 '상황별 맞춤형 다자주의'나 '일품요리식 다자주의'로 설명할지 여부는 중요치 않다. 단지, 참여라는 목적으로 모든 당사자를 참여시키는 것보다 가장 중요한 관계자들만 모여 문제를 해결하는 게 더 중요하다. 이러한 유지연합은 시간이 지날수록 공식화되지만, 이러한 모임이 필요에 따라 형성된다는 점이 중요하다.

셋째, 어떤 절차를 택하든 간에 관련이 있는 비국가 행위자nonstate actors들도 포함되어야 한다. 무극체제에서 다자주의가 오직 국가들만으로 구성된 집단이 될 수는 없다. 초청된 대상의 조합이 사안별로 상이하기 마련이다. 하지만 전염병을 퇴치하기 위해 협력해야 할 경우 각국 보건 장관과 WHO 대표단과 더불어, 가령 게이츠 재단이나 제약회사, 국경없는의사회 같은 NGO도 참여시켜야 한다. 사이버공간상의 규칙을 발표하는 회의를 소집하면서 애플, 마이크로소프트, 구글, 페이스북 등을 참여시키지 않는다면 말이 안 될 것이다. 주요 도시의 시장이나 주지사, 공국의 대공들도 다양한 회의 테이블에 앉을 자격이 있다. 역설적일 수도 있겠지만, 주권적 의무에 입각한 질서하에서 관련 있는 비주권 단체들이 의미 있게 참여할 여지가 마련되어야만 한다.

11

지역별 대응

Regional Responses

우리는 세계질서가 아니라 세계질서'들'을 언급해야 한다는 사실에 이미 주목했다. 바로 앞에서 논의했던 바와 같이, 예를 들어 무역 분야의 컨센서스 수준이 기후나 사이버공간 같은 다른 분야에서도 같을 것이라고 기대할 수 없기 때문에 기능적 영역에서 이러한 현실이 두드러진다.

이와 동일한 개별성을 지리적 측면에서도 마찬가지로 찾아볼 수 있다. 오늘날 세계는 북아메리카, 아시아-태평양, 남아시아, 중동, 남아메리카 혹은 라틴아메리카, 아프리카, 유럽처럼 뚜렷하게 구분되는 지역으로 되어 있다. 실제로, 오늘날 세계는 한편으로는 세계화가 심화되면서도 동시에 다른 한편으로는 지역화가 심화되는 모순을 겪고 있다.

아시아 – 태평양 지역

아시아–태평양은 세계 여러 지역 중 우리에게 가장 익숙한 형태다. 어떤 측면에서는 중동 지역과 반대되는 모습이다. 개별 국민국가 속성이 강하고, 국가 정체성도 강하다. 이 지역은 놀라울 정도로 경제가 성장했고, 군비도 증가하고 있으며, 수많은 영토 분쟁이 있고, 민족주의의 대두에도 불구하고 상당히 질서가 잡혀 있다. 이 모든 것들이 저절로 이루어지지는 않았다. 이러한 안정은 앞에서 언급한 대로 여러 요소가 복합적으로 얽혀서 나온 산물이다. 상당한 수준의 경제적 상호의존이 있고, 이 지역 내 많은 국가들이 자신의 정치적·경제적 성장에 관심과 자원을 집중하고 있으며, 미국의 개입으로 역내 국가들이 군사력 증강을 극대화할 필요가 없어지면서 호전적 행동이 위험만 높고 기대되는 이익이 적기 때문에 안정을 유지하게 되었다.

하지만 이러한 상황이 지속 가능할지, 아니 좀 더 유용하게 말하자면 지속 가능하려면 무엇을 해야 하는가라는 뻔한 질문이 나온다. 질서는 세력균형과 경제적 상호의존에 뿌리를 두고 지속되어야 한다. 일반적 명제로서 아시아–태평양 지역의 안정은 미국에 달려 있다. 필요한 조건이 상당히 전통적인 국가 운영 방식과 유사하다. 역내 국가들을 개조하는 것이 아니라 이들의 대외 활동을 형성해나가야 한다는 도전이 있다. 윌슨식 이상주의가 아닌 현실주의가 이 지역에서 운영되는 기본틀이다. 강력한 국가, 상충하는 영유권 주장,

민족주의적 정서의 대립, 역사적 앙금, 외교적 장치와 틀의 부재 등으로 인해 도전이 있을 수 있다. 유사한 사례를 찾아보자면 제1차 세계대전 이전 유럽을 꼽을 수 있다. 나는 불필요한 우려를 조장하려는 것이 아니라, 현 상태에 안주해서는 안 된다고 경고하는 동시에 미국이 분명한 목적의식을 갖고 활동할 때 안정이 유지될 수 있다는 점을 지적하고자 한다.

오바마 행정부는 아시아–태평양 지역에 대한 재균형정책을 도입했는데, 나는 이 정책이 꽤 영리하다고 생각한다. 원래 의도했던 '회귀'라는 초기 명칭은 다른 지역을 외면한 채 돌아선다는 것을 암시했기 때문에 그다지 적절하지 않지만, 어찌 되었든 기본 개념 자체는 옳았다. 이 정책을 영리한 정책이라고 한 것은 탈냉전 시대에 너무나 오랫동안 미국의 외교정책이 거대 중동 지역에 과도하게 집착했기 때문이다. 중동에 대한 미국의 이익이 물론 중요하지만 이 지역에 대한 이해관계가 무제한적인 것은 아니었기 때문에 이런 외교정책이 별로 합리적이지 않았다. 더 중요한 점은 중동의 현실을 감안할 때 미국이 자신의 이익을 위해 할 수 있는 역할이 거의 없었다는 점이다. 미국은 아시아–태평양을 비롯한 다른 지역에서도 사활이 걸린 이해관계가 있으며, 아시아–태평양 지역에서는 조금만 노력해도 큰 성과를 확실히 거둘 수 있었다.

실제로 이 지역이 앞으로 나아갈 방향이 전 세계의 흐름을 좌우한다고 말해도 과언이 아니다. 이 시대의 주요 강대국 중 상당수가 아시아-태평양 지역에 있다. 아시아-태평양 지역은 전 세계 인구, 경제력, 그리고 군사력에서 큰 몫을 차지한다. 이 지역에 있는 국가들이 서로 합의하거나 혹은 적어도 의견 불일치를 줄일 수만 있다면 기후변화나 사이버공간과 같은 글로벌 사안을 관리하는 데 결정적인 도움을 줄 수 있다. 이 지역에서 발생하는 사건들이 오늘날 주요 강대국들의 관계 형성에도 큰 영향을 줄 것이다.

질서유지를 위해 미국은 외교와 경제, 군사 측면에서도 정기적이고 가시적으로 존재감을 드러내야 한다. 동맹국과 우방국에 대한 공약을 확인하고 중국의 일방적인 영유권 주장을 거부할 수 있도록 미국이 시행 중인 영토·상공·해양 통과가 필수적이다. 미국은 이 지역에서 한국, 일본, 필리핀, 태국, 호주, 뉴질랜드와 공식적인 조약 관계(동맹)을 유지하고 있다. 특히 한국 및 일본과의 동맹 관계는 이 두 나라가 공격받는 일이 없도록 억제를 제공하여 평화를 유지한다는 측면뿐만 아니라, 각자 스스로 안보를 책임지지 않게 한다는 점에서도 각별히 중요하다.

다시 말하자면, 한국과 일본은 미국이 자신들을 보호해줄 의지나 능력이 있다는 확신이 서지 않으면 자체 핵무장할 가능성이 있다. 그러면 일본과 중국, 혹은 남북한이 무력 충돌을 하게 될 가능성이 더 커질 것이다. 미군의 주둔과 이 지역 안보 공약으로 인한 직접적인 비용만 협소하게 따지려 드는 사람들은 이 지역이 평화롭고 안정을 유지하면서 미국이 얼마나 큰 경제적·전략적 이익을 누리는지도 따져봐야 한다. 미군 주둔 비용은 전시가 아닌 평시에는 비용이 그다지 크지도 않으며 '주둔국 지원Host Nation Support' 제도로 상당 부분 상쇄된다.

동시에 동맹국과 우방국에 대한 지지가 무조건적일 수도 없다. 미국이 안보를 제공하는 대가로 이 국가들은 무모하거나 도발적인 행동을 하지 말아야 할 의무가 있다. 이런 의무는 동맹국뿐 아니라 대만에도 마찬가지로 적용된다. 이와 관련하여 금융 투자자들에게 익숙한 '도덕적 해이moral hazard'라는 용어를 떠올릴 수 있다. 미국은 충분한 수준으로 동맹국들을 지원해줘야 하며, 그래야 이 국가들이 미국의 안보 공약을 의심하고 독자적인 행동을 하지 않을 것이다. 하지만 아무렇게나 행동해도 미국이 알아서 뒷수습을 해줄 것이라고 착각할 정도로 맹목적으로 지원해줘서는 안 된다. 필요한 만큼 지원하면서도 방종으로 흐르지 않도록 균형을 잡아야 한다고 설명하기는 쉽지만 실천이 참으로 어렵다.

이 지역 내 군사력 유지와 동맹이 물론 중요하지만, 이 지역에 대한 미국의 이해관계가 일차원적으로 단순하지는 않다. 주기적인 고위급 협의, 즉 진정한 전략 대화가 필요하다. 우방국 및 동맹국과는 지역안보체 현황으로부디 북핵 위협의 대치, 중국의 부상 관리, 글로벌 문제에 관한 공통 입장이나 일관성 있는 방안 마련, 경제성장 촉진 등의 주제를 다룰 수 있다

아시아-태평양 지역에 지역안보체나 지역안보구조가 이미 한

참 전에 설립되어야 했다. 이러한 안보구조는 유럽에서는 이미 40년 전부터 지속되고 있었다. 유럽안보협력회의OSCE: Organization for Security and Cooperation in Europe로 알려진 헬싱키 협정이 바로 그것이다. 이 협정과 관련 제도들은 무엇보다도 무력으로 국경선을 변경하지 못하도록 막고 있으며, 우발적인 군사 충돌과 확전을 줄이기 위한 신뢰구축조치를 증진하고 있다.

아시아–태평양은 유럽과 지리적으로나 정치적으로 아주 다르기 때문에 이러한 체제를 그대로 베낄 수가 없다. 가령, 헬싱키 협정의 인권 부분은 중국이나 여타 국가들이 받아들일 수 없기 때문에 억지로 이런 내용을 강요한다면 지역 내 갈등을 감소시키기 위한 제도 자체를 설립할 수가 없기 때문에 똑같이 차용할 필요가 없다. 아시아의 안보구조는 유럽의 경우에는 별로 문제가 되지 않았던 미국의 동맹 공약 이행과도 양립이 가능해야 한다. 그 첫 번째 단계로 군병력 감축이나 군사 활동 축소보다 핫라인 구축이나 군사훈련 사전통지 등 신뢰구축조치를 강조해야 한다. 미국과 미국의 동맹국이 입장이 같다는 점이 확실해지면 중국도 이러한 논의에 끌어들여야 한다. 지역 협정이 논의될 때까지 기다리기보다 위기 회피 및 관리 협의체를 일본과 중국 간에 조속히 설립해야 한다는 주장도 있다.

북한 문제가 두 번째 논의 주제이며, 이에 대해 미국의 동맹국인 한국과 일본뿐 아니라 중국과도 논의가 필요하다. 제재와 압박으로 북한이 모든 핵무기를 포기하는 데 목표를 두어야 한다. 만일 실패

한다면 어떤 경우에 선제적 혹은 예방적인 군사조치를 취할 수 있는지 사전에 양해를 구해놓아야 한다. 북한의 보복에 직접 피해를 입을 수 있는 한국과 일본의 동의도 필수불가결하다.

북한이 공격한다면 전쟁의 목표를 어떻게 잡을지, 그리고 북한의 핵무장을 인정하여 그로 인해 발생할 수 있는 모든 위험을 껴안고 살기보다 차라리 북한 정권의 안정을 위협하더라도 북한을 강하게 압박하는 게 낫다고 생각하도록 중국을 어떻게 설득할 것인지도 논의가 가능하다.

이러한 논의에는 중국과 협의하고 중국을 다양한 대화체에 포함시켜야 한다는 공통분모가 있다. 이는 미국과 중국이 소위 'G2'로서 세계를 관리하겠다는 의미는 아니고(실제로 다양한 이유로 그렇게 할 수도 없다), 오히려 중국을 다양한 지역적, 혹은 글로벌한 제도에 완전히 통합하려는 정책의 일환으로 보아야 한다. 중국과의 영토나 해양 분쟁 회피가 최우선 과제이기 때문에 어떤 지역안보 협의체도 중국이 참여하지 않으면 의미가 없다. 미국은 중국이 일방적인 행동에 나서거나 무력을 동원하지 않기를 원한다. 미국으로서도 우방국이나 동맹국이 일방적으로 도발하지 못하게 막겠다고 약속해야 한다. 많은 경우에는 모든 당사자들이 상충하는 요구 사항이나 이견을 해결하려고 나서기보다 그냥 그대로 놔두고 살아가는 지혜를 받아들일 필요가 있다.

북한과 관련해서는 북한 경제가 중국의 원조와 협력에 크게 의존하고 있기 때문에 중국의 역할이 매우 중요하다. 한반도 통일 이후 한국에 주둔할 미군의 규모나 종류, 위치에 대해 중국과 협의함으로써 북한에 대한 중국의 지원을 재고하도록 만들 수 있다. 또한, 북한 붕괴 시 북한의 핵무기와 핵물질을 확보하는 방안에 관한 논의에도 중국을 참여시켜야 한다. 그리고 미국과 11개 국가가 참여한 환태평양경제동반자협정TPP이 계속 존속하고, 또한 기본적인 요건을 충족한다면 중국이 TPP에도 참여해야 한다고 생각한다.

어떤 경우든 이 지역의 미래를 논의하는 무대에 중국이 포함되어야 하며, 지역 협정에도 중국을 참여시켜야 한다. 아시아–태평양 지역 내 질서가 중국이 보기에 정통성이 있고 무력으로 전복시킬 수 없다면(그럴 이유가 없다면 더욱 바람직하다) 수많은 영토 분쟁에도 불구하고 오래갈 가능성이 크다.

남아시아

남아시아 지역의 도전은 아시아–태평양 지역과는 상당히 다르다. 이 지역에는 8개국(아프가니스탄, 방글라데시, 부탄, 인도, 몰디브, 네팔, 파키스탄, 스리랑카)이 있지만, 인도와 파키스탄 두 나라가 주도하고 있다. 인도와 파키스탄 중에는 인도가 향후 한 세대 안에 중국을 추월해서 세계 최고 인구 대국으로 등극하기 때문에 더 중요하다. 또한 인도는 연간 7~8퍼센트의 경제성장을 지속하고 있으며 이 추세대로라면 20년 후에는 세계 최고의 경제 대국 반열에 합류하게 될 것이다. 기후변화 대응에서도 앞으로 인도가 어떤 정책을 취할지 혹은 취하지 않을지에 따라 상당한 파장이 있다. 인도인 중 수억 명이 아직 충분히 전기를 공급받지 못하고 있고, 수억 명이 중산층의 삶을 누리고 있거나 간신히 중산층 수준에 도달한 상황에서 인도의 에너지정책이 전 세계에 미치는 결과도 아주 크다. 중국의 군사정책 입안자들이 미국과 계속 가까워지는 인도와 국경분쟁에도 신경 써야 하기 때문에 인도의 전략적 방향성도 매우 중요할 것이다. 미국과 인도의 지도자 및 당국자 간 정례 협의와 고위급 차원의 진정한 전략적 협의가 반드시 필요하다.

이러한 논의 과정에서 미국은 인도에게 파키스탄에 대해 좀 더 관대한 정책을 펼치라고 제안해야 하며, 파키스탄을 위해서가 아니라 인도 스스로를 위해 이러한 호의를 베풀어야 한다고 설득해야 한다. 남아시아를 주도하는 두 나라가 좀 더 정상적인 관계가 되어야 서로 전쟁을 할 가능성도 낮출 수 있고, 인도가 국내 발전과 아시아와 전 세계에서 주도적인 역할을 하는 데 신경을 더욱 쓸 수 있기 때문이다.

인구가 2억 명에 달하며 세계에서 두 번째로 인구가 많은 무슬림 국가인 파키스탄은 유감스럽게도 기회보다 문제가 많다. 많은 사람들은 파키스탄이 전 세계에서 핵무기 보유 숫자를 가장 빠르게 증가시키고 있다고 믿으며(현재 핵탄두가 100기가 넘는다), 또한 전 세계에서 가장 위험한 테러단체들의 근거지가 있다. 파키스탄은 오랫동안 탈레반에게 은신처를 제공했으며, 탈레반은 파키스탄 서부 지역에 은신하면서 아프가니스탄 정부와 국민을 상대로 전쟁을 해왔고, 미국을 비롯하여 이들을 돕는 국가들과 전쟁을 해왔다.

미국은 파키스탄을 어떻게 해야 할지를 놓고 오랫동안 골머리를 앓아왔다. 2001년 1월 콜린 파월이 국무장관에 취임하고 내가 국무부 정책기획실장에 임명되었을 때, 처음 나누었던 대화를 아직도 기억한다. 우리는 파월 장관의 작은 집무실에서 한 시간 반가량 세계 정세, 도전과 기회, 미국의 정책에 대해 논의했다. 마지막으로 파월 장관이 "뭐가 제일 걱정됩니까?"라고 물었을 때 나는 즉각 "파키스탄입니다"라고 대답하고 핵무기, 테러리스트, 취약한 문민 통제, 정부의 역량 부족, 인도에 대한 적대감을 설명했다. 설상가상으로 미국이 파키스탄 문제에 대해 뾰족한 수가 거의 없다는 사실이 더욱 좌절감을 안겨주었다.

비록 오늘날 전 세계에 분명히 다양한 문제들이 있지만, 그럼에도 나는 만약 똑같은 질문을 받으면 아쉽게도 여전히 똑같은 답을 할 수밖에 없다. 파키스탄 문제는 상당히 어려운 외교적 난제이며, 이미 나쁜 상황이 더 악화될 수 있다. 달리 표현하자면, 파키스탄 문제가 이미 상당히 안 좋지만, 핵무기나 핵물질을 통제하지 못하거나 테러리스트들이 인도를 공격하게 해서 양국 간 전쟁으로 치닫거나, 혹은 인접국 아프가니스탄에 영향력을 행사하려고 지원해왔던 탈레반이나 탈레반 방계 조직이 파키스탄을 접수하는 상황에는 비할 바가 못 된다. 그래서 파키스탄 민간 정부가 아무리 문제가 많다고 해도 이 정부를 약화시키는 제재나 여타 형식의 보복 조치는 역효과를 낳을 위험이 있다.

파키스탄에 대한 각종 지원을 파키스탄의 특정 성과와 연계시킨 다는 원칙을 세우면 정책 효과가 더욱 커질 수 있다. 미국외교협회 CFR: Council on Foreign Relations가 후원한 독립 전담 기관이 이런 의견을 제시했고,[1] 일부 미 상원의원들도 파키스탄에 특정 항공기를 판매하 도록 승인하되, 테러리즘에 맞서는 수준에 따라 금융 지원을 연계하 기로 했다. 나는 이러한 정책에 한 가지 요소를 더 추가하고자 한다. 미국은 파키스탄 내부와 주변에서 파키스탄의 동의와 무관하게 행 동할 수 있는 능력과 의지를 반드시 구비해야 한다. 오바마 정부는 오사마 빈 라덴 사살 과정에서 올바르게 행동했다. 파키스탄 당국에 작전을 사전에 통보하지 않았는데, 만약 사전에 통지했더라면 실패 했을 것이 너무나 확실했기 때문에 충분히 그럴 만했다. 파키스탄은 동맹국이 아니며 때로는 파트너국도 아니다.

이러한 차원에서 한 국가를 더 언급하고자 한다. 바로 아프가니 스탄이다. 아프가니스탄이 다시는 미국 본토나 미국의 해외 이익을 공격하는 테러리스트들의 근거지가 되는 일이 없도록 막는 깃이 미 국의 최우선 목표라는 면에서 본다면 특별히 독특하지는 않다. 똑같 은 목표를 적용받는 나라가 10여 개 남짓 있다. 이런 식으로 말하면 마치 아프가니스탄을 개조하겠다는 미국의 야심찬 노력에 찬물을

끼얹는 주장처럼 들리지만, 아프가니스탄이 알아서 하도록 내버려
두자라는 주장을 하려는 게 아니다. 차라리 무제한 장기간 경제적·
군사적 지원을 해서 아프가니스탄 정부를 지탱해주는 것이 합리적
이다. 아프가니스탄을 안심시키면서 훈련과 자문을 제공할 수 있도
록 미군이 아프가니스탄에 주둔(2016년 7월 미국이 발표한 내용과 일관된
방식으로)해야 한다. 평화 회담을 시도해볼 수는 있지만 과도한 기대
감을 갖지 않도록 관리해야 한다. 아프가니스탄은 해결해야 하는 문
제라기보다 관리해야 하는 상황에 더 가깝다.

조심스러운 중동 지역

중동은 전 세계 정책 결정자들에게 가장 큰 도전이 되고 있다. 이
지역은 가장 극심한 폭력 사태에 시달리고 있는데, 이 책의 2부에서
현 상황을 짚어보고 왜 그렇게 되었는지 분석했다. 이런 상황에서
거창한 목표를 내세운다면 현실이 아닌 환상을 좇는 거나 다름없다.
국가 운영의 목표치를 너무 소박하게 잡아 기회를 놓치는 경우도 있
지만, 중동의 현 상황은 그렇지 않다. 오히려 극도로 조심스러운 목
표조차도 너무 거창해 보일 수도 있다.

현재의 중동 지역 상황을 어떻게 풀어나가는 것이 올바르고 적
절한지 생각해보아야 한다. 외교적 공세를 펼쳐나가야 한다는 주장
도 있지만, 적절하지 않다고 본다. 유사한 상황으로, 투자자들이 돈
을 벌 수 있다는 합리적인 이유가 있다고 믿어서 투자하도록 권유받

는 상황과 이유가 어찌 되었든 간에 투자를 회피하고 현금을 축적해야 하는 상황을 떠올려볼 수 있다.

오늘날 중동은 후자에 가깝다. 현재와 근시일 내의 중동 지역은 성취가 가능한 요소보다 회피해야 할 요소를 찾는다는 관점에서 생각해야 한다. 중동 지역도 아프가니스탄 사례에서 언급한 대로 해결해야 할 문제라기보다 관리해야 할 상황에 가깝다.

이렇게 아주 신중한 접근 방안을 주장한다고 해서 이 지역을 아예 외면하거나 무시해야 한다는 주장은 아니다. 그럴 수도 없다. 우선, 미국과 외부 세력들은 이 지역에 대해 여전히 이해관계가 크다. 두 번째로, 중동의 상황에 따라 여타 지역에서 미국의 이해관계도 영향받을 것이다. 유럽에 심각하게 부담을 안겨다준 난민 위기가 대표적인 사례다. 또 다른 사례로서 중동 지역 출신이거나 혹은 중동의 상황이나 지역 주민의 참상에 자극받은 사람들이 미국이나 다른 지역에서 자행하고 있는 테러리즘도 떠올려볼 수 있다.

이 지역에서 가장 눈에 띄는 이해관계는 석유다. 중동 지역에는 전 세계 유전의 절반 이상이 모여 있으며, 세계 원유 생산의 3분의 1 이상을 도맡고 있다. 향후 몇십 년간은 이런 상황이 변하지 않을 가능성이 크다. 세계경제에서 석유의 중요성을 낮추는 획기적인 기술 진보가 있어야만 에너지 측면에서 중동 지역의 중요도가 극적으로 낮아질 것이다.

중동산 석유는 여전히 미국에 큰 영향을 끼친다. 미국의 에너지 환경이 변화된 것에 대해 많은 논의와 보고서가 있었지만, 석유와 천연가스의 생산성을 놀라울 정도로 향상시킨 기술과 관행의 혁명에도 불구하고 미국이 에너지 독립을 여전히 달성하지 못했기 때문에 많은 예상이 빗나갔다. 미국 혼자만 생각하면 중동산 석유가 불필요할 수도 있겠지만, 미국에서 채굴되는 석유와 국내 정유 시설의 규모 불일치로 인해 매일 약 400만 배럴의 석유 수입이 필요하다. 유가는 중동의 상황에 크게 좌우된다. 더욱 중요한 사실은 미국이 순수하게 혹은 전반적으로 에너지 자립을 달성한다고 해도 미국 경제가 자급자족 체제가 아니기 때문에 만약 에너지 공급 부족이나 고유가 혹은 두 가지가 다 겹쳐서 전 세계 다른 나라들이 어려움을 겪을 경우, 미국의 수출, 미국 내 해외 자본 유입, 미국 부채 차입 등 여러 측면에서 미국도 상당히 어려움을 겪게 된다는 점이다.

하지만 중동에 대한 미국의 이해관계가 에너지에만 국한된 것도 절대 아니다. 또 다른 이해관계로 이스라엘의 안보를 들 수 있다. 이스라엘이 중요한 이유가 역사적·도덕적·전략적 근거 중에 어디에 해당하는지 많은 논쟁이 있었지만, 솔직히 답한다면 셋 다 해당한다. 세 번째 이해관계로는 지역 안정이든, 대테러리즘이든, 비확산이든, 에너지 안보이든, 이스라엘과의 평화 공존이든, 인도주의적 고려이든 혹은 이 중에 여러 가지가 복합된 이유로 인한 미국에 우호적인 국가들의 안녕과 정책 방향을 들 수 있다. 이럴 경우, 때로는 이란이나 러시아의 행동에 맞서야 할 때도 있다. 동시에 이란이나 러시아 어느 한쪽과도 선택적 협력이 가능하다는 사실을 완전히 배제하면 안 되기 때문에 각 상황에 따라 다르게 계산을 해야 한다.

그렇다면 무엇을 해야 하는가? 중동 지역에는 질서를 위협하는 공통 요소가 없기 때문에 단일한 해결 방안이나 가장 우선시되는 해결책이 없다. 중동 지역이 중요하지 않기 때문에, 혹은 중동 국가들이 수용 가능하며 자신들만의 질서를 유지하는 방법을 알아서 찾을 수 있기 때문에 이 지역에서 손 털고 나오자는 생각은 고려할 필요조차 없다. 이러한 사고방식은 아주 위험한 발상인데, 과거 미국의 중동 지역 개입을 비판하던 사람들이 종종 제시했다.[2] 이러한 주장을 하는 사람들은 특히 중동 지역 상황처럼 이미 안 좋은 상황이 분명히 더 악화될 수도 있다는 사실을 간과하고 있다.

전략과는 그다지 상관없는 두 가지 어린이 문학을 떠올려보자. 하나는 〈험티덤티Humpty Dumpty〉('험티덤티 담장에 앉아 있었었네 / 험티덤티 크게 떨어졌네 / 왕의 말들과 신하들이 다시 못 붙였네'라는 가사로 한번 깨지면 회복되지 못하는 상황을 노래한 영국의 전래 동요-옮긴이)라는 동요다. 만약 왕의 모든 말과 병사들이 다시 험티덤티를 붙이지 못한다면, 미국은 모든 군사력과 국방비를 쏟아부어도 중동 지역을 통일된 완전체로 만들 수 없다. 1916년 영국의 사익스Sykes와 프랑스의 피코Picot가 창조했고(오스만 제국 몰락 이후 중동의 세력권을 분할하기 위해 영국과 프랑스가 맺은 비밀 협의-옮긴이), 이후 랜드Rand와 맥널리McNally(지도 제작사인 랜드맥널리사의 공동 창업자-옮긴이) 등 수많은 사람들에 의해 지도상

지역별 대응

에 표기되었던 제1차 세계대전 이후 중동의 모습은 이제 사라질 가능성이 높다. 중동에 국경선이 그어졌을 때 지역 주민들의 현실보다는 외부인의 희망이 더 반영되었다. 무엇보다도 사이스–피코가 고안했던 중동에는 민족적 전통, 역사, 동질성, 관용이 거의 없는 이질적인 사회로 구성된 많은 국가들이 창조되었다.

이러한 중동의 모습은 과거의 산물이다. 정체성이 지방 수준이거나 동시에 초국가 수준으로 나타난다. 국가보다는 종교, 부족, 인종, 이념에 기반하고 있다. 이러한 추세를 거스르려면 상당한 폭력과 정치 문화의 변화를 초래할 수 있는 역량이 필요하다. 오늘날의 반자유주의가 자유주의로, 무관용이 관용으로, 복수심이 용서로 교체되어야 한다.

이 모든 것이 어린이 동화에 나오는 골디락스goldilocks를 연상시킨다. 골디락스는 극단적인 중도주의자였다. 너무 뜨겁지도 식지도 않은 죽, 너무 크지도 작지도 않은 의자, 너무 딱딱하거나 푹신하지도 않은 침대만 골랐다. 그렇지만 골디락스는 (적어도 곰 세 마리 가족이 등장하기 전까지는) 비교적 쉽게 우연히 자신에게 '딱 맞는' 중간 것들만 골라 집을 수 있었다.

미국도 중동에서 비슷한 과제에 직면하고 있다. 너무 많지도 너무 적지도 말아야 한다. 너무 많이 하려고 한다면, 이 지역을 각각 명확히 구분되면서도 생존이 가능한 나라들로 재편하는 것이다. 이렇게 재편된 국가들을 다시 제대로 작동하는 민주주의 국가로 개조시켜야 한다. 반면, 너무 적게 하려고 한다면 그냥 이 지역이 자기들끼리 알아서 하도록 내버려두는 것이다.

하지만 중동 문제와 관련해서 명백하게 '딱 맞는' 옵션이란 존재하지 않는다. 이런 상황에서 외교정책 임무는 수용 가능한 비용 한도 내에서 무엇이 바람직하고 실행 가능한지를 파악해야 한다. 테러리스트들이 이 지역 내 미국의 이익을 공격할 수 있고 이 지역을 넘나들며 여행할 수 있으며, 인터넷을 이용해 테러리즘을 부추길 수도 있기 때문에 일단 테러리즘 퇴치부터 시작해야 한다. 공중폭격이나 특수부대 등을 동원하여 테러리스트들을 직접 공격하여 수세에 몰아넣고, 지역 정부나 부족, 소수민족 등 현지 세력들을 강화시켜 이들로 하여금 테러리스트들을 공격하게 하거나, 테러리스트들의 위협으로부터 덜 취약해지도록 만들거나, 아니면 이 두 가지를 동시에 하는 방안이 현명하다. 청년층은 학교, 모스크, 인터넷상에서 퍼지는 이야기에 따라 테러리스트가 될지 아니면 원래 꿈꿨던 직업을 계속 추구할지 영향을 받는다.

정부가 이 분야에 어느 정도 개입해야 한다. 테러리즘 척결을 위해 무기, 정보 및 훈련 제공, 경제적 원조, 소셜 미디어 활용을 통한 계도, 전통적인 공공 외교 활동 등 다양한 수단이 활용 가능하며 실제로 활용해야 한다. 테러단체에 대한 자금과 지원자의 유입을 늦추고 의심스러운 단체와 개인을 추적하기 위해 긴밀한 정책 공조가 필요하다. 이란이나 이란의 대리자들로부터 받는 압박에 더욱 잘 버틸 수 있도록 중동 지역 내 정부들을 지원해야 한다. 마찬가지로 다양한 외교적 수단이 동원되어야 한다. 테러리즘 근절이 물론 바람직하지만 현실적이지는 않다. 이제 테러리즘은 그동안 상당히 축적된 사회적·종교적·정치적 요소의 산물이자 소위 뉴노멀new normal로 보아야 한다. 테러리즘으로 성취할 수 있는 기대 수준과 성공 가능성을 낮춰서 테러리즘이 우리 일상생활의 근간에 크게 영향을 주지 않도록 관리하는 것이 현실적이다. 그러기 위해서는 예방, 보호, 원상회복 등의 요소가 조화를 이룬 지속적이면서도 포괄적인 접근법이 필요하다.

대중동정책의 두 번째 목표는 이 지역 내 추가 핵확산 방지에 초점을 두어야 한다. 이란 핵 합의에서 이란의 핵 능력을 완전히 제거하지 못하고 한시적으로 제한함에 따라 앞으로 핵확산 가능성이 있다. 이란 주변국들은 이란이 속임수를 쓰거나 아니면 원심분리기와 우라늄 농축 제한 시한(각각 2025년과 2030년)이 만료된 후에 핵 개발을 재개할 가능성에 대비하려고 할 수도 있다. 이런 의구심은 이란에 대한 냉정한 평가뿐 아니라 시리아에서 레드라인 논쟁과 이란 핵 합의에서 드러난 미국의 태도로 인해 미국의 안보 공약과 신뢰가 약화되면서 불거졌다.

중동 지역 내 핵확산을 막기 위해서는 적어도 이란의 미사일과 항공기를 방어해주어야 한다. 만약 이란이 주변국에게 핵무기를 사용하거나 사용하겠다고 위협할 경우 미국이 핵무기를 비롯한 군사

조치를 취하겠다는 안보 공약도 필요하다. 또한 2025년과 2030년으로 시한을 설정한 2015년 핵 합의에 대해서도 시한을 연장하는 새로운 제재를 할 수도 있다고 위협하는 외교적 차원의 노력이 필요하다. 이란의 핵 합의 준수를 비롯한 핵정책 전반에 관한 러시아, 중국, 유럽, 그리고 중동 국가들과의 협의에도 우선순위를 두어야 한다.

물론 핵문제가 아주 중요하지만 대이란정책이 일차원적인 수준에만 그쳐서는 안 된다. 실제로 이란 핵 합의는 이란의 다른 위협 문제는 전혀 다루지 않았고, 오히려 그동안 제한되었던 각종 조치가 해제됨에 따라 더욱 악화되었다. 이란이 전 세계적인 강대국은 아니지만 어떤 잣대로 보든 간에 지역 강국임에는 확실하다. 중동에서 이스라엘만이 대적할 수 있고, 그보다는 못하지만 사우디아라비아와 터키 정도가 맞설 수 있는 수준이다. 정부 조직이 분리되어 있어서 협상하기도 버겁고, 이념 성향도 강하며, 다양한 대리 세력이 있는 한편, 군사력도 상당하고, 이 지역 내 시아파 세력과의 연계도 탄탄하기 때문에 이란은 상당히 복잡하면서도 다루기 어렵다.

이란이 40여 년간 정권을 안정적으로 유지해왔다는 사실도 주목해야 한다. 이란을 개조하겠다는 시도는 비현실적이다. 시간이 지나면서 이란이 점점 온건해지기를 기대하는 것이 가능힐지 몰라도 이런 변화만 기대할 수는 없다. 중국과 러시아를 다루는 방식과 유사하게 이란을 다루는 것이 가장 현명하다. 과거에 아프가니스탄과도 일부 협력이 가능했던 사례처럼 선택적으로 협력하고 핵 분야에서 위험 방지 외교 활동을 하며 필요할 경우 제재를 동원하여 봉쇄하는 한편, 이란 주변국에는 안보를 제공하고, 이란이 중동 지역 내 미국의 핵심 이익을 위협하는 경우에 군사조치 등 다양한 정책 수단을 활용해야 한다.

대중동정책의 세 번째 차원은 이스라엘 지지다. 대이스라엘 지원은 군사, 경제, 정보 지원을 유지하거나 선택적으로 증가시키는 수준 이상이어야 한다. 이란 문제에서부터 중동 지역의 핵무장 방지, 요르단이나 사우디아라비아의 위기까지 논의할 수 있는 긴밀한 협의 관계를 재구축하고 유지해야 한다. 미국은 이미 이스라엘과 전략적인 대화 채널을 유지하고 있지만, 다른 유사한 대화 채널처럼 관료화되었다. 나는 앞에서 국명에 '민주주의'가 들어간 나라치고 민주주의인 나라가 거의 없다고 말한 적이 있다. 전략이라는 명칭이 붙은 대화도 마찬가지다. 오히려 진정한 전략적 협력은 일반적으로 공식적인 대화 밖에서 이루어진다.

가령, 1991년 1월에 조지 H. W. 부시 대통령은 이스라엘의 이츠하크 샤미르 총리에게 이라크 미사일이 텔아비브를 공격하더라도 보복하지 말라고 설득했다. 미국의 이익뿐 아니라 이스라엘의 이익을 보호하기 위해 미국이 제대로 행동할 테니 미국을 믿으라는 것이 설득의 요지였다. 이러한 요청은 매우 특별했으며, 이스라엘이 기꺼이 대응을 자제했다는 사실 또한 이에 못지않은 특단의 조치였다.[3] 이란의 핵프로그램부터 요르단과 사우디아라비아의 정부 붕괴 등

290

혼돈의 세계

다양하고 어려운 우발적 사태와 씨름해야 할지도 모른다는 점을 감안할 때, 미국과 이스라엘은 과거 수준의 신뢰 관계를 회복하는 데 집중해야 한다.

대중동정책의 네 번째 차원은 군사력 사용이다. 나는 군사개입 자체를 무조건 배제해야 한다고 보지 않는다. 외부 침공으로부터 우방국 보호, 테러리스트에 대한 공격, 핵확산 예방, 대량살상무기의 사용이나 통제권 상실에 맞선 선제 대응, 인도주의적 대재앙 방지 내지 완화, 석유 수송 선박의 자유로운 항행 보장, 또는 석유 채굴 지역 보호 등 다양한 이유 때문에 여러 가지 방식으로 개입하는 것이 타당하다. 하지만 신중하게 군사력을 동원할 경우(나는 이를 '선택적인 전쟁wars of choice'이라고 지칭한 바가 있다), 두 가지 전제 조건이 합치되어야 한다. 첫째, 군사적 조치를 취했을 때 예상되는 이익이 인적·경제적·외교적·군사적 예상 비용보다 커야 한다. 둘째, 예상되는 편익–비용 분석 결과가 충분하게 시간적 여유를 두고 취할 수 있는 여타 정책의 결과와 비교했을 때에도 여전히 더 우월해야 한다. 이렇게 계산을 했더라면 2003년 이라크 전쟁이나 리비아 사태 개입은 반대하고, 걸프전과 시리아 정부의 화학무기 사용에 대한 응징 차원의 타격은 찬성한다는 결론이 나왔을 것이다.

그러나 중동에서 어떤 정책을 시행하든 간에 포함시켜서는 안 되는 요소도 또한 중요하다. 원론적으로야 아주 바람직하겠지만, 중동 사회의 개조를 과도하게 강조해서는 안 된다. 어떤 목적이 바람직하다는 것 자체만으로 외교정책을 결정짓기에는 충분치 않다. 바람직한 것과 필수적인 것 사이에는 아주 뚜렷한 차이가 있다. 더욱이 군사적 조치이든 다른 조치이든 일단 제안되면 앞에서 말한 시험을 통과해야 한다. 예상되는 결과와 이익이 예상 비용보다 커야 하며 다른 정책을 택했을 때 합리적으로 기대되는 결과와 비교해서도 손색이 없어야 한다. 중동 사회를 개조하겠다는 생각은 이러한 기준을 전혀 충족하지 못한다.[4]

다시 한 번 강조하지만, 미국이 중동에서 발생하고 있는 상황을 무시해야 한다는 의미가 아니다. 특정한 형식의 인도주의적 개입이 정당한 상황도 있을 수 있다. 요르단이나 레바논 같은 국가들은 난민 부담과 테러리스트들의 위협에 대처하기 위해 도움을 받을 자격이 있다. 이보다 덜 심각한 상황에서는 공적이든 사적이든 특정한 행동을 권하고 다른 행동을 저지하는 외교적 개입이 필요할 수도 있다. 인도주의적 이유보다 사회적·정치적으로 안정을 추구해야 할 필요가 있다는 차원에서 오늘날 이집트의 상황이 그렇다. 많은 국가들에서 미국은 '민주주의'(견제와 균형이 없고 강력한 헌법이 부재한 상황에서는 독재로만 이어지기 때문에 선거는 말할 것도 없다)보다 차라리 부정부패 축소, 소녀와 여성들에게 더 많은 기회 제공, 시민사회의 활동 공간 보장, 법치 강화, 단순 암기로부터 비판적 사고를 중시하는 교육 개혁 도입, 정부와 에너지 부문의 역할을 축소시키는 경제 개혁 촉진 등의 개혁을 촉진해야 한다. 이집트가 이렇게 변한다면 정부와 시민들의 거리감이 줄어들고 국가도 극단주의자들의 유혹으로부터 덜 취약해질 것이다. 시간이 지날수록 이러한 개혁 조치가 개방적인 사회와 정치제도로 이행하는 길을 열어줄 것이고, 민주주의로부터 이탈하지 못하도록 하는 그물망도 칠 것이다.

또한 중동 지역 내 국경선의 현상유지를 미국의 핵심 이익으로 설정하는 것도 타당하지 않다. 오히려 가까운 시일 내에 중동 국가들이 자칭 국가라는 수많은 자치 지역으로 구성될 가능성이 높다고 전망하는 것이 합리적이다. 시리아, 이라크, 리비아의 경우에는 명목상으로는 중앙정부가 있지만 실제 통치하는 지역으로 볼 때는 그렇지 못하다. 국가라기보다는 자치주가 새로운 규범이 될 것이다.

그렇다고 해서 이와 같은 새로운 추세를 어떠한 공식 제도로 규정짓고자 해서도 안 된다. 제1차 세계대전 종식 후 오스만 제국을 분열시켰던 파리평화회의를 반복할 필요는 없다. 이렇게 분열되는 선례를 따르려는 국가가 없거나 있더라도 아주 적을 것이고, 설령 그렇게 할 의사가 있다고 하더라도 새로운 국경선을 어떻게 그을지에 관한 합의를 도출할 가능성이 거의 없기 때문에 파리평화회의와 유사한 시도를 한다면 반드시 실패할 것이다. 가까운 미래에 중동의 실상은 법적 현실이 아닌 실질적인 현실에 따르고 있을 것이다.

나라가 없는 두 민족을 별도로 다루어야 한다. 우선 쿠르드족이 있다. 이들은 파리평화협정에서 배제되었다. 의자 주변을 돌면서 음악에 맞춰 춤을 추다가 음악이 멈추었을 때 이들은 주권이라는 의자를 차지하지 못했다. 한 세기가 지난 오늘날 2,500만에서 3,500만 명에 이르는 쿠르드족이 있으며, 대부분 터키·이란·이라크·시리아에 거주하고 있다. 미국은 중동 지역이 불안해지고 나토 동맹국인 터키의 반발을 살 우려가 있어 쿠르드족 국가 건설을 지지하지 않았다. 그러나 오늘날 이 지역은 이미 불안정해졌고, 시리아와 이라크에 거주하는 쿠르드족은 ISIS에 맞서 싸우는 최고의 전사로 손꼽히고 있으며, 터키도 현 지도부 체제에서는 명목상의 동맹국에 불과하다. 또한 미국은 쿠르드족 국가 건설을 이라크와 시리아에만 한정해 지지할 수도 있다. 터키에서 미국의 입장은 터키 정부와 건전한 수준의 자치를 보장받은 쿠르드족 간의 평화적인 대화를 지지하는 데 한정하면 된다. 만약 쿠르드족이 자신들의 목표를 평화적으로 추구하면 말이다.

팔레스타인인도 나라가 없다. 이스라엘과 팔레스타인 간의 포괄적인 평화협정을 강력하게 강조할 생각은 없다. 물론 이런 말을 오해하지 않기를 바란다. 공식적인 평화협정이 있다면 이스라엘과 팔레스타인에게 더할 나위 없이 좋을 것이다. 팔레스타인인을 위한 국가를 수립하고 이스라엘과 평화롭게 공존할 수 있는 협정이 체결될 수만 있다면 이스라엘이나 팔레스타인 모두에게 좋기 때문에 이런 협정 체결이 필요하다는 주장도 있다. 그렇게 된다면 팔레스타인인이 마침내 조국이라고 부를 수 있는 국가를 갖게 될 것이다. 이러한 협정을 체결한다면 이스라엘도 안전하고 번영하며 민주적인 유대인 국가로서 계속 존재할 것이다.

그러나 흔히 있는 일이지만 체결 가능한 협정을 도출할 복안이 없다. 오히려 유사한 협정 결과가 어떻게 되었는지는 너무나 고통스러울 정도로 익숙하다. 이스라엘이 1967년의 6일전쟁으로 점령한 지역과 동일한 면적의 팔레스타인 국가가 예정되어 있었지만 이스라엘의 일부로 남기로 한 대규모 정착촌을 고려해야 했다. 예루살렘을 공유하되 분할은 불가능했다. 팔레스타인 측의 무장은 제한된 반면, 이스라엘의 안보를 위해서 이스라엘군은 팔레스타인 영토에 주둔할 수 있도록 특별한 제도가 마련되었다. 제한된 소수의 팔레스타인인만 이스라로 '귀환'하도록 허락받고 나머지는 대신 보상을 받았다. 해결해야 할 난제가 산적하지만 가장 큰 질문은 양쪽 지도자들이 협상 테이블에 앉아 필요한 타협을 할 수 있는지 여부다.

나는 이러한 역량과 의향을 합쳐서 '때가 무르익었는지', 즉 분쟁이 해결될 준비가 되었는지 여부를 판단하는 핵심 요소라고 규정짓고자 한다. 이러한 전제 조건이 완비된다면 이해관계자들이 시간과 노력을 들여서 합의를 도출하는 것이 타당하다. 이러한 전제 조건이 갖춰지지 않았다면, 굳이 합의하려는 실익이 없다. 오히려 다른 이슈에 집중하거나, 혹은 거창하지는 않지만 약간의 진전을 위해 노력하는 등 전제 조건을 충족시키기 위해 시간을 보내는 편이 차라리 낫다. 셰익스피어의 리어왕에서 에드가가 말한 것처럼 "때가 무르익는 것이 중요하다Ripeness is all".[5]

적어도 현재나 가까운 시일 내에는 이스라엘-팔레스타인 문제에서 이러한 전제 조건이 해소될 가능성이 낮다. 이스라엘 연립정부는 의미 있는 타협을 할 준비가 되어 있지 않으며, 다른 연립정부가 들어서야만 타협이 가능한데, 그러기 위해서는 총리나 혹은 다른 유력 정치인이 새로운 연립정부를 구성할 준비가 되고 실행할 능력이 있어야 한다. 만약 그렇게 된다면 이스라엘이 어떤 협상이든 간에 의미 있는 파트너가 되었다고 볼 수 있다. 현재로서는 그럴 가망이 없다.

팔레스타인 측도 다른 이유이긴 하지만 마찬가지로 문제다. 팔레스타인 정치체제가 서안 지구와 가자 지구로 분열되어 있어서 상황이 복잡하다. 이 문제는 지리적이라기보다는 정치적이다. 서안 지구를 통제하고 있는 팔레스타인인들은 정치적 힘이 없고, 가자 지구를 지배하고 있는 극단세력인 하마스는 이스라엘의 존재를 승인하거나 이스라엘과 협상하는 데 관심이 없다.

진전이 없기 때문에 이스라엘과 팔레스타인은 많은 대가를 치르고 있다. 수십 년을 거치면서 많은 사람들은 이스라엘-팔레스타인 갈등이 해소된다면 좀 더 넓은 중동 지역에 평화가 찾아올 것이라고 믿었다. 이런 믿음이 사실일 수도 있고 아닐 수도 있다. 하지만 오늘날 팔레스타인 국가가 수립된다고 해서 시리아, 이라크, 예멘, 리비아 상황이나 아랍과 페르시아의 대립, ISIS와 여타 세력의 충돌 등 중동 지역 내 수많은 불안정과 갈등 요인이 별다른 영향을 받지 않기 때문에 이러한 기대는 더 이상 적절하지 않다. 오히려 이스라엘과 팔레스타인 간 합의를 도출한다고 해도 이스라엘과 타협했다는 이유로 중동 여러 곳에서 준동하는 극단주의 세력들의 공격을 받게 될 것이다.

다시 말하지만, 중동 상황을 방치하거나 중동이 표류하든지 말든지 손을 떼자는 주장이 아니다. 외교적 공백 상태가 되면 팔레스타인이 대안으로 유엔에 더 의존하게 될 것이며, 그로 인해 이스라엘과 더 소원하게 된다면 중동의 평화 전망에 도움이 되지 않을 것이다. 이스라엘-팔레스타인 문제는 상황 악화를 방지하고 여건이 무르익을 수 있도록 외교적 노력을 활발하게 전개해야 하며, 만약 외교적 노력으로 합의 여건이 조성된다면 그 또한 더욱 좋을 것이다. 최소한 사우디아라비아, 요르단, 서안 지구 팔레스타인 지도부, 이스라엘을 포함시켜서 예루살렘 성소에서 폭발성이 큰 사건이 발생할 가능성을 최소화하는 방안에 대해 집중 논의해야 한다.

조금 더 야심 찬 계획을 제시하자면, 서안 지구에 경제원조를 제공하는 대신 기존 정착촌만 인정하는 합의를 이스라엘과 체결함으로써 정치적 여건이 호전되었을 때 영토 교환도 포함된 평화협정을 체결할 수 있는 분위기를 조성해야 한다. 하마스의 도전에 버틸 수 있으면서 국가 지위를 획득했을 때 팔레스타인이 주권적 의무를 이행할 수 있도록 팔레스타인 정부의 역량을 강화시켜야 한다는 주장도 계속 나온다. 이러한 상황이 되어야 이스라엘은 앞으로도 계속 존속할 수 있으리라고 기대할 수 있다.

라틴아메리카와 아프리카

라틴아메리카와 아프리카는 앞에서 언급한 세 지역과는 상당히 다르다. 이 두 지역에서는 지정학적 요소가 두드러지지 않는다. 좋은 거버넌스와 경제성장과 같은 국내 정책을 권장하는 데 집중해야 한다. 물론 일부 국가에서는 정부가 테러리스트, 마약 카르텔, 범죄 조직에 맞서 더 잘 싸울 수 있도록 역량 강화를 지원해야 한다는 도전 과제도 있다. 지역주의 촉진이 두 가지 측면에서 도움이 될 것이다. 지역주의는 경제 측면에서는 무역협정을, 그리고 안보 측면에서는 취약하거나 실패한 국가들이 인도주의적이고 안보적 도전에 대응하도록 도움을 줄 수 있다. 특히 후자의 경우 만장일치가 필요하지 않은 지역 혹은 소지역기구를 통해(적절한 무기, 훈련, 정보 제공을 통해) 최고의 성과를 달성할 수 있다.

유럽

앞에서 언급한 대로 유럽은 가장 예측이 가능하고 안정적인 지역이었다가 극적으로 단기간에 전혀 다른 방향으로 변화했다. 그럼에도 유럽이 앞으로 어떤 방향으로 나아갈 것인지와 관련하여 미국의 영향력은 제한되어 있다. 유럽에게 필요한 조치는 유럽인만이 할 수 있다. 국방비 지출이 물론 필요하지만, 국방비가 같은 분야에 중첩되지 않고 효율적으로 지출되도록 개별 국가들의 국방비 지출 관련 공조가 더욱 중요하다. 그러려면 국방비 지출이 좀 더 세부적으로 전문화되어야 한다.

러시아와 국경을 맞대고 있는 나토 회원국들의 역량도 시급하게 강화시켜야 한다. 그리고 이미 언급한대로 나토가 기존 의무의 이행 능력을 갖추고 가입 희망국들이 요구 조건을 충족할 수 있을 때까지는 나토 확대를 보류해야 한다. 이러한 현실을 감안할 때, 나토는 가까운 장래에는 '역외' 도전보다 '역내' 문제에 초점을 두어야 한다는 주장이 있다.

유럽은 테러리즘 대응 방식도 개선해야 한다. 치안과 정보 공유에서 더욱 긴밀한 협력과 통합이 필요하다. 마찬가지로 각국의 테러리즘 관련 치안 기관들이 더욱 긴밀하게 공조해야 한다. 또한 유럽은 대체로 미국과 비교해서 상대적으로 이민자들을 주류 사회에 편입시키는 데 서툴렀다. 무엇보다도 지역 및 종교 지도자들을 학교 교육과 연계하고, 청년 취업에 우선순위를 두는 노력이 필요하다. 아주 소수일지라도 소외된 개인들이 상당히 큰 사회적 교란과 피해를 초래할 수 있기 때문이다.

EU는 확실히 개혁해야 한다. 사람들이 자유로운 유럽 입국과 유럽 내 이동에 관한 일부 제한, 특정 개혁 및 통제 조치 수용을 조건으로 국가와 은행에 일종의 단체 보험료 부과, 유로존 가입 혹은 잔류 희망국 대상 재정 분야 규율 유지 등의 검토가 가능하다. 경제적 현실보다는 통합 확대를 희망하는 정치나 이념이 득세했지만, 일부 남유럽 국가들의 재정 위기에서 드러났듯이 이러한 입장은 경제적 측면뿐 아니라 정치적으로도 EU에 피해를 초래할 수 있다. 정치적 이상과 경제적 현실 간의 괴리를 다루기 위해 미래에는 EU 회원국 자격이 차등 부여될 수도 있으며, 이미 시행 중인 유로존 가입국 중 핵심 국가들의 조건과도 유사하다. EU가 타격을 입지 않고 온전하려면 이런 유연성이 필요할 수도 있다. 저성장 경제 기조가 지속되는 상황에서는 EU가 할 수 있는 한계가 있다. 노동시장의 유연성 강화, 선별적인 세금 및 복지 감소, 인프라 투자 확대 등의 경제성장 촉진책은 검토해볼 만하며 틀림없이 채택할 가치도 있다. 정치적으로 허용된다면, 유럽에 도움을 주고 미국과 유럽의 협력을 강화하는 수단으로 미국이 범대서양 무역협정을 제안할 수도 있다.

좀 더 포괄적으로 미국과 유럽은 대중국, 대러시아 관계뿐 아니라 다양한 지역적·세계적 이슈를 긴밀하게 협의하고 조율해야 한다. 이러한 협의나 협력은 어디서 해야 최선의 결과를 낼 수 있는지에 따라 나토, 브뤼셀, 혹은 주요국 수도에서 진행될 수도 있다. 역사적으로도 미국은 유럽과 긴밀한 동반자 관계를 유지했을 때 큰 이익을 누렸다. 유럽 정부가 의미 있는 파트너가 될 역량이 있을지, 그리고 미국-유럽 관계에 집중할 수 있을지 여부가 관건이다.

12

혼돈의 나라

A Country in Disarray

미국은 지역 및 글로벌 차원의 질서를 창조하고 유지해야 하는 부담에서 큰 부분을 짊어져야 한다. 미국이 큰 부담을 져야 하는 여러 가지 불가피한 이유가 있지만, 앞으로 수십 년간 미국이 세계 최강대국의 지위를 유지할 것이기 때문에 특히 그렇다. 다른 국가나 국가군들은 세계질서를 수립할 능력도 생각도 없다. 그렇다고 해서 세계질서가 저절로 등장하리라고 기대할 수도 없다. 지정학 시장에서 소위 '보이지 않는 손'은 존재하지 않는다.

한 시대의 초강대국이 가장 큰 부담(긍정적으로 보자면 기회)을 안게 된다. 이러한 질서 수립은 단순히 초강대국의 개별적 이해관계만 걸려 있는 게 아니다. 미국이 혼돈스러운 세계와 거리를 두고 초연할 수도 없고 더 나아가 영향을 안 받을 수도 없다. 세계화는 이제 선택이 아니라 현실이 되었다. 지역 차원에서 미국은 자신에게 반대하는 도전에 직면하고 있다. 즉, 일부 행위자들은 질서를 형성할 생각과 수단이 있다. 문제는 이러한 사람들의 질서관이 일부이든 전체이든 간에 미국의 이익과 양립 불가능하다는 사실이다. 중동에서 이란이나 ISIS, 아시아에서 중국, 유럽에서 러시아를 예로 들 수 있다.

미국에게는 쉽지 않은 시기가 될 것이다. 도전의 숫자와 범위만 봐도 정신이 아찔해진다. 경쟁해야 할 행위자나 세력이 너무나도 많다. 통상적으로 특정 국가나 특정 국가군에 대항하고자 형성된 동맹 체제는 적이 항상 적이 아니고 우방이 항상 우방이 아닌 세계에서는 그다지 유용한 수단이 못 된다. 외교의 역할이 아주 중요해지고, 기민한 대응이 한층 더 몸값이 오를 것이다. 문제 해결을 위한 협상보다 다른 정부나 지도자들의 행동에 영향을 주려는 협의가 더 중요하게 된다.

미국이 막강한 초강대국임에도 불구하고 질서를 강제로 부과할 수 없다는 현실도 인식해야 한다. 이는 글로벌한 문제의 특성을 고려할 때 어떤 국가도 혼자서 이러한 문제를 해결할 수 없다는 소위 구조적 현실을 일부나마 보여주고 있다. 미국은 탄소 배출량을 과감하게 축소할 수 있지만, 만약 인도와 중국이 그 뒤를 따르지 않으면 기후변화에 미치는 효과는 미미할 것이다. 이와 유사하게 미국은 혼자서 세계 무역 제도를 유지할 수도, 테러리즘이나 질병에 맞서 성공적으로 싸울 수도 없다. 미국이 모든 병력과 돈을 투입하더라도 중동과, 유럽, 동아시아, 남아시아의 질서를 유지할 수 없다. 오늘날 너무나 많은 행위자들에게 너무나 많은 능력이 있다. 일방주의를 진지한 외교정책 옵션으로 검토할 수 있는 경우가 거의 없다. 파트너가 필수불가결하다.

그렇기 때문에 주권적 의무가 미국 외교정책에서 바람직한 지침이 될 수 있다. 나는 주권적 의무가 세계화 시대의 현실을 잘 보여주고 있다고 주장한다. 또한 주권적 의무는 40년간의 냉전 기간 중 미국 외교정책을 주도한 원칙인 봉쇄정책을 자연스럽게 승계할 수 있다. 물론 근본적인 차이가 있다. 봉쇄정책은 참여가 아니라 저지에 초점을 두고 있으며, 경쟁국들이 항상 적대 세력이고 대부분의 문제가 전통적인 지정학 경쟁이었던 시절에 고안되었다.[1] 이와 대조적으로 주권적 의무는 경쟁국들이 때로는 파트너가 되기도 하고 공동의 도전을 해결하기 위해 공동의 노력이 필요한 세계를 위해 고안되었다.

현재까지 우리는 미국이 질서를 증진하기 위해 세계 속에서 무엇을 해야 할지에 관해 초점을 맞췄다. 사람들은 국제관계 및 미국 외교정책 관련 서적에 이런 내용만 있을 것이라고 기대한다. 그러나 외교정책에만 초점을 두어서는 충분치 않다. 국가안보는 동전의 양면과 같아서 미국의 국내 정책이나 일반적으로 국내 문제라고 간주되는 이슈가 어느 모로 보나 외교정책으로서 국가안보 문제가 될 수도 있다. '대포냐 버터(군비 혹은 민생)냐'가 아니라 '대포와 버터(군비와 민생)'의 사안으로 이해하는 게 가장 좋다.

국내 문제에 관한 주장은 아주 직설적이다. 세계를 이끌고 경쟁하며 효과적으로 활동하기 위해 미국은 먼저 집안을 다스려야 한다. 나는 어떤 조치가 필요한지에 관해 '대외 정책은 국내에서 시작한다 Foreign Policy Begins at Home'는 제목의 책에서 자세히 설명했다.[2] 이러한 논지는 가끔씩 마치 외교정책을 외면하라는 주장처럼 제시되었다. 실제는 전혀 그렇지 않다. 외교정책은 국내에서 시작하지만, 국내에서 끝나면 국가가 위기에 빠질 수 있다.[3]

앞에서 나는 미국이 일방적 조치로 해결할 수 있는 사안이 거의 없으며 설령 있다고 하더라도 혼자보다 남들과 함께하면 더 잘할 수 있다고 주장했다. 이에 대응하여 미국이 없으면 전 세계는 제대로 돌아가는 질서의 모습을 제시할 수 없다는 주장도 있다. 미국만으로는 충분하지 않지만, 미국은 필수적이다. 마찬가지로 미국이 굳건한 국내적 기반이 없다면 세계를 이끌 수도 효과적으로 행동할 수도 없다는 점 또한 사실이다. 국가안보는 필연적으로 상당한 분량의 인적·물리적·재정적 요소에 의존한다. 미국의 경제 상황이 좋을수록 국내적으로 무엇을 우선순위로 놓아야 할지에 관해 분열되고 서로 반목하는 논쟁 없이 해외에 투입할 수 있는 가용 자원이 많아질 것이다. 또한 미국이 경제적으로 성공을 거둘 때 미국 자체와 미국의 정치, 사회, 경제에 대한 존경심이 높아지고 미국 제도를 따라 하고 싶은 욕망도 커질 것이다.

미국 모델의 성공 여부와 경제성장

미국 모델이 성공적인지 여부를 따지는 가장 기본적인 시험은 경제성장이다. 미국의 경제성장은 다른 많은 국가들에 비하면 무난해 보이기도 하지만, 필요한 수준 이하이며 실제 달성 가능한 수준을 밑돌고 있다. 미국 경제가 3퍼센트 수준으로 성장하지 못할 이유가 없다. 특히 현재 미국의 활동이나 더 나아가 특별한 조치도 없는 점을 고려하다면 연 경제성장률이 3퍼센트보다 높지 않을 이유가 없다.[4]

이런 낙관주의는 근거가 충분하다. 미국은 많은 국내적 강점과 장점이 있다. 미국은 인구 구성이 균형 잡혀 있어서 다른 많은 국가들과 달리 유년층 과다 혹은 고령층 과다에 따른 문제를 겪고 있지 않다. 미국에는 세계 최고의 대학들이 모여 있다. 자본과 주식시장도 효율적이고, 발명을 장려하고 보호하며, 질서정연하게 파산 절차를 진행할 수 있는 법률 체계도 갖추고 있다. 에너지와 천연자원도 풍부하며, 기후도 온화하고 토지도 풍족하여 대규모 식량 생산이 가능하다. 정치적으로도 안정되었고 북쪽과 남쪽의 이웃 국가들과도 아주 관계가 좋다.

미국의 현재 경제성장률을 끌어올리려면 무엇이 필요할까? 이 질문에 대한 보편적인 답은 없지만, 나는 우선 유치원에서부터 고등학교까지, 그리고 고등교육과 평생교육을 통틀어 모든 단계에서 더 우수한 교육제도가 일단 포함되어야 한다고 본다. 여기에 덧붙여 일자리도 늘리고, 미국의 경쟁력도 강화시키며, 자연재해 혹은 테러리즘으로부터 사회가 더 빨리 회복할 수 있는 탄탄한 인프라 구축 프로그램을 추가하고자 한다. 고급 학력과 필요한 기술을 보유한 사람들이 미국에 와서 살 수 있는 기회를 더 많이 주는 이민 개혁도 큰 도움이 될 것이다. 필요한 이민 서류 없이 현재 미국에 거주하는 1,200만 명에게 법적 지위나 시민권을 부여하는 조건부 절차가 이민 개혁에 포함된다면 그 또한 도움이 될 것이다. 현재 세계에서 가장 높은 수준인 법인세율을 낮추는 조세개혁도 바람직하다. 주택 대출이자와 자선 기부 대한 감세, 고용주의 건강보험료 분담에 대한 과세 공제 등을 통한 소위 조세 지출 감소와 개인 담세율의 감소 같은 조세개혁도 바람직하다.

이러한 모든 논의는 결국 부채 문제로 귀착된다. 이 문제가 특히 어려운 이유는 내가 보기에 아주 더디게 슬로모션으로 진행되는 위기이기 때문이다. 기후변화는 또 다른 사례다. 슬로모션으로 진행되는 위기는 잠재적으로 엄청나고 심지어 상당히 파괴적인 결과를 낳으며 상당한 시간이 흐른 후에야 아주 점진적으로(어떤 경우에는 아주 갑자기) 효과가 나타나는 일종의 현상이나 과정이다. 그렇기 때문에 이런 위기는 전염병 발생이나 금융 붕괴와 상당히 다르다.[5]

부채 문제와 관련하여 좋은 소식과 나쁜 소식이 있다. 좋은 소식은 우리가 대체로 상황이 어떻게 전개되고 있는지 알고 있다는 점이다. 그리고 아직은 조치를 취할 시간이 있다. 우리의 항로 앞에 빙산이 보이며, 배를 돌릴 충분한 시간이 있다. 나쁜 소식은 슬로모션으로 위기가 진행됨에 따라 우선순위를 두어야 한다는 절박감이 별로 없으며 오히려 현 상태에 안주해야 한다는 생각을 하게 된다는 점이다. 부채 문제를 잠시 제쳐 두고 오늘의 위기에 집중하며, 중요한 문제보다 시급한 문제에 우선권을 부여하려는 유혹이 든다. 이런 식으로 하면 위기가 구체화되지 못하도록 막을 기회를 놓칠 뿐만 아니라 아직은 아주 심각하지 않은 해결책을 포기해버린다는 문제가 있다. 병으로 놓고 본다면 상대적으로 치료가 간단한 단계에서 환자의 증세를 무시하고 있다가 생명을 위협하는 수준이 되어서야 치료를 하려고 하는 것과 비슷하다.

문제는 아주 간단하다. 미 의회 예산국이 발간한 2016년 장기 재정 전망 보고서와 2016년 1월에 발간한 2016년부터 2026년까지 10년간 재정 및 경제 전망 보고서에 따르면 미국의 공공 부채는 급속도로 14조 달러까지 늘어나고 있다.[6] 이 수준은 미국 GDP의 75퍼센트에 달하며 10년이 지나면 GDP의 80~90퍼센트에 육박할 것이다. 조세 수입 및 지출 전망에 따라 다소 차이가 있지만, 부채 수준이 GDP를 초과하거나 훨씬 능가하는 상황은 이제 과연 그렇게 될 것인지 어부기 이니리 시긴문제가 되었다. 빠르면 2030년에 이렇게 될 수도 있다. 부채를 상환하는 비율이 점차 증가하여 GDP와 연방 예산 지출에서 상당 부분을 차지하게 될 것이다.

몇몇 사람들은 이런 방식의 미국 부채 분석이 과도하게 부정적이라고 주장하기도 한다.[7] 이들은 조세수입이 더 증가할 것이고, 저금리 기조가 지속될 것이며, 의료 분야에서 예상했던 것보다 더 많은 비용 절감이 있을 것이라고 전망하는 성향이 있다. 물론 미래가 이렇게 될 가능성도 있지만, 예상했던 것보다 경제성장이 낮고, 이자율은 높으며, 고령화 사회로 인해 의료 비용이 더 클 뿐 아니라 기후변화 효과에 적응하기 위해 상상 이상의 비용이 소요되는 등 훨씬 더 나쁜 미래를 맞이할 가능성도 충분히 있다.

부채 문제의 원인은 다소 논란이 있지만 대체로 분명하다. 연방 정부의 부채 비율은 5년 전보다 훨씬 낮지만, 특히 복지 제도에 따른 세출 증가와 저성장으로 인한 부채가 증가하고 있다. 일각에서는 세수가 부족해서가 아니라 세금 때문에 그렇다고 지적하고 있다. 하지만 미국의 법인세율은 세계 기준으로 봤을 때 높으며 개인 담세율도 눈에 띄게 낮은 수준이 아니다.

모든 조건이 같다면 부채 문제는 저절로 해결되기는커녕 갈수록 악화될 것이다. 두 가지 이유가 있다. 첫째, 정부 예산 지출 항목의 중요한 부분인 메디케어Medicare(65세 이상 노인을 위한 건강보험 – 옮긴이), 메디케이드Medicaid(저소득층을 위한 건강보험 – 옮긴이), 사회보장 등 복지 제도 분야는 지출이 증가하고 있으며, 앞으로도 많은 미국인들이 은퇴하고 수명이 연장됨에 따라 더 중요한 요소가 될 것이다. 둘째, 역사적으로 최저치를 기록하고 있는 이자율이 향후 수십 년간 더 낮아지기보다는 높아질 가능성이 훨씬 크다. 부채 규모나 부채로 인한 재정적 부담에 대한 구체적인 전망은 경제성장, 재정지출, 과세, 물가 상승, 이자율 등에 따라 상당히 달라질 수 있지만, 추세가 우리 편이 아니라는 점은 분명하다. 시간도 마찬가지다.

갈수록 젊어지는 부채가 커진다는 사실은 전략적 함의를 놓고 볼 때 상당히 우려스럽다. 부채 상환을 위한 자금 충당을 위해 더 많은 예산이 필요하고 정부 예산에서 차지하는 비중도 커질 것이다. 그렇게 되면 국방, 정보, 국토 안보, 해외 원조 등 국가안보를 위해 가용한 자원이 그만큼 더 줄어들게 된다. 교육부터 인프라 현대화, 과학기술 연구, 법 집행 등 여러 재량적인 국내 지출 분야에 투입되는 자금도 줄어들 것이다. 이렇게 됨에 따라 가장 빠르게 증가하는 재정지출의 두 분야인 복지와 부채 상환은 대체로 손을 대지 못한 채 대포와 버터(국방비와 민생)를 둘러싼 파괴적이고 날선 논쟁만 격화될 징조가 보이고 있다.

증가하는 부채는 미국에 대한 전 세계의 의구심 또한 증대시킬 것이다. 미국이 부채 문제를 해결하지 못하면 미국의 정치적·경제적 모델에 대한 매력이 손상될 것이다. 다른 국가들이 미국을 따라 하려 하지 않을 것이며, 미국이 힘을 합쳐서 어려운 결정을 내릴 수 있을지에 의문을 표시하면서 미국에 의존하는 것을 더욱 경계하게 될 것이다. 그 결과로 전 세계가 덜 민주적이고 안보 분야에서 미국의 이해관계를 덜 배려하게 될 가능성이 있다. 이미 어느 정도는 벌써 이렇게 진행되고 있다. 미국이 부채 문제를 해결하지 못하면 우려스러운 상황이 더욱 가속화될 것이다.

부채가 증가할수록 미국은 필요 이상 시장의 변동이나 외국 정부의 권모술수에 더욱 취약해진다. 이미 미국 공공 부채의 절반 이상은 외국인들이 소유하고 있으며, 그중 중국이 가장 큰 양대 채권 보유국 중 하나다. 물론 중국은 자신이 보유한 상당한 규모의 달러 자산 가치가 떨어지지 않도록 하고, 미국이 중국 수출품을 계속 구매할 수 있도록 하기 위해 행동에 제약이 있을 수도 있다. 이러한 사고방식에 따르면 중국의 미국 채권 보유는 일종의 금융 차원에서 핵 억제일 수도 있다.

물론 이런 주장이 사실일 수도 있겠지만, 적어도 나는 중국이 불만 표시 차원에서라도 미국 채권의 구매를 늦추거나 멈추는 일이 없을 것이라고 마냥 낙관적으로 보지 않으며, 심지어 대만 문제나 동중국해와 남중국해 영유권 주장을 둘러싼 위기 상황에서 채권을 투매하지는 않을 것이라고 낙관하지도 않는다. 이런 상황에서는 중국 지도자들이 자신들의 사활이 걸린 국가이익을 보호하기 위해 금융상의 비용을 치르는 것이 가치가 있다고 판단을 내릴 지도 모른다. 흥미롭게도 1956년 수에즈운하 위기 당시 운하를 회복하기 위해 군사적 모험주의에 나섰던 영국 정부를 제지했던 가장 효과적인 설득수단은 다름 아닌 파운드화 가치가 폭락할 수도 있다고 우려하게 만든 미국의 파운드화 투매 위협이었다.

부채가 많아지면 또한 국내나 해외에서 유용하게 투자될 수 있는 자금도 흡수되어버린다. 그렇게 되면 이미 낮은 수준의 경제성장이 한층 더 둔화될 것이다. 설상가상으로 부채 비율이 높고 부채 상환 부담이 커질수록 미국 정부가 달러의 가치를 유지하려 할지, 혹은 더 나아가 달러 가치 유지를 위한 의무를 충족할 수 있을지의 우려도 커진다. 그렇게 되면 외국인들이 자신들이 제공한 대출에 대해 더 많은 수익률을 요구하게 되고, 부채 상환 부담이 커지며, 여타 재정지출에 대한 구축 효과가 한층 더 커져서 경제가 침체된다. 선순환이 아닌 악순환이 발생한다.

또한 부채가 커질수록 미국의 유연성과 회복력도 약화된다. 어느 정도의 부채 수준이 적절한지, 정확히 어느 수준이 지속 가능한지에 대해 추상적으로 설명하기가 불가능하다. 하지만 미국은 높은 부채 수준을 뉴노멀로 받아들이고 싶지 않을 것이다. 대규모 재정부양책이 필요한 금융 위기가 또 닥치거나 상당한 대응이 필요한 중대한 국가안보 위기가 발생했을 때 대응할 수 있는 유연성이 없어지기 때문이다. 마치 질병이나 사고에 대비하여 미리 조금씩 보험료를 지출하는 것처럼 부채 위기를 초래하지 않으면서도 일시적인 재정지출이 가능할 정도로 부채 수준을 유지하는 것이 현명하다.

한 가지 예언을 추가해보자. 부채가 많아질수록 세계 기축통화로서 달러의 위상이 몰락하는 속도도 빨라질 것이다. 미국의 재정 관리 능력에 대한 신뢰가 상실되고, 부채 상환을 위한 자금 조달을 위해 미국이 취해야 하는 조치가 미국의 국내 경제와 간접적으로 세계경제를 관리하기 위해 필요한 조치와 상충된다는 우려로 인해 이와 같은 상황이 발생할 것이다. EU가 문제가 없었고 중국이 위안화를 자유화했다면 이러한 움직임이 이미 발생할 수도 있었을 것이다. 그럼에도 미 달러화를 대체할 화폐는 당분간 없어 보이지만, 미국이 다른 나라의 약점이나 오류에만 영원히 의존할 수는 없고, 달러화 이후 시대의 세계는 더 많은 비용이 들 뿐만 아니라(미국도 다른 화폐로 환전해야 하기 때문에) 달러와 관련된 제재를 부과할 수가 없어 외교적 레버리지가 없어진다.[8]

무엇을 해야 하는가? 부채에서 복지 혜택 비용이 차지하는 비중이 크다는 점을 고려한다면 현재와 장래 은퇴 연령을 높여서 사회보장제도가 경제 상황과 인구 구조를 더 잘 반영할 수 있도록 해야 한다. 사회보장제도를 수입 및 자산 조사를 거치게 하고, 이와 같은 복지 제도가 반드시 필요하지 않은 부유한 사람들에 대한 지출을 줄이며, 적절하게 생계비 수준을 조절하면서 급격히 증가하는 장애 프로그램도 개혁하는 것이 바람직하다.

메디케어와 메디케이드는 복지 혜택 프로그램에 더 많은 부담을 준다. 의료비의 진료별 수가 제도에서 탈피하여 실제 진료의 질을 반영하고, 환자의 부분 부담금을 증가시키며, 의료 과실 소송비용을 제한하면서 의료 혜택과 관련한 소득 조사 도입을 조속히 시행하는 것이 바람직하다.

의회도 잘못된 '해결책'을 피해야 한다. 자동예산삭감Sequester(재정 적자 누적을 막기 위해 고정 지출이 아닌 재량 지출 분야를 강제로 중단시키고 교육·복지·국방 예산을 삭감하는 비상조치—옮긴이)이 그중 하나다. 이러한 조치는 복지를 무시하고, 투자보다는 소비를, 미래보다는 현재에만 초점을 두고 있기 때문에 당장 폐지되어야 한다. 국가 부채 상한선을 올리지 않겠다는 위협도 마찬가지다. 모든 의원들이 다 알고 있거나 다 알아야 하듯이, 국가 부채 상한선을 올리지 않는다고 해서 이미 발생한 부채를 제한할 수 있는 것도 아니며, 오히려 미국을 신뢰할 수 있는지 그리고 미국이 부채 문제에 대해 진지한지 시장과 전 세계의 의구심만 자아낼 뿐이다. 아이러니하게도 국가 부채 상한선을 조정하지 못할 경우 이자율 증가라는 반작용을 초래하여 경제 성장을 악화시키고 부채 부담만 가중시킨다.

의회는 또한 국방비 지출도 조심해야 한다. 현재와 장래 국방비 지출 규모는 GDP의 3퍼센트 수준으로 과거 70년간 비교했을 때 평균치를 밑돌고 있다. 게다가 전 세계가 갈수록 위험하고 불안정해지는 상황이다. 만약 전 세계가 엉망진창이 된다면 마땅히 했어야 할 일을 하지 않아 이런 혼란을 야기한 책임이 부분적으로 있는 미국이 담장을 두른 채 이러한 결과를 차단할 수도 없다. 과거에도 그랬듯이 고립주의는 어리석은 행동이라는 사실이 다시 입증될 것이다. 다른 어떤 나라도 질서 회복을 위해 큰 기여를 할 능력이나 의지가 없으며, 세계도 스스로 질서를 창출할 수 없다. 오직 미국만이 이런 역할을 할 수 있다.

이를 위해서는 다양한 역량을 갖추고, 상당히 유연하면서도, 단시일 내에 병력 증강이 가능한 군대가 필요하다. 위험한 테러단체에서부터 강력한 국가에 이르는 적들에 맞서 다양한 장소에서(아마도 동시에) 상이한 형태와 규모, 지속 시간을 가진 우발적 사태나 무력충돌을 다룰 수 있어야 한다. 특히 의회가 국가안보보다 정치적 이유로 군 기지와 무기 공장을 선별적으로 유지해야 한다는 입장을 고수하기 때문에 더 많은 국방비 지출이 필요하다. 좋은 소식은 미국이 올바른 선택을 하고 재정을 현명하게 지출할 의향이 있다면 국방 분야 지출을 늘리면서도 부채 문제를 해결해나갈 수 있다는 점이다. 해외 활동으로 인해 경제성장이 둔화되었다는 단순한 주장은 사실이 아니다.

앞서 몇 페이지에 걸쳐 경제성장률을 끌어올리기 위해 필요한 조건들을 제시했다. 그런데 여기서 언급하기 위해 한 가지 일부러 빠트린 항목이 있다. 바로 자유무역이다. 무역협정은 상대적으로 고임금을 지불하는 수출 관련 일자리를 창출하고, 소비자들의 선택권을 확대시켜주며, 물가상승을 억제하고, 전 세계의 경제개발을 증진하며, 동맹국과 우방국을 지원해줄 수 있고, 장차 적이 될 수 있는 세력을 억제하는 상호의존 관계를 창출하는 등 여러 가지 긍정적인 측면이 있다. 그리고 이미 언급한 바와 같이 무역협정은 설령 미미할지라도 경제성장에 도움이 된다. 일단 발효가 되면 환태평양경제동반자협정은 매년 미국 경제성장률을 0.5퍼센트 증가시킨다는 데 의

견이 일치하고 있다.[9]

　무역협정과 무역으로 특정 직업이 사라질 수도 있다. 미국이 무역의 전략적·경제적 이익을 누리지 못하도록 막기보다는 일자리를 잃은 사람을 도와주는 것이 더 현명하다. 몇 가지 조치가 가능하고 이러한 조치를 취해야 한다. 가령, 불공정하게 수출산업에 보조금을 제공하거나 해외 수출품 가격을 '덤핑'하는 외국 정부에 대해 WTO에서 좀 더 공세적인 입장을 취하고, 임금 보험을 확대시키며, 핵심적인 이익이 장기간 지속되도록 하고, 교육과 재훈련 기회, 자금 지원을 확대시켜야 한다.

　기술 혁신이야말로 일자리 감소의 더 큰 주범이다.[10] 인공지능, 로봇, 3D 프린팅 같은 기술혁신으로 인해 생산성은 증가되지만, 일부 일자리 창출에도 불구하고 기존 직업들이 사라지면서 미래에는 일자리 감소 추세가 더욱 심해질 것이다. 다시 말하지만, 미국인들이 이렇게 불가피한 격변기를 버틸 수 있도록 다양한 형태의 지원과 교육 및 재훈련이 반드시 필요하다.[11]

미국 국내 문제 해결을 위한 열쇠, 교육과 정치 개혁

　미국의 국내 문제 해결을 위해 반드시 초점을 맞춰야 하는 분야로서 교육이 반복적으로 거론되고 있다. 교육은 경제성장을 위해서도, 그리고 무역과 기술 혁신으로 피해를 입은 노동자를 지원하고 불평등을 해소하기 위해서도 아주 중요하다. 불평등에 대해 많은 논의가 있었고 많은 글들이 쓰였다. 하지만 여전히 불평등은 심해지고 있다. 진정한 문제는 소수의 부유층이 아니라 많은 빈곤 계층이며, 이들의 생활수준이 개선될 전망이 안 보인다는 데 있다.

부를 재분배하기 위한 대규모 정부 보조금과 신규 세금 도입이 정책으로 처방되어서는 안 된다. 이런 정책은 반드시 실패할 것이며, 부를 이전한다고 해서 수혜자들의 생산성이 더 높아지지도 않고 오히려 낮아질 것이다. 차라리 계층 간 상향 이동이 가능하도록 하는 데 정책의 초점을 두어야 한다. 양질의 교육이 가능할 경우에만 계층 간 상향 이동이 가능해질 것이며, 이러한 교육은 청소년층뿐만 아니라 모든 연령대의 시민들에게 제공되어야 한다. 이에 대한 대응으로 미국이 계층 구분이 확실한 국가가 되어버린다면 경제성장률은 더 낮아질 것이고, 사회적 갈등은 심화되며, 그로 인해 미국 정치에서 포퓰리즘이 더욱 만연하고 현 시대가 안정을 누리기 위해 필요한 외교정책은 많은 지지를 받지 못하게 될 것이다.

교육은 다른 측면에서도 더 주목할 가치가 있다. 이 책은 미국인과 미국에게 전 세계가 중요하다는 사실을 강조했으며, 미국이 어떤 조치를 취할지 혹은 취하지 않을지가 반대로 전 세계에도 중요하다는 점을 지적했다. 이러한 현실을 이해하고 제시된 정책을 제대로 평가하기 위해서는 세계 문제에 대한 이해 수준이 높고, 전 세계 문제에 개입하는 것이 잠재적으로 이익이 될 뿐만 아니라, 이와 더불어 과도하게 개입하거나 혹은 너무나 개입하지 않아(정확히 말하자면 잘못된 개입을 너무 많이 하고 올바른 개입을 별로 하지 않아) 생긴 위험뿐만 아니라 세계화로 인한 잠재적 위험도 있다는 사실을 올바르게 이해하는 시민들이 필요하다. 글로벌 시민 교육이 고등학교와 대학 교육 과정에 당연히 포함되어야 하며, 왜 전 세계가 중요하고, 미국이 직면하고 있는 선택의 문제가 미국의 미래를 위한 좋은 투자가 될 것이라는 점을 설명해주어야 한다.

이러한 맥락에서 마지막으로 한 가지 덧붙이고자 한다. 경제 분야뿐 아니라 여타 분야에서 국내적으로 취해야 하는 필요한 조치들이 어떻게 될 것인지는 명백하게 경제가 아닌 정치에 좌우된다. 최근 수십 년간 전개된 사건들로 인해 정치가 더욱 어려워졌다. 극단주의가 중도 온건 세력을 잠식하면서 득세하고 있다. 많은 분야에서 타협은 일종의 더러운 단어가 되었다.

이러한 변화를 어떻게 설명할 수 있는가? 일정 부분 정당이 약해져서 그렇다고 설명이 가능하다. 정치인들이 가장 정치적으로 열정적인 사람들과 때로는 가장 이념적인 사람들에게 직접적으로 지지를 호소할 수 있게 되었다. 갈수록 개별 정치인들이 유권자, 자금, 언론 매체에 직접 접근할 수 있게 됨에 따라 자신들이 소속된 정당과 같은 역할을 하게 되었다. 정책별 연계는 오래가지 않는다. 한 정치 평론가는 "워싱턴은 리더십 위기가 아니라 팔로워십 위기를 맞고 있다"고 신랄하게 비판했다.[12]

협소한 정당원의 표결에 의해 좌우되는 예비선거(경선) 결과도 또 다른 요소다. 케이블 및 위성 채널, 라디오 방송국, 인터넷 사이트 등의 확산으로 인해 폭넓은 시청자들에게 호소하는 방송국을 대체하여 특정 집단에게만 방송하고 호소하는 시대가 되었다. 조직화된 특수 이해 집단들은 자신들만을 위한 이해관계를 강력하게 주장하면서 어떠한 타협도 하지 못하게 하고 자신들에게 줄을 서도록 요구하면서 이를 거부하는 후보자들이나 재임 중인 정치인들을 강하게 압박하고 있다.[13]

의회 선거구 획정 권한을 주 의회로부터 빼앗고, 예비선거를 당원뿐 아니라 모든 유권자들이 참여할 수 있도록 하며, 예비선거뿐 아니라 각 주가 선거인단을 선별하는 과정(미 대선은 직접선거라기보다 간접선거에 가까우며 유권자들은 각 주별로 특정 후보를 지지하는 선거인단 electoral college을 선출한다 - 옮긴이)에서도 승자 독식 시스템을 개편해야 한다. 정치자금 지출 제한도 상당히 긍정적인 효과가 있겠지만 현재의 정치적·법적 상황에서는 가능성이 매우 낮다.[14]

입법 행위에 영향을 주는 절차의 개혁도 필요하다. 상원에서는 상원의원들의 합법적 의사 진행 방해 행위인 필리버스터가 어렵도록 바꾸고 표결에서 압도적 다수(상원 전체 100명 중 60명의 찬성표 - 옮긴이)가 필요한 경우를 축소시켜야 한다. 하원에서는 표결에 회부하기 위해 다수당의 다수표를 요구하는 소위 해스터트 규칙(데니스 해스터트 전 하원의장의 이름을 딴 것으로 공화당 의원 과반수의 지지가 없으면 법안을 상정하지 않는다는 공화당의 비공식적 원칙 - 옮긴이) 폐기가 바람직하다. 양 정당이 갈수록 당파화되고 이념화됨에 따라 과반수를 얻기가 어려워지고 있다. 더욱이 이러한 요구 조건은 비록 특정 당내에서는 과반수 지지를 못 받지만 하원에서 초당적으로 과반수 지지를 받는 특정 법안을 통과시키는 데 걸림돌이 되고 있다. 타협을 거친 법안은 이런 범주에 거의 확실하게 속한다.

정치 분야의 기능 장애가 지속되고 더 악화될 것으로 전망됨에 따라 그 결과가 상당히 우려스럽다. 최근 몇 년간 많은 사례를 경험했다. 어렵지만 중요한 사안은 다루어지지 않았고, 제정된 법률 숫자도 줄었으며, 정부 폐쇄와 채무 불이행 위협이 있었고, 개인적인 조치도 연기되었으며, 국제협정도 비준받지 못했다. 그 결과로 인해 미국은 자신의 이익을 제대로 추구하지도 못하게 되었으며, 국내와 해외에서 일관되게 행동할 수 있을지도 더욱 불확실해졌다.

모든 개혁이 다 바람직한 것은 아니다. 영국이 아주 중요한 정책인 유럽과의 관계를 국민투표로 판단하기로 한 결정은 시사하는 바가 크다. 미국의 정치제도를 고안한 건국의 아버지들이 대의 민주주의 정부를 수립하고 헌법 개정을 어렵게 만든 것은 다 이유가 있었다. 직접민주주의는 지속적인 이익이나 관련 사실에 대한 숙고 없이 한때의 열정이나 잘못된 대표자들에게 너무 쉽게 좌우된다. 그리고 어떤 이유이든 간에 국민투표를 피할 수가 없다면, 국민투표는 권고적 효력만 있거나 절대 다수결로 정해져야 하거나 혹은 이 두 가지 요소를 다 갖추어야 한다.

진정한 개혁을 추진하기 위해서는 리더십이 지속적으로 발휘되어야 하며, 대통령부터 솔선수범해야 한다. 개혁은 대통령이 양당 정치인과 상원 및 하원과 긴밀히 협조하는 내부자 게임과 대통령이 다양한 유권자 및 이익집단을 만나는 외부자 게임 모두 필요하다. 또한 오벌 오피스Oval Office(미국 백악관 대통령 집무실 – 옮긴이) 주인이 미국인들에게 자주 그리고 솔직하게 우리가 세계화된 세계에 살고 있으며 미국이 경쟁력을 갖추고 안전하게 되기 위해 어떤 조치가 가능하고 필요한지에 대해 이야기해서 눈높이를 맞춰야 한다. 유사한 모델이 있다면 1930년대 말부터 1940년대 초까지 프랭클린 루스벨트 대통령이 했던 '노변담화fireside chat'가 있다. 루스벨트 대통령은 노변담화를 통해 악화되는 국제정세를 설명했고, 서방 민주주의 국가들의 편에 서서 제2차 세계대전에 참전할 준비를 갖춰야 한다고 미국인들에게 알렸으며, 미국인들이 전쟁을 감내하고 그 결과에 대해서도 각오할 수 있도록 도움을 주었다.

이러한 지속적인 노력이 없다면, 아니 지속적인 노력이 있다고 하더라도 최근 미국 정치의 특징이 되어버린 정치 분야의 기능 장애는 앞으로 더 악화될 가능성이 크다. 그 대가는 상당히 클 것이다. 미국이 그동안 전 세계에서 해왔던 정책을 갑자기 그만 둘 수도 있다. 일관성과 신뢰성은 강대국에게 요구되는 중요한 덕목이다. 자신들의 안보를 미국에 의존하는 우방국이나 동맹국은 자신들의 대미 의존이 확고하다는 사실을 믿어야 한다. 만약 미국이 의심받기 시작하면 전 세계는 지금과 확연히 달라질 것이고 더욱 질서가 약해질 것이다. 두 가지 반응이 예상 가능하다. 개별 국가들이 미국의 이익에 거슬러 스스로 자신들의 이익을 먼저 챙기는 '자립self-help' 현상이 두드러질 수 있으며, 아니면 지역 내 강대국들의 영향에 좌우되어 세력균형이 악화되는 상황이 발생할 수도 있다. 이럴 경우 지역 차원에서의 불안정이 아주 심해지며, 글로벌한 차원의 협력이 더욱 약해지고, 강대국 간 경쟁이 한층 고조된다.

'선례 구속의 원칙stare decisis'이란 판사나 법원이 과거 사례를 번복할 만한 중대한 이유가 있지 않는 한 전례를 강조하고 전례에 따르도록 하는 법적 관념을 뜻한다. 이러한 원칙은 개별 법원들이 '알아서 판단하도록' 하여 판결을 복잡하게 만들어서 어려움이 발생하는 일이 없도록 하고자 만들어졌다. 좀 더 일반적으로 말하자면, 이러한 원칙은 법이 수시로 바뀐다면 법 제도의 진실성, 평판, 정통성이 약해질 수도 있다는 이해에서 나온 산물이기도 하다.

외교정책에서도 선례 구속의 원칙이 상당히 타당하다. 이런 말을 한다고 해서 모든 변화를 거부한다는 의미는 아니다. 모든 정책은 정기적으로 검토해야 하며 필요할 경우 개선해야 한다. 이 점은 이 책에서 여러 번 밝힌 바 있다. 하지만 잦은 대규모 정책 변화는 우방 국들을 불안하게 하고 적들을 대담하게 만들 수도 있다. 국내의 혼돈은 그리하여 세계의 혼돈과도 불가분하게 연계되어 있다. 국내외적으로 혼돈이 동시에 발생하면 극단적으로 상황이 안 좋아질 것이다.

위기는 개혁을 위한 필수적인 산모라고 주장하는 학파들도 있다. 이러한 학파들은 위기가 없으면 정책 결정권자들이 다른 결정을 내릴 의향도 능력도 없을 것이라고 주장한다. 하지만 이러한 사고방식은 위기가 발생한다고 해서 필요한 만큼의 변화가 저절로 추동력을 얻지 않았다는 역사적 사실을 간과한다는 문제가 있다.

위기는 그 자체로 비용이 엄청나다는 문제도 있다. 2개국 혹은 그 이상의 강대국들 충돌이나, 국가나 테러리스트의 핵무기 사용, 심각한 기후변화, 글로벌 수준의 전염병, 세계 무역 체제의 붕괴 등이 만약 발생한다면 그 대가를 과장하기조차도 어려울 것이다.

위기가 올 때까지 기다리지 않고 국제질서 형성을 위한 노력을 시작하는 게 더욱 바람직하다. 지금 그래야만 하는 이유와 할 수 있는 잠재성이 그 어느 때보다 더욱 설득력이 있다.

감사의 말

모든 책은 정도의 차이는 있을지라도 공동의 노작勞作이며《혼돈의
세계》도 예외가 아니다. 이 책이 나오기까지 도움을 준 많은 사람들
에게 감사를 표하고 싶고, 감사의 뜻을 밝혀야 한다.

서론에서 밝힌 대로 이 책은 당시 케임브리지대학교의 펨브로크
칼리지 학장이었던 리처드 디어러브와의 통화와 그 이후 2015년 봄
케임브리지대학교에서 내가 진행했던 강의에서 시작되었다. 나는
그 당시 케임브리지대학교의 아름다운 교정을 만끽하고 대학의 많
은 저녁 예배에 참석할 기회도 가졌을 뿐만 아니라, 강의를 준비하
고 강의 평가를 받는 과정에서 결국 이 책을 쓰기에 이르렀다. 옥스
퍼드대학교 출신 동문이 케임브리지대학교를 공개적으로 칭찬한다
는 게 쉽지는 않지만 나는 그렇게 하고 싶다.

펭귄 출판사의 스콧 모이어스 편집인에게도 특별히 큰 목소리로

감사하다고 말하고 싶다. 스콧과 내가 함께 협업한 경우는 이번이 처음이며, 적어도 나에게 좋은 소식은 이번이 마지막이 아니라는 점이다. 스콧은 정말로 훌륭한 파트너였으며, 이메일이든 대화를 통해서든 초안에 대해 많은 의견을 주었다. 모든 과정에서 협조를 아끼지 않았고 아주 현명했다.

펭귄 출판사의 다른 사람들도 많은 도움을 베풀어줬다. 나는 특히 크리스토퍼 리처즈 부편집인, 브루스 기퍼즈 출간 편집인, 롤랜드 오트웰 카피 에디터, 도 미 스타우버 색인 담당자에게 감사드리며, 표지 디자인과 관련해서 올리버 먼데이에게, 그리고 내지 디자인과 관련해서는 그레첸 아킬레스에게 감사의 말씀을 드리고자 한다.

또한 나의 대리인인 앤드루 와일리에게도 감사드린다. 앤드루는 나를 믿고 이 프로젝트 초기 단계부터 함께해왔다.

근면하면서도 타고난 능력자인 미국외교협회 연구원인 폴리 콜건에게도 큰 감사를 드리고자 한다. 폴리는 많은 참고 배경 자료를 제공해주었으며, 주석을 다듬어주었고, 원고를 수차례 읽었으며, 사실 관계와 인용문을 확인하면서 많은 의견을 제시해주었다.

많은 친구들이 시간을 들여 초안을 읽고 보인 반응과 제시한 의견이 큰 도움이 되었다. '친구'는 특히 중요한 말인데, 진정한 친구라면 자신의 시간과 노력을 들여서 초안을 읽고 의견을 제시해주기 때문이다. 로저 올트먼, 로저 허톡, 잭 캐러벨, 리처드 플레플러가 그렇게 해줬으며 나는 이들에게 빚을 졌다.

또한 나의 몇몇 동료들, 즉 짐 린지, 메건 오설리번, 기디언 로즈는 상당히 도움이 되는 검토 의견을 꼼꼼하게 제시해주었다. 이들의 반응과 제안으로 인해 최종 산물이 훨씬 더 나아졌다(물론 그렇다고 내 글이 좋다고 말하는 의미로 혼동해서는 안 된다).

그리고 마지막이지만 앞에서 언급한 사람들만큼 중요한 사람으로서 나의 아내이자 노련하고 타고난 편집자인 수전 머캔데티에게도 원고를 꼼꼼히 검토해줘서 고맙다는 말을 전하고 싶다. 나는 남편들이 너무 과도할 정도로 건설적인 비판을 받는 경향이 있다고 지적하는 것을 들었지만, 이 책과 관련해서는 정말로 건설적인 비판이 환영받았고 가치가 컸다.

이 책이 더 주목을 받을 수 있도록 몇몇 사람들이 상당히 애를 썼다. 나는 미국외교협회에서 이리나 파스키아노스, 멀리사 기넌, 서맨사 타르타스, 이바 조릭을 특별히 지목해서 노고를 치하하고자 한다. 펭귄 출판사의 경우, 세라 헛슨과 브룩 파슨스가 홍보 활동을 주도했으며, 맷 보이드, 그레이스 피셔, 케이틀린 오쇼너시가 영업 활동에 앞장섰다. 예고도 없이 쓰러져버리는 소문만 무성하고 뿌리가 부실한 나무를 만드는 작업은 재미가 없다. 모든 사람들의 노력에 감사를 드리고자 한다.

이 책을 특별히 헌정하고 싶은 다섯 명을 거론하고자 한다. 두 명은 오벌린대학교에서 나를 가르쳤던 지도 교수다. 로버트 터프츠는 내가 처음으로 수강한 외교정책 관련 강좌를 해주었던 교수이며, 톰 프랭크는 학문적 분야에서 내가 종교에 대해 눈을 뜨게 해주었고 이스라엘에 데리고 갔으며 평생 중동 지역에 대한 관심을 불러일으켜 주었다. 다른 세 명은 옥스퍼드에 있을 때 지도 교수다. 앨버트 후라니는 중동의 역사에 대한 나의 관심을 심화시키고 지식을 확대시켜주었으며, 앨러스테어 뷰캔과 마이클 하워드는 전략 연구의 심오한 세계로 이끌어주었으며, 나의 사고방식을 좀 더 정확하게 만들어주고 그 과정에서 문체 형성에도 도움을 주었다. 이 사람들 중 다섯 명 전부는 아니더라도 한 명만이라도 아는 사람은 내가 얼마나 운이 좋았는지 금방 눈치 챌 수 있을 것이다.

나는 이 책의 대부분을 미국외교협회 사무실의 회장 집무실에 있는 책상에서 작성했는데, 이 책상은 앉지 않고 서서 일하는 책상으로 처음 접했다. 내가 제14대 회장으로 역임하고 있는 미국외교협회는 외교협회 회원뿐 아니라 정부 관리, 민간 기업 임원, 언론인, 교육자 및 학생, 시민 단체 및 종교계 지도자, 그리고 그 밖의 일반인들에게 세계뿐 아니라 미국과 다른 국가들이 접하고 있는 외교 정책 문제를 더 잘 이해할 수 있도록 도움이 되는 헌신적 역할을 맡고 있다. 내가 이 협회에서 이렇게 오래 근무할 수 있으리라고 예상하지는 못했는데, 여기에서의 근무는 아주 대단한 경험이었다.

나는 이 책의 대부분을 이른 아침과 주말에 썼다. 나의 가까운 보좌진인 캐슬린 맥널리, 제프 레인케, 너태샤 개비, 폴리 콜건, 멜리사 기넌은 이 시간대를 최대한 확보할 수 있도록 최선을 다했고, 내가 남는 시간을 최대한 활용할 수 있도록 도와주었다. 하지만 특히 이 책의 흠결이나 단점과 관련하여 최종적 결과는 전적으로 나의 책임이라는 점을 강조하고자 한다. 또한 나는 아주 뛰어난 연구 기관이면서도 정책 문제와 관련해 어떠한 입장도 취하지 않고 근본적으로 특정 당파에 속하지 않으며 중립을 지키는 미국외교협회의 공식 입장을 대변하지 않는다는 점을 분명히 밝히고자 한다.

감사의 말

옮긴이의 말

저자 리처드 하스 미국외교협회 회장은 이 책에서 국제정치의 다양한 주제와 국내외 시공간을 섭렵하면서 현재 세계가 직면한 문제를 진단하고 해결책을 제시한다. 저자는 17세기 이후 근대 국가 체제부터 오늘날 탈냉전기까지 통시적diachronic 분석을 통해 현대 국제질서의 발전을 조망하고, 동시에 아시아·중동·유럽·아프리카·미주 지역을 넘나드는 공시적synchronic 분석을 통해 경제·안보·환경·보건·사이버공간 등 새롭게 제기되는 주제도 다루고 있다. 아울러 미국 국내 문제와 외교정책의 연계성이라는 차원에서 미국의 '안과 밖'을 입체적이고 다층적인 통찰력으로 분석한다.

  이 책은 저자가 회장으로 있는 미국외교협회에서 2개월에 한 번씩 발간하는 국제정치 분야의 권위 있는 잡지《포린 어페어스*Foreign Affairs*》지의 2017년 1-2월 호에 게재된 저자의 기고문 〈세계질서 2.0:

주권적 의무에 관해World Order 2.0: The Case for Sovereign Obligation〉를 좀 더 발전시킨 내용이라고 할 수 있다.

　무당파 성향의 미국외교협회 회장을 맡고 있는 저자의 분석이나 논조는 미국 국제관계나 외교 분야 주류의 사고를 반영하고 있다. 저자가 제시하고 있는 국내 해결책은 2013년에 저술한 저자의《대외정책은 국내에서 시작한다》와 맥락이 닿아 있다. 인프라와 교육의 강조는 브레진스키가《전략적 비전Strategic Vision》에서 제시한 주장과도 연결되고, 심지어 직설적이고 거칠기는 하지만 트럼프 대통령의《불구가 된 미국Crippled America》과도 다소 유사한 측면이 있다.

　저자는 동아시아를 미국과 중국이라는 양대 강대국의 관계에서 조망하면서 한반도 문제도 그 관점에서 바라보고 있다. 이는 존 미어셰이머의《강대국 국제정치의 비극The Tragedy of Great Power Politics》, 헨리 키신저의《중국에 관하여On China》, 브레진스키의《전략적 비전》, 그레이엄 앨리슨의《피할 수 없는 전쟁Destined for War》 등에서 볼 수 있듯이 한반도 문제가 미국과 중국이라는 강대국 간의 문제라는 미국 국제정치학계 주류에 깔려 있는 지정학적 시각을 보여주고 있다.

　그럼에도 이 책은 우리에게 많은 것을 생각하게 해준다. 대한민국은 북핵과 미사일이라는 북한 문제, 중국과 일본이라는 주변 강대국과의 지역적 문제, 기후변화·테러리즘·세계화 등 글로벌 문제라는 삼중 도전에 직면하고 있다. 북한 문제가 남북한의 문제이면서 미국과 중국이라는 강대국 간의 대립이라는 현실을 고려한다면, 오늘날 대한민국이 처한 삼중 도전은 강대국 관계, 지역적 맥락, 새로운 글로벌 차원의 도전이라는 하스의 분석과 정확히 맞아떨어진다.

북한 문제의 궁극적 해결은 한반도의 통일이라는 말이 있듯이 어떻게 보면 우리는 국민국가nation state의 완성을 아직도 달성하지 못하고 있다. 물론 분단이 장기화됨에 따라 북한과의 이질성이 심화될수록 우리의 국가 정체성이 대한민국으로 굳어질 수도 있겠지만, 통일을 추구하는 현 시점에서 우리는 국민국가 완성(통일)이라는 밀린 숙제와 더불어, 주변국과의 관계라는 현 시대의 외교 과제와 글로벌 이슈라는 새로운 숙제를 떠맡게 되었다. 밀린 숙제 해결과 오늘날의 과제 관리, 다가오는 문제에 대한 예습이라는 복합적인 고민을 떠안고 해결책을 모색하는 과정에서 세계질서를 주도하는 미국 국제정치 주류 인사의 분석과 해결책을 들여다보는 것도 좋은 참고가 될 수 있을 것이다.

이 책을 번역하면서 국가와 정부country, state, government를 문맥에 따라 혼용했고, legitimacy를 상황에 맞춰 정통성과 정당성으로 번역했으며, power를 권력, 강대국, 힘, 세력 등 다양한 용어로 맥락에 따라 옮겼음을 밝히고자 한다. 그 밖의 다른 주요 용어는 국제정치학계와 외교부에서 쓰는 표현을 따랐다.

이 책의 원서 제목인 'disarray'는 정렬되었다는 뜻인 array의 반대말로서 무질서, 혼란, 난잡 등 다양한 단어로 해석이 가능하다. 하지만 저자인 하스 회장이 2016년 6월 방한 당시, 우리말 통역으로부터 disarray를 한국어로 '혼돈'이라고 한다고 들었음을 언급했기에 이 단어로 선정했음을 밝힌다. 마지막으로 이 책을 번역할 수 있게 해 준 매경출판 관계자들에게 감사드린다.

주

서론

1. Richard N. Haass, War of Necessity, *War of Choice: A Memoir of Two Iraq Wars* (New York: Simon & Schuster, 2009).

2. George H. W. Bush, "Address Before a Joint Session of Congress on the Persian Gulf Crisis and the Federal Budget Deficit," Washington DC, September 11, 1990, George Bush Presidential Library and Museum, https://bush4library.tamu.edu/archives/public–papers/2217.

3. 가령 Steven Pinker, *The Better Angels of Our Nature: Why Violence Has Declined* (New York: Penguin, 2011); G. John Ikenberry, "The Myth of Post–Cold War Chaos," *Foreign Affairs* 75, no. 3 (May/June 1996), www.foreignaffairs.com/articles/1996–05–01/myth–post–cold–war–chaos; James Dobbins, "Reports of Global Disorder Have Been Greatly Exaggerated," *Foreign Policy*, July 22, 2015, http://foreignpolicy.com/2015/07/22/report s–of–our–global–disorder–have–been–greatly–exaggerated–russia–china–us–lead ership/; Michael A. Cohen, "Despite Bloody 2015, the World Really Is Safer Than Ever," *World Politics Review*, December 23, 2015, www.worldpoliticsreview.com/articles/17537/ despite–bloody–2015–the–world–really–is–safer–than–ever; Christopher A. Preble and John Mueller, eds., *A Dangerous World? Threat Perception and U.S. National Security* (Washington, DC: Cato Institute, 2014) 등을 참고하라.

4. Chairman of the Joint Chiefs of Staff, *The National Military Strategy of the United States 2015*, June 2015, i, www.jcs.mil/Portals/36/Documents/Publications/2015_National_Military_Strategy.pdf.

5. *Worldwide Threat Assessment of the US Intelligence Community: Hearing Before the Senate Armed Services Committee*, statement of James R. Clapper, Director of National Intelligence, 114th Congress, February 9, 2016, www.armed–services.senate.gov/imo/media/doc/Clapper_02–09–16.pdf.

6. Henry A. Kissinger, "Kissinger's Vision for U.S.–Russia Relations," *National Interest*, February 4, 2016, http://nationalinterest.org/feature/kissingers–vision–us–russia–relations –15111

7. Tony Barber, "This Verdict Is a Grievous Blow to the World Order," *Financial Times*, June 25–26, 2016.

1부 과거

01 전쟁에서 세계대전까지

1. Henry A. Kissinger, *World Order* (New York: Penguin, 2014).

2. Hedley Bull, *The Anarchical Society: A Study of Order in World Politics* (New York: Columbia University Press, 1977). 한국어판은 헤들리 불(진석용 옮김), 《무정부 사회: 세계정치에서의 질서에 관한 연구》(나남, 2012년)가 있다.

3. Henry A. Kissinger, *A World Restored: Metternich, Castlereagh and the Problems of Peace, 1812–1822* (London: Weidenfeld & Nicholson, 1957; New York: Universal Library, 1964). 인용은 라이브러리 에디션을 따른다.

4. Ibid., 1.

5. Ibid., 318.

6. Peter Wilson, *The Thirty Years War: Europe's Tragedy* (Cambridge, MA: Harvard University Press, 2011), 753–54.

7. 배경을 더 알고 싶으면 Kissinger, *A World Restored* 및 Harold Nicolson, *The Congress of Vienna: A Study in Allied Unity: 1812–1822* (New York: Harcourt Brace Jovanovich, 1946)를 참고하라.

8. 배경을 더 알고 싶으면 Rene Albrecht–Carrie, ed., *The Concert of Europe, 1815–1914* (New York: Harper Collins, 1968) 및 A. J. P. Taylor, *The Struggle for the Mastery of Europe, 1848–1918* (New York: Oxford University Press, 1971)을 참고하라.

9. Mark Mazower, *Governing the World: The History of an Idea, 1815 to the Present* (New York: Penguin, 2013), 5.

10. 비스마르크에 대해서는 Jonathan Steinberg, *Bismarck: A Life* (New York: Oxford University Press, 2011)와 Henry A. Kissinger, "The White Revolutionary: Reflections on Bismarck," *Daedalus* 97, no. 3 (Summer 1968): 888–924, www.jstor.org/stable/20023844를 참고하라.

11. 제1차 세계대전의 기원에 관한 다양한 서적들을 접하고 싶다면, Christopher Clark, *The Sleepwalkers: How Europe Went to War in 1914* (New York: HarperCollins, 2012); Margaret MacMillan, *The War That Ended Peace: The Road to 1914* (New York: Random House, 2013); Barbara Tuchman, *The Guns of August* (New York: Random House, 1962) 등을 참고하라.

12. 이 개념에 관한 배경 지식을 알고 싶다면 Robert O. Keohane and Joseph S. Nye, *Power and Interdependence*, 2nd ed. (Glenview, IL: Scott, Foresman, 1989)을 참고하라. 19세기 말에 제기되었던 무역이 전쟁 예방에 도움이 된다는 주장은 Richard Cobden, *The*

Political Writings of Richard Cobden, vol. 1 (New York: Cambridge University Press, 2011) 을 참고하라.

13. Michael Walzer, *Just and Unjust Wars: A Moral Argument with Historical Illustrations*, 3rd ed. (New York: Basic Books, 2000)을 참고하라.

14. John Maynard Keynes, *The Economic Consequences of the Peace* (New York: Harcourt, Brace & Howe, 1920).

15. "Treaty Between the United States and Other Powers Providing for the Renunciation of War as an Instrument of National Policy," August 27, 1928, Avalon Project, Yale University, http://avalon.law.yale.edu/20th_century/kbpact.asp.

02 냉전

1. 세 권의 책을 추천하고자 한다. John Lewis Gaddis, *The United States and the Origins of the Cold War, 1941–1947* (New York: Columbia University Press, 1972); Daniel Yergin, *Shattered Peace: The Origins of the Cold War*, rev. ed. (New York: Penguin, 1990); Martin McCauley, *Origins of the Cold War, 1941–1949*, rev. 3rd ed. (New York: Routledge, 2013)

2. 한국전쟁에 관한 책은 생각보다 많지 않다. '잊힌 전쟁'으로 부르기에는 적절치 않은 이 전쟁에 관해 다음을 추천한다. David Halberstam, *The Coldest Winter: America and the Korean War* (New York: Hyperion, 2007). 한국전쟁 이후 냉전의 전개에 끼친 영향을 알고 싶으면 John Lewis Gaddis, "Was the Truman Doctrine a Real Turning Point?," *Foreign Affairs* 52, no. 1 (January 1974), www.foreignaffairs.com/articles/russian–federation/1974–01–01/reconsiderations–cold–war–was–truman–doctrine–real–turning을 추천한다.

3. Albert Carnesale and Richard N. Haass, eds., *Superpower Arms Control: Setting the Record Straight* (Cambridge, MA: Ballinger, 1987).

4. "Treaty Between the United States of America and the Union of Soviet Socialist Republics on the Limitation of Anti–Ballistic Missile Systems," May 26, 1972, U.S. Department of State, www.state.gov/www/global/arms/treaties/abm/abm2.html.

5. X[George F. Kennan], "The Sources of Soviet Conduct," *Foreign Affairs* 25, no. 4 (July 1947), www.foreignaffairs.com/articles/russian–federation/1947–07–01/sources–soviet–conduct

6. "Text of the 'Basic Principles of Relations Between the United States of America and the Union of Soviet Socialist Republics,' " May 29, 1972, American Presidency Project, www.presidency.ucsb.edu/ws/?pid=3438와 Henry A. Kissinger, *White House Years* (Boston: Little, Brown, 1979)도 참고하라.

7. "Conference on Security and Co–operation in Europe Final Act," August 1, 1975, OSCE,

www.osce.org/mc/39501?download=true

8. Paul Kennedy, *The Rise and Fall of the Great Powers* (New York: Random House, 1987).

9. X [Kennan], "The Sources of Soviet Conduct."

10. Jon Meacham, *Destiny and Power: The American Odyssey of George Herbert Walker Bush* (New York: Random House, 2015); George H. W. Bush and Brent Scowcroft, *A World Transformed* (New York: Knopf, 1998); James A. Baker III with Thomas M. DeFrank, *The Politics of Diplomacy: Revolution, War and Peace, 1989–1992* (New York: Putnam, 1995) 등을 참고하라.

03 또 다른 질서

1. G. John Ikenberry, *Liberal Leviathan: The Origins, Crisis, and Transformation of the American World Order* (Princeton, NJ: Princeton University Press, 2011).

2. Benn Steil, *The Battle of Bretton Woods: John Maynard Keynes, Harry Dexter White, and the Making of a New World Order* (Princeton, NJ: Princeton University Press, 2013); Harold James, *International Monetary Cooperation Since Bretton Woods* (New York: Oxford University Press,1996); Barry Eichengreen, *Globalizing Capital: A History of the International Monetary System*, 2nd ed. (Princeton, NJ: Princeton University Press, 2008) 등을 참고하라.

3. "Charter of the United Nations," June 26, 1945, Chapter VI, Article 33, Chapter VII, Article 42, www.un.org/en/charter–united–nations/index.html.

4. "Treaty on the Non–Proliferation of Nuclear Weapons," July 1, 1968, U.S. Department of State, www.state.gov/www/global/arms/treaties/npt1.html#2.

5. "Convention on the Prohibition of the Development, Production and Stockpiling of Bacteriological (Biological) and Toxin Weapons and on Their Destruction (BWC)," April 10, 1972, U.S. Department of State, www.state.gov/t/isn/4718.htm#treaty.

6. "Convention on the Prohibition of the Development, Production, Stockpiling and Use of Chemical Weapons and on Their Destruction (CWC)," January 13, 1993, U.S. Department of State, www.state.gov/t/avc/trty/127917.htm.

7. Albert Hourani, "A Moment of Change: The Crisis of 1956," in *A Vision of History: Near Eastern and Other Essays* (Beirut: Khayats, 1961).

8. "Universal Declaration of Human Rights," UN General Assembly, Resolution 217A(III), December 10, 1948, www.un–documents.net/a3r217a.htm.

9. Convention on the Prevention and Punishment of the Crime of Genocide, December 9, 1948, United Nations, https://treaties.un.org/doc/Publication/UNTS/Volume%2078/volum

e–78–I–1021–English.pdf; Rome Statute of the International Criminal Court, July 17, 1998, International Criminal Court, www.icc–cpi.int/nr/rdonlyres/ea9aeff7–5752–4f84–be 94–0a655eb30e16/0/rome_statute_english.pdf.

10. 세계 경제 데이터를 보려면 Angus Maddison의 "Historical Statistics of the World Economy: 1–2008 AD," www.ggdc.net/maddison/Historical_Statistics/ horizontal–file_02–2010.xls를 참고하라. 세계 무역량을 보려면 UN Conference on Trade and Development STAT (UNCTADSTAT) http://unctadstat.unctad.org/wds/ReportFolders/ reportFolders.aspx를 참고하라. 극단적인 빈곤은 하루에 1.25달러 이하로 사는 생활 을 의미하며, François Bourguignon and Christian Morrisson, "Inequality Among World Citizens: 1820–1992," *American Economic Review 92*, no. 4. (2002): 732, www.jstor.org/ stable/3083279를 참고하라.

11. John F. Kennedy, "Commencement Address at American University," Washington, DC, June 10, 1963, John F. Kennedy Presidential Library and Museum, www.jfklibrary.org/ Asset–Viewer/BWC7I4C9QUmLG9J6I8oy8w.aspx 및 John F. Kennedy, "Address to the Nation on the Nuclear Test Ban Treaty," Washington, DC, July 26, 1963, John F. Kennedy Presidential Library and Museum, www.jfklibrary.org/Asset–Viewer/ ZNOo49DpRUa–kMetjWmSyg.aspx를 참고하라.

2부 현재

04 탈냉전 세계

1. Graham Allison, "The Thucydides Trap: Are America and China Headed for War?," Atlantic, September 24, 2015, www.theatlantic.com/international/archive/2015/09/united –states–china–war–thucydides–trap/406756/과 Richard N. Rosecrance and Steven E. Miller, eds., *The Next Great War?: The Roots of World War I and the Risk of U.S.–China Conflict* (Cambridge, MA: MIT Press, 2014)를 참고하라. 좀 더 상대적으로 낙관적인 전 망은 Stephen G. Brooks and William C. Wohlforth, "The Rise and Fall of the Great Powers in the Twenty–first Century: China's Rise and the Fate of America's Global Position," *International Security* 40, no. 3 (Winter 2015/16): 7–53을 참고하라. 비관적인 전망은 John J. Mearsheimer, *The Tragedy of Great Power Politics* (New York: Norton, 2001)과 특히 Michael Pillsbury, *The Hundred–Year Marathon: China's Secret Strategy to Replace America as the Global Superpower* (New York: Henry Holt, 2015)를 참고하라.

2. Wayne M. Morrison, *China–U.S. Trade Issues*, Congressional Research Service Report No. RL33536 (Washington, DC: Congressional Research Service, 2015), 3, www.fas.org/sgp/

crs/row/RL33536.pdf.

3. Bush and Scowcroft, *A World Transformed*, 4장과 Baker, *The Politics of Diplomacy*, 7장을 참고하라.

4. "Joint Statement Following Discussions with Leaders of the People's Republic of China," February 27, 1972, U.S. Department of State, Office of the Historian, https://history.state. gov/historicaldocuments/frus1969–76v17/d203.

5. "Joint Communiqué on the Establishment of Diplomatic Relations Between the People's Republic of China and the United States of America," December 16, 1978, Embassy of the People's Republic of China in the U.S., www.china–embassy.org/eng/zmgx/doc/ctc/ t36256.htm; "Joint Communiqué of the People's Republic of China and the United States of America," August 17, 1982, Embassy of the People's Republic of China in the U.S., www. china–embassy.org/eng/zmgx/doc/ctc/t946664.htm.

6. Taiwan Relations Act, Public Law 96–8, April 10, 1979, www.gpo.gov/fdsys/pkg/ STATUTE–93/pdf/STATUTE–93–Pg14.pdf.

7. 대표적인 연구로 Robert D. Blackwill and Kurt M. Campbell, *Xi Jinping on the Global Stage: Chinese Foreign Policy Under a Powerful but Exposed Leader*, Council on Foreign Relations Special Report No. 74 (New York: Council on Foreign Relations Press, 2016)를 참고하라.

8. Fu Ying and Wu Shicun, "South China Sea: How We Got to This Stage," *National Interest*, May 9, 2016, http://nationalinterest.org/feature/south–china–sea–how–we–got–stage–16 118.

9. AIIB에 관한 기본 정보는 홈페이지에서 찾아볼 수 있다. www.aiib.org.

10. Xi Jinping, The Governance of China (Beijing: Foreign Languages Press, 2014), 306–8와 Fu Ying, "The US World Order Is a Suit That No Longer Fits," Financial Times, January 6, 2016, www.ft.com/intl/cms/s/0/c09cbcb6–b3cb–11e5–b147–e5e5bba42e51.html을 참고 하라.

11. 당시 미국이 보다 관대하게 러시아를 지원했어야 한다고 주장한 대표적인 사람은 리처 드 닉슨 전 대통령이었다. Richard Nixon, "Yeltsin Needs Us. We Need Yeltsin," New York Times, June 12, 1992, www.nytimes.com/1992/06/12/opinion/yeltsin–needs–us–we–need –yeltsin.html을 참고하라.

12. Josef Joffe, "Is There Life After Victory? What NATO Can and Cannot Do," *National Interest*, Fall 1995, http://nationalinterest.org/article/is–there–life–after–victory–what–nat o–can–and–cannot–do–827을 참고하라.

13. Mary Elise Sarotte, *1989: The Struggle to Create Post–Cold War Europe* (Princeton, NJ: Princeton University Press, 2009); Mary Elise Sarotte, "A Broken Promise?: What the West

337

Really Told Moscow About NATO Expansion," *Foreign Affairs* 93, no. 5 (September/ October 2014), www.foreignaffairs.com/articles/russia–fsu/2014–08–11/broken–promise; Joshua R. Itzkowitz Shifrinson, "Deal or No Deal?: The End of the Cold War and the U.S. Offer to Limit NATO Expansion," *International Security* 40, no. 4 (Spring 2016): 7–44. 공식적인 언급으로는 Baker, *The Politics of Diplomacy*에서 특히 14장을 참고하라.

14. 나토 확대에 관해서는 지속적이고 열띤 논쟁이 있었다. 나토 확대 결정에 대한 배경과 관련 논쟁은 James Goldgeier, *Not Whether but When: The U.S. Decision to Enlarge NATO* (Washington, DC: Brookings Institution Press, 1999)을 참고하라. 또한 G. John Ikenberry, *After Victory: Institutions, Strategic Restraint, and the Rebuilding of Order After Major Wars* (Princeton, NJ: Princeton University Press, 2001)을 참고하고, 특히 235–39를 주목하라. Ronald D. Asmus, *Opening NATO's Door: How the Alliance Remade Itself for a New Era* (New York: Columbia University Press, 2002); Eugene Rumer, "NATO Expansion: Strategic Genius or Historic Mistake?," *National Interest*, August 21, 2014, http://nationalinterest.org/feature/nato–expansion–strategic–genius–or–historic–mistake–11114 등도 참고하라.

15. Charles King, "The Five–Day War: Managing Moscow After the Georgia Crisis," *Foreign Affairs* 87, no. 6 (November/December 2008)을 참고하라.

16. "Vladimir Putin Submitted Appeal to the Federation Council," March 1, 2014, President of Russia, http://en.kremlin.ru/events/president/news/20353; "Telephone Conversation with U.S. President Barack Obama," March 2, 2014, President of Russia, http://en.kremlin.ru/events/president/news/20355.

17. "Package of Measures for the Implementation of the Minsk Agreements," February 12, 2015, United Nations, http://peacemaker.un.org/sites/peacemaker.un.org/files/UA_150212_MinskAgreement_en.pdf.

18. 러시아 외교정책과 미러 관계 전반을 조망하려면 Jeffrey Mankoff, *Russian Foreign Policy: The Return of Great Power Politics*, 2nd ed. (Lanham, MD: Rowman & Littlefield, 2012)를 참고하라. 관계 악화의 책임이 미국에 있다는 소수설을 알고 싶다면 Stephen F. Cohen, *Failed Crusade: America and the Tragedy of Post–Communist Russia* (New York: Norton, 2000)을 참고하라.

19. Dmitry Medvedev, "Dmitry Medvedev's Speech at the Panel Discussion," Munich Security Conference, February 13, 2016, Russian Government, http://government.ru/en/news/21784/

05 글로벌 격차

1. 걸프전쟁과 관련된 모든 유엔 안보리 결의(660호부터 시작)는 www.un.org/Docs/scres/1990/scres90.htm과 www.un.org/Docs/scres/1991/scres91.htm을 참고하라.

2. Laura Silber and Allan Little, *Yugoslavia: Death of a Nation* (New York: Penguin, 1997); Tim Judah, Kosovo: War of Revenge (New Haven, CT: Yale University Press, 2002); Ivo H. Daalder and Michael O'Hanlon, *Winning Ugly: NATO's War to Save Kosovo* (Washington, DC: Brookings Institution Press, 2000); Richard Holbrooke, *To End a War* (New York: Modern Library, 1998) 등을 참고하라.

3. Michael Mandelbaum, "Foreign Policy as Social Work," *Foreign Affairs* 75, no. 1 (January/February 1996), www.foreignaffairs.com/articles/haiti/1996-01-01/foreign-policy-social-work

4. Haass, *War of Necessity, War of Choice*, 134-44.

5. Richard N. Haass, *Intervention: The Use of American Military Force in the Post-Cold War World*, rev. ed. (Washington, DC: Brookings Institution Press, 1999): 47-48, 120-21.

6. Samantha Power, *A Problem from Hell: America and the Age of Genocide* (New York: Basic Books, 2002); Roméo Dallaire, *Shake Hands with the Devil: The Failure of Humanity in Rwanda* (Boston: Da Capo, 2004); Philip Gourevitch, *We Wish to Inform You That Tomorrow We Will Be Killed with Our Families: Stories from Rwanda* (New York: Farrar, Straus & Giroux, 1998) 등을 참고하라.

7. 보호의무에 관한 성명은 "2005 World Summit Outcome," Resolution 60/1, paragraph 138-40, October 24, 2005, UN General Assembly, http://undocs.org/A/RES/60/1을 참고하라. 이 배경을 알고 싶으면 Gene M. Lyons and Michael Mastanduno, eds., *Beyond Westphalia?: State Sovereignty and International Intervention* (Baltimore: Johns Hopkins University Press, 1995)을 참고하라.

8. Haass, *War of Necessity, War of Choice*; 부시 대통령이 어떻게 결정을 내리게 되었는지 알고 싶다면 George W. Bush, *Decision Points* (New York: Crown, 2010)를 참고하고, 특히 8장을 읽어보기 바란다.

9. *The National Security Strategy of the United States of America*, September 2002, White House, www.state.gov/documents/organization/63562.pdf

10. Walzer, *Just and Unjust Wars*, 74-85

11. 배경을 알고 싶다면 Avner Cohen, *Israel and the Bomb* (New York: Columbia University Press, 1998)을 참고하라.

12. 배경을 알고 싶다면 George Perkovich, *India's Nuclear Bomb: The Impact on Global Proliferation* (Berkeley: University of California Press, 1999); Ashley J. Tellis, *India's Emerging Nuclear Posture: Between Recessed Deterrent and Ready Arsenal* (Santa Monica, CA: Rand Corporation, 2001); Jasjit Singh, ed., *Nuclear India* (New Delhi: Knowledge World, 1998) 등을 참고하라.

13. "Report by the Director General on the Implementation of the Resolution Adopted by the

Board on 25 February 1993 (GOV/2636) and of the Agreement Between the Agency and the Democratic People's Republic of Korea for the Application of Safeguards in Connection with the Treaty on the Non–Proliferation of Nuclear Weapons (INFCIRC/403)," April 1, 1993, International Atomic Energy Agency Board of Governors, www.securitycouncilreport. org/atf/cf/%7B65BFCF9B–6D27–4E9C–8CD3–CF6E4FF96FF9%7D/Disarm%20 GOV2645.pdf

14. Arnold Kanter and Brent Scowcroft, "Korea: Time for Action," Washington Post, June 15, 1994, www.washingtonpost.com/archive/opinions/1994/06/15/korea–time–for–action/73 e7cb5b–73e9–4503–916f–9b601b67087d/ ; Richard N. Haass, "Keep the Heat on North Korea," New York Times, June 17, 1994

15. "Agreed Framework of 21 October 1994 Between the United States of America and the Democratic People's Republic of Korea," November 2, 1994, International Atomic Energy Agency, www.iaea.org/sites/default/files/publications/documents/infcircs/1994/infcirc457. pdf

16. Dennis Ross, "Nothing in the Middle East Happens by Accident—Except When It Does," Washington Institute, December 7, 2015, www.washingtoninstitute.org/policy–analysis/ view/nothing–in–the–middle–east–happens–by–accident–except–when–it–does

17. "Joint Comprehensive Plan of Action," July 14, 2015, U.S. Department of State, www.state. gov/documents/organization/245317.pdf

18. "Adoption of the Paris Agreement," December 12, 2015, UN Framework Convention on Climate Change, https://unfccc.int/resource/docs/2015/cop21/eng/l09.pdf

19. Adam Segal, *The Hacked World Order: How Nations Fight, Trade, Maneuver, and Manipulate in the Digital Age* (New York: PublicAffairs, 2016)를 참고하라.

20. "Safe Harbor Privacy Principles," July 21, 2000, Council of Europe, www.coe.int/t/ dghl/standardsetting/dataprotection/National%20laws/USA_SAFE%20HARBOR%20 PRIVACY%20PRINCIPLES.pdf

21. *International Strategy for Cyberspace: Prosperity, Security, and Openness in a Networked World*, May 2011, 8, White House, www.whitehouse.gov/sites/default/files/rss_viewer/ international_strategy_for_cyberspace.pdf

22. "Fact Sheet: President Xi Jinping's State Visit to the United States," September 25, 2015, White House, www.whitehouse.gov/the–press–office/2015/09/25/fact–sheet–president–x i–jinpings–state–visit–united–states

23. "EU–U.S. Privacy Shield Principles," February 23, 2016, U.S. Department of Commerce, www.commerce.gov/sites/commerce.gov/files/media/files/2016/eu_us_privacy_shield_full_ text.pdf.pdf

24. *International Health Regulations (2005)*, 2nd ed., June 15, 2007, World Health Organization, http://apps.who.int/iris/bitstream/10665/43883/1/9789241580410_eng.pdf

25. "Nations Commit to Accelerating Progress Against Infectious Disease Threats," February 14, 2014, U.S. Department of Health and Human Services, www.hhs.gov/about/news/2014/02/13/nations-commit-to-accelerating-progress-against-infectious-disease-threats.html

26. "Agreement Establishing the World Trade Organization," April 15, 1994, World Trade Organization, www.wto.org/english/docs_e/legal_e/04-wto.pdf

27. 통계 검색은 World Trade Organization Statistical Program (시계열 데이터)으로 가능하다 http://stat.wto.org/StatisticalProgram/WSDBStatProgramHome.aspx?Language=E.

28. "Financial Stability Board Charter," September 25, 2015, Financial Stability Board, www.fsb.org/wp-content/uploads/r_090925d.pdf?page_moved=1

29. 두 권의 책이 이 분야에서 각 국가들의 성과가 상대적으로 훌륭하다고 평가하고 있다. Daniel W. Drezner, *The System Worked: How the World Stopped Another Great Depression* (Oxford: Oxford University Press, 2014)와 Padma Desai, *From Financial Crisis to Global Recovery* (New York: Columbia University Press, 2011)를 참고하라.

06 지역별 현실

1. Ron Suskind, *The One Percent Doctrine: Deep Inside America's Pursuit of Its Enemies Since 9/11* (New York: Simon & Schuster, 2006)을 참고하라.

2. Scott Anderson, "Fractured Lands: How the Arab World Came Apart," *New York Times Magazine*, August 14, 2016, http://nyti.ms/2bkjcnv

3. Mahmoud Abdel-Fadil et al., *Arab Human Development Report 2009: Challenges to Human Security in the Arab Countries* (New York: United Nations Publications, 2009), www.arab-hdr.org/publications/other/ahdr/ahdr2009e.pdf

4. "Statement of President Barack Obama on Egypt," February 10, 2011, White House, www.whitehouse.gov/the-press-office/2011/02/10/statement-president-barack-obama-egypt

5. Resolution 1973, March 17, 2011, UN Security Council, www.undocs.org/S/RES/1973(2011)

6. '후방에서 주도한다'라는 표현은 이름이 알려지지 않은 오바마 행정부 관계자가 만들었다. Ryan Rizza "The Consequentialist: How the Arab Spring Remade Obama's Foreign Policy," *New Yorker*, May 2, 2011, www.newyorker.com/magazine/2011/05/02/the-consequentialist

7. Alan J. Kuperman, "Obama's Libya Debacle: How a Well-Meaning Intervention Ended in Failure," *Foreign Affairs* 94, no. 2 (March/April 2015)을 참고하라, www.foreignaffairs.

com/articles/libya/obamas–libya–debacle 정책 결정 과정은 Jo Becker and Scott Shane, "Hillary Clinton, 'Smart Power' and a Dictator's Fall," *New York Times*, February 27, 2016, www.nytimes.com/2016/02/28/us/politics/hillary–clinton–libya.html을 참고하라.

8. Jeffrey Goldberg, "The Obama Doctrine," *Atlantic*, April 2016, www.theatlantic.com/magazine/archive/2016/04/the–obama–doctrine/471525/

9. "Statement by President Obama on Syria," August 18, 2011, from Macon Phillips, "President Obama: 'The Future of Syria Must Be Determined by Its People, but President Bashar al–Assad Is Standing in Their Way,' "White House blog, August 18, 2011, www.whitehouse.gov/blog/2011/08/18/president–obama–future–syria–must–be–determined–its–people–president–bashar–al–assad

10. Barack Obama, "Remarks by the President to the White House Press Corps," Washington, DC, August 20, 2012, White House, www.whitehouse.gov/the–press–office/2012/08/20/remarks–president–white–house–press–corps

11. Barack Obama, "Statement by the President on Syria," Washington, DC, August 31, 2013, White House, www.whitehouse.gov/the – press – office/2013/08/31/statement–president–syria

12. "Framework for Elimination of Syrian Chemical Weapons," September 14, 2013, U.S. Department of State, www.state.gov/r/pa/prs/ps/2013/09/214247.htm

13. Goldberg, "The Obama Doctrine."

14. John F. Kennedy, speech, Americans for Democratic Action Convention, Washington, DC, May 12, 1961. "Times Call for Liberal Action, Says Kennedy," *Lodi (CA) News–Sentinel*, May 13, 1961에서 인용했다. https://news.google.com/newspapers?id=QOgzAAAAIBAJ&sjid=g4HAAAAIBAJ&dq=americans+for+democratic+action&pg=7056,2944411&hl=en

15. Vladimir Putin, "70th Session of the UN General Assembly," speech, New York, September 28, 2015, President of Russia, http://en.kremlin.ru/events/president/news/50385

16. Richard N. Haass, *The Reluctant Sheriff: The United States After the Cold War* (New York: Council on Foreign Relations Press, 1998). 버락 오바마는 미국의 힘 확대보다는 축소를 선호했던 대통령 부류에 확실히 속한다. Steven Sestanovich, *Maximalist: America in the World from Truman to Obama* (New York: Knopf, 2014)을 참고하고 특히 12장을 읽기 바란다.

17. Resolution 2254, December 18, 2015, UN Security Council, www.undocs.org/S/RES/2254(2015)

18. "Joint Statement of the United States and the Russian Federation, as Co–chairs of the ISSG, on Cessation of Hostilities in Syria," February 22, 2016, U.S. Department of State, www.

state.gov/r/pa/prs/ps/2016/02/253115.htm

19. Adel Al–Jubeir, interview by Christiane Amanpour, Amanpour, CNN, February 19, 2016, http://transcripts.cnn.com/TRANSCRIPTS/1602/19/ampr.01.html

20. James A. Baker III et al., The Iraq Study Group Report (December 6, 2006), http://bakerinstitute.org/media/files/Research/88085bb4 /iraqstudygroup_findings.pdf

21. George W. Bush, "President's Address to the Nation," Washington, DC, January 10, 2007, George W. Bush White House, https://georgewbush–whitehouse.archives.gov/news/releases/2007/01/20070110–7.html와 "Fact Sheet: The New Way Forward in Iraq," January 10, 2007, George W. Bush White House https://georgewbush–whitehouse.archives.gov/news/releases/2007/01/20070110–3.html을 참고하라. 아울러, Bush, Decision Points의 12장을 참고하라.

22. "Agreement Between the United States of America and the Republic of Iraq on the Withdrawal of United States Forces from Iraq and the Organization of Their Activities During Their Temporary Presence in Iraq," December 14, 2008, U.S. Department of State, www.state.gov/documents/organization/122074.pdf

23. Barack Obama, "Remarks of President Barack Obama—Responsibly Ending the War in Iraq," Camp Lejeune, Jacksonville, NC, February 27, 2009, White House, www.whitehouse.gov/the–press–office/remarks–president–barack–obama–ndash–responsibly–ending–war–iraq.

24. Emma Sky, The Unraveling: High Hopes and Missed Opportunities in Iraq (New York: Public Affairs, 2015)

25. 외교정책 결정을 분석한 연구물은 끝이 없다. 그중 가장 우수하다고 생각되는 책을 골라보자면 다음과 같다. Richard Neustadt and Ernest May, Thinking in Time: The Uses of History for Decision–Makers (New York: Free Press, 1986); Graham Allison and Philip Zelikow, Essence of Decision: Explaining the Cuban Missile Crisis (Boston: Addison Wesley, 1999); Morton H. Halperin and Priscilla A. Clapp with Arnold Kanter, Bureaucratic Politics and Foreign Policy, 2nd ed. (Washington, DC: Brookings Institution Press, 2006); Gordon Goldstein, Lessons in Disaster: McGeorge Bundy and the Path to War in Vietnam (New York: Times Books, 2008). 여러 대통령 통치하 국가안보회의의 역할과 기능에 관해서는 Ivo II. Daaldei and I. M. Destler, In the Shadow of the Oval Office: Profiles of the National Security Advisors and the Presidents They Served—from JFK to George W. Bush (New York: Simon & Schuster, 2009)를 참고하라. 조지 H. W. 부시 행정부 시기의 상황에 관한 내부인의 설명을 접하고 싶다면 다음 회고록들을 참고하라 Bush and Scowcroft, A World Transformed; Baker, The Politics of Diplomacy; Haass, War of Necessity, War of Choice, 클린턴 행정부 시기는 Madeleine Albright, Madame Secretary (New York: Miramax, 2003); Bob Woodward, The Agenda: Inside the Clinton White House (New

York: Simon & Schuster, 1994)를 참고하라. 조지 W. 부시 행정부 시기는 Bush, *Decision Points*; Condoleezza Rice, *No Higher Honor: A Memoir of My Years in Washington* (New York: Random House, 2011), Robert M. Gates, *Duty: Memoirs of a Secretary at War* (New York: Knopf, 2014)를 참고하라. 오바마 행정부에 관해서는 Gates, *Duty; Hillary Rodham Clinton, Hard Choices* (New York: Simon & Schuster, 2014); Leon Panetta, *Worthy Fights: A Memoir of Leadership in War and Peace* (New York: Penguin, 2014); Vali Nasr, *The Dispensable Nation: American Foreign Policy in Retreat* (New York: Doubleday, 2013); David Samuels, "The Aspiring Novelist Who Became Obama's Foreign–Policy Guru," *New York Times Magazine*, May 5, 2016, www.nytimes.com/2016/05/08/magazine/the–aspiring –novelist–who–became–obamas–foreign–policy–guru.html 등을 참고하라.

26. Hillary Clinton, "America's Pacific Century," *Foreign Policy*, October 11, 2011, www. foreignpolicy.com/articles/2011/10/11/americas_pacific_century; Tom Donilon, "America Is Back in the Pacific and Will Uphold the Rules," *Financial Times*, November 27, 2011, www. ft.com/cms/s/0/4f3febac–1761–11e1–b00e–00144feabdc0.html#axzz1lvbgzfyEc; Barack Obama, "Remarks by President Obama to the Australian Parliament," Canberra, Australia, November 17, 2011, White House, www.whitehouse.gov/the–press–office/2011/11/17/rem arks–president–obama–australian–parliament

27. "TPP Full Text," Office of the U.S. Trade Representative, https://ustr.gov/trade–agreements/ free–trade–agreements/trans–pacific–partnership/tpp–full–text

28. Zheng Bijian, *China's Peaceful Rise: Speeches of Zheng Bijian, 1997–2005* (Washington, DC: Brookings Institution Press, 2005)와 Thomas J. Christensen, *The China Challenge: Shaping the Choices of a Rising Power* (New York: Norton, 2015)를 참고하라.

29. Sheila Smith, *Intimate Rivals: Japanese Domestic Politics and a Rising China* (New York: Columbia University Press, 2015).

30. Richard Katz, "Mutual Assured Production: Why Trade Will Limit Conflict Between China and Japan," *Foreign Affairs* 92, no. 4 (July/August 2013), www.foreignaffairs.com/articles/ china/2013–06–11/mutual–assured–production

31. United States and India Nuclear Cooperation, Public Law 109–401, December 18, 2006, www.congress.gov/109/plaws/publ401/PLAW–109publ401.pdf

32. Daniel S. Markey, *No Exit from Pakistan: America's Tortured Relationship with Islamabad* (New York: Cambridge University Press, 2013)을 참고하라.

33. Haass, *War of Necessity, War of Choice*, 194–200. 또한 Ahmed Rashid, *Descent into Chaos: The United States and the Failure of Nation Building in Pakistan, Afghanistan, and Central Asia* (New York: Viking, 2008)를 참고하라.

34. Barack Obama, "Remarks by the President in Address to the Nation on the Way Forward in Afghanistan and Pakistan," Washington, DC, December 1, 2009, White House, www.

whitehouse.gov/the−press−office/remarks−president−address−nation−way−forward−afg
hanistan−and−pakistan

35. Barack Obama, "Statement by the President on Afghanistan," Washington, DC, October 15,
2015, White House, www.whitehouse.gov/the−press−office/2015/10/15/statement−preside
nt−afghanistan; Barack Obama, "Statement by the President on Afghanistan," Washington,
DC, July 6, 2016, White House, www.whitehouse.gov/the−press−office/2016/07/06/statem
ent−president−afghanistan

36. "Treaty on European Union," February 7, 1992, European Union, http://europa.eu/eu−law/
decision−making/treaties/pdf/treaty_on_european_union/treaty_on_european_union_en.pdf

37. "Treaty of Lisbon," December 13, 2007, European Union, eur−lex.europa.eu/legal−content/
EN/TXT/PDF/?uri=CELEX:11992M/TXT&from=EN

38. "Treaty for the Prohibition of Nuclear Weapons in Latin America and the Caribbean,"
February 14, 1967, UN Office of Disarmament Affairs, http://disarmament.un.org/treaties/t/
tlatelolco/text

39. Elizabeth C. Economy and Michael Levi, *By All Means Necessary: How China's Resource
Quest Is Changing the World* (New York: Oxford University Press, 2014)

07 절차의 조각

1. 탈냉전기 세계의 특징과 외형에 관해 상당히 많은 연구서가 있으며 그중 다음
을 참고하라. Richard N. Haass, "The Age of Nonpolarity: What Will Follow U.S.
Dominance," *Foreign Affairs* 87, no. 3 (May/June 2008), www.foreignaffairs.com/articles/
united−states/2008−05−03/age−nonpolarity; "Prospectives," in *Strategic Survey* 2007,
International Institution for Strategic Studies (New York: Routledge, 2007); "The New
Game," *Economist*, October 17, 2015, www.economist.com/news/leaders/21674699−am
erican−dominance−being−challenged−new−game; Fareed Zakaria, *The Post−American
World* (New York: Norton, 2008); Charles A. Kupchan, *The End of the American Era:
U.S. Foreign Policy and the Geopolitics of the Twenty−first Century* (New York: Alfred
A. Knopf, 2002); Joshua Cooper Ramo, *The Age of the Unthinkable: Why the New World
Disorder Constantly Surprises Us and What We Can Do About It* (New York: Little, Brown,
2009); Moises Naim, *The End of Power: From Boardrooms to Battlefields and Churches
to States, Why Being in Charge Isn't What It Used to Be* (New York: Basic Books, 2013);
Charles A. Kupchan, *No One's World: The West, the Rising Rest, and the Coming Global
Turn* (New York: Oxford University Press, 2012); Ian Bremmer, *Every Nation for Itself:
Winners and Losers in a G−Zero World* (New York: Portfolio/Penguin, 2012).

2. Charles Krauthammer, "The Unipolar Moment," *Foreign Affairs* 70, no. 1 (1990), www.
foreignaffairs.com/articles/1991−02−01/unipolar−moment

3부 미래

1. Thucydides, *The History of the Peloponnesian War*, translated by Richard Crawley, MIT Classics, http://classics.mit.edu/Thucydides/pelopwar.html

2. 2016년 7월 미군 병력 수천 명이 추가로 폴란드에 파병되는 방식으로 이러한 조치가 취해졌다. Barack Obama and Andrzej Duda, "Remarks by President Obama and President Duda of Poland After Bilateral Meeting," Warsaw, July 8, 2016, White House, www.whitehouse.gov/the−press−office/2016/07/08/remarks−president−obama−and−president−duda−poland−after−bilateral

3. '통합'에 관한 논의를 알고 싶다면 Richard N. Haass, *The Opportunity: America's Moment to Alter History's Course* (New York: PublicAffairs, 2005), 24를 참고하라.

4. Robert B. Zoellick, "Whither China: From Membership to Responsibility?" speech, New York, September 21, 2005, U.S. Department of State Archive, http://2001−2009.state.gov/s/d/former/zoellick/rem/53682.htm

5. Jacob Lew, "Remarks of Secretary Lew on the Evolution of Sanctions and Lessons for the Future at the Carnegie Endowment for International Peace," Washington, DC, March 30, 2015, U.S. Department of the Treasury, www.treasury.gov/press−center/press−releases/Pages/jl0398.aspx와 Gary Clyde Hufbauer et al., *Economic Sanctions Reconsidered*, 3rd ed. (Washington, DC: Peterson Institute for International Economics, 2007), Meghan O'Sullivan, *Shrewd Sanctions: Statecraft and State Sponsors of Terrorism* (Washington, DC: Brookings Institution Press, 2003) 등을 참고하라.

6. David Shambaugh, *China's Future* (Cambridge: Polity Press, 2016)를 참고하라.

1. Francis M. Deng et al., *Sovereignty as Responsibility: Conflict Management in Africa* (Washington, DC: Brookings Institution Press, 2006)

2. Vladimir Putin, "Address by President of the Russian Federation," Moscow, March 18, 2014, President of Russia, http://en.kremlin.ru/events/president/news/20603

3. Michael E. Brown, Sean M. Lynn−Jones, and Steven E. Miller, eds., *Debating the Democratic Peace* (Cambridge, MA: MIT Press, 1996); Natan Sharansky with Ron Dermer, *The Case for Democracy: The Power of Freedom to Overcome Tyranny and Terror*

(New York: PublicAffairs, 2004); and Elliott Abrams et al., "U.S. Must Put Democracy at the Center of Its Foreign Policy," *Foreign Policy*, March 16, 2016, http://foreignpolicy. com/2016/03/16/the−u−s−must−put−democracy−at−the−center−of−its−foreign−policy 등을 참고하라.

4. Fareed Zakaria, *The Future of Freedom: Illiberal Democracy at Home and Abroad* (New York: Norton, 2003).

5. "The Camp David Accords: The Framework for Peace in the Middle East," September 17, 1978, U.S. Department of State Archive, http://2001−2009.state.gov/p/nea/rls/22578.htm

6. "Republic of Korea and the United States Make Alliance Decision to Deploy THAAD to Korea," July 7, 2016, U.S. Department of Defense, www.defense.gov/News/ News−Releases/News−Release−View/Article/831178/republic−of−korea−and−the−unite d−states−make−alliance−decision−to−deploy−thaad

7. 김정은의 실제 발언은 "Kim Jong Un Calls for Global Independence," Pyongyang, May 7, 2015, National Committee on North Korea, www.ncnk.org/resources/news−items/ki m−jong−uns−speeches−and−public−statements−1/KJU_Speeches_7th_Congress.pdf 를 참고하라(한국어 원문은 [전문]〈김정은 제1비서 7차 당대회 중앙위원회 사업총화 보고〉, 오마이뉴스 2016.5.7.을 참고하라. http://www.ohmynews.com/NWS_Web/View/ at_pg.aspx?CNTN_CD=A0002207576−옮긴이). 또한, Choe Sang−Hun, "North Korea Claims Its Nuclear Arsenal Is Just a 'Deterrent,'" *New York Times*, May 7, 2016, www. nytimes.com/2016/05/08/world/asia/north−korea−claims−its−nuclear−arsenal−is−just −a−deterrent.html; Mitchel B. Wallerstein, "The Price of Inattention: A Survivable North Korean Nuclear Threat?," *Washington Quarterly* 38, no. 3 (Fall 2015), 21–35, http://dx.doi. org/10.1080/0163660X.2015.1099023 등을 참고하라.

8. *The National Security Strategy of the United States of America*, September 2002.

9. 이러한 논의 중 일부는 유엔 총회를 위해 제작된 *The Report of the Group of Governmental Experts on Developments in the Field of Information and Telecommunications in the Context of International Security*, July 22, 2015에서 다루고 있다. www.undocs.org/A/70/174.

10. Suerie Moon et al., "Will Ebola Change the Game?: Ten Essential Reforms Before the Next Pandemic. The Report of the Harvard−LSHTM Independent Panel on the Global Response to Ebola," *Lancet* 386, no. 10009 (November 22, 2015), http://dx.doi.org/10.1016/ S0140−6736(15)00946−0.

11. "United Nations Convention on the Law of the Sea," December 10, 1982, United Nations, www.un.org/depts/los/convention_agreements/texts/unclos/unclos_e.pdf. 영해, 항행권, 배타적경제수역, 자원 활용 등에 관한 규정을 설립한 유엔해양법협약에 미국은 서명 은 했지만 비준하지 않았다. 이 협약을 비준하고 완전히 참여한다면 미국이 전략적 이 익을 확보할 수 있지만 미 의회는 이 협약이 미국의 주권을 침해한다는 이유로 비준

을 거부하고 있다. Stewart M. Patrick, "Everyone Agrees: Ratify the Law of the Sea," *The Internationalist* (blog), CFR.org, June 8, 2012, http://blogs.cfr.org/patrick/2012/06/08/everyo ne-agrees-ratify-the-law-of-the-sea/; Thomas Wright, "Outlaw of the Sea: The Senate Republicans' UNCLOS Blunder," ForeignAffairs.com, August 7, 2012, www.foreignaffairs. com/articles/oceans/2012-08-07/outlaw-sea 등을 참고하라.

12. 이러한 이유로 중국은 2016년 7월 상설중재재판소의 남중국해 판결을 수용하지 않을 것이라고 익히 예상되었다. "Press Release: The South China Sea Arbitration," The Hague, July 12, 2016, Permanent Court of Arbitration, https://assets.documentcloud.org/documents/2990864/Press-Release-on-South-China-Sea-Decision.pdf와 "Full Text of Statement of China's Foreign Ministry on Award of South China Sea Arbitration Initiated by Philippines," Xinhua, July 12, 2016, http://news.xinhuanet.com/english/2016-07/12/c_135507744.htm를 참고하라.

11 지역별 대응

1. Alyssa Ayers et al., *Working with a Rising India: A Joint Venture for the New Century*, Council on Foreign Relations Independent Task Force Report No. 73 (New York: Council on Foreign Relations Press, 2015).

2. Jeffrey D. Sachs, "A New Century for the Middle East," *Project Syndicate*, December 19, 2015, www.project-syndicate.org/commentary/middle-east-sustaining-development-by -jeffrey-d-sachs-2015-12

3. 1991년 당시 미국과 이스라엘 간에 있었던 상세한 내용을 알고 싶다면 Haass, *War of Necessity, War of Choice*, 117-20을 참고하라.

4. 이와 유사한 결론을 보려면 Michael Mandelbaum, *Mission Failure: America and the World in the Post-Cold War Era* (New York: Oxford University Press, 2016)을 참고하라.

5. William Shakespeare, *King Lear*, act 5, scene 2. "때가 무르익는다"에 관한 논의를 더 알고 싶다면 Richard N. Haass, *Conflicts Unending: The United States and Regional Disputes* (New Haven, CT: Yale University Press, 1990)를 참고하라.

12 혼돈의 나라

1. X [Kennan], "The Sources of Soviet Conduct."

2. Richard N. Haass, *Foreign Policy Begins at Home: The Case for Putting America's House in Order* (New York: Basic Books, 2013) 한국어판은 리처드 하스(우정엽 옮김), 《대외정책은 국내에서 시작한다》(아산정책연구원, 2015)가 있다.

3. 그런 이유로 2016년 봄, 퓨 리서치 센터에서 실시한 여론조사 결과가 우려스럽다. 미

국인 대다수는 미국의 세계 개입을 경계하면서, 다른 국가들이 가능한 최대한 자신들의 문제를 알아서 스스로 해결하도록 하는 것이 바람직하다는 입장을 보였다. 미국인 다수는 미국이 전 세계 문제 해결을 위해 너무 많이 개입한다고 생각하고 있다. "Public Uncertain, Divided over America's Place in the World," May 5, 2016, Pew Research Center, www.people-press.org/files/2016/05/05-05-2016-Foreign-policy-APW-release.pdf를 참고하라.

4. 미국의 경제성장이 왜 이리 저조한지, 실제 공식 통계 발표 수준이 낮은지에 대한 열띤 토론이 있다. N. Gregory Mankiw, "One Economic Sickness, Five Diagnoses," *New York Times*, June 17, 2016, www.nytimes.com/2016/06/19/upshot/one-economic-sickness-five-diagnoses.htm을 참고하라.

5. 부채 문제에 대한 해결책의 상당 부분은 내가 상원 외교위원회에서 2016년 4월 6일에 발표한 증언에서 인용했다. *The Strategic Implications of the U.S. Debt: Hearing Before the Senate Committee on Foreign Relations*, statement of Richard Haass, President, Council on Foreign Relations, 114th Congress, April 6, 2016, www.foreign.senate.gov/imo/media/doc/040616_Haass_Testimony.pdf를 참고하라.

6. Ed Harris et al., *The 2016 Long-Term Budget Outlook*, July 2016, Congressional Budget Office, www.cloo.gov/publication/51580; The Budget and Economic Outlook: 2016 to 2026, January 2016, Congressional Budget Office, www.cbo.gov/sites/default/files/114th-congress-2015-2016/reports/51129-2016Outlook_OneCol-2.pdf

7. *The Strategic Implications of the U.S. Debt: Hearing Before the Senate Committee on Foreign Relations*, statement of Neera Tanden, President, Center for American Progress, 114th Congress, April 6, 2016, www.foreign.senate.gov/imo/media/doc/040616_Tanden_Testimony%20REVISED2.pdf을 참고하라.

8. 달러의 과거, 현재, 미래의 역할에 관한 심도 있는 분석은 Barry Eichengreen, *Exorbitant Privilege: The Rise and Fall of the Dollar and the Future of the International Monetary System* (Oxford: Oxford University Press, 2011)을 참고하라.

9. 다양한 분석결과로 Jose Signoret et al., *Trans-Pacific Partnership Agreement: Likely Impact on the U.S. Economy and on Specific Industry Sectors*, May 2016, United States International Trade Commission, www.usitc.gov/publications/332/pub4607.pdf와 Peter A. Petri and Michael G. Plummer, The Economic Effects of the Trans-Pacific Partnership: New Estimates, Peterson Institute of International Economics Working Paper Series, January 2016, https://piie.com/system/files/documents/wp16-2_0.pdf 등을 참고하라.

10. Robert Z. Lawrence and Lawrence Edwards, "Shattering the Myths About U.S. Trade Policy," *Harvard Business Review*, March 2012, www.hks.harvard.edu/fs/rlawrence/ShatteringMyths.pdf; Robert Z. Lawrence and Lawrence Edwards, "US Employment Deindustrialization: Insights from History and the International Experience," Peterson

Institute for International Economics, October 2013, https://plie.com/sites/default/files/ publications/pb/pb13−17.pdf; Gregg Easterbrook, "When Did Optimism Become Uncool?," *New York Times*, May 12, 2016, www.nytimes.com/2016/05/15/opinion/sunday/when−did −optimism−become−uncool.html 등을 참고하라.

11. Aaron Smith, Janna Anderson, and Lee Rainie, "AI, Robotics, and the Future of Jobs," Pew Research Center, August 6, 2014, www.pewinternet.org/files/2014/08/Future−of−AI−R obotics−and−Jobs.pdf; Tom Standage, "The Return of the Machinery Question," Special Report: Artificial Intelligence, *Economist*, June 25, 2016, www.economist.com/news/speci al−report/21700761−after−many−false−starts−artificial−intelligence−has−taken−will− it−cause−mass; Michael Chui, James Manyika, and Mehdi Miremadi, "Where Machines Could Replace Humans—and Where They Can't (Yet)," McKinsey Quarterly, July 2016, www.mckinsey.com/business−functions/business−technology/our−insights/where−machin es−could−replace−humans−and−where−they−cant−yet 등을 참고하라.

12. Jonathan Rauch, "How American Politics Went Insane," Atlantic, July /August 2016, www. theatlantic.com/magazine/archive/2016/07/how−american−politics−went−insane/485570/.

13. 이러한 현상을 고전적으로 다룬 분석으로는 Mancur Olson, *The Rise and Decline of Nations: Economic Growth, Stagflation, and Social Rigidities* (New Haven, CT: Yale University Press, 1982)가 있다.

14. 가령 Ryan Lizza, "The Center Is Dead in American Politics," *New Yorker*, October 21, 2015, www.newyorker.com/news/news−desk/the−center−is−dead−in−american−politics; Jane Mansbridge, "Three Reasons Polarization Is Here to Stay," Washington Post, March 11, 2016, www.washingtonpost.com/news/in−theory/wp/2016/03/11/three−reasons−political− polarization−is−here−to−stay/ 등을 참고하라.

찾아보기

혼돈의 세계

옮긴이 **김성훈**

서울대학교 외교학과를 졸업하고 동 대학교 행정대학원 재학 중 외무고시에 합격하여 직업 외교관으로 일하고 있다. 풀브라이트 장학생에 선발되어 하버드 케네디 스쿨에서 공공정책학석사MPP 학위를 받았다. 해외에서는 주미국대사관, 주수단대사관에서 근무했으며, 국내에서는 외교부 북미국, 북핵외교기획단, FTA이행과(한미FTA), 중동과, 다자통상국, 장관보좌관실, 대변인실 등에서 일했고, 청와대 국가안보실에서도 근무했다. 옮긴 책으로 《미국 길들이기》, 《당신은 협상을 아는가》(공역)가 있다.

미국 외교정책과 구질서의 위기, 그리고 한반도의 운명

혼돈의 세계

초판 1쇄   2017년 12월 8일
초판 2쇄   2018년 4월 13일

지은이   리처드 하스
옮긴이   김성훈
펴낸이   전호림
책임편집 박정철
마케팅   박종욱 김혜원
영업   황기철

펴낸곳 매경출판㈜
등록 2003년 4월 24일(No. 2-3759)
주소 (04557) 서울시 중구 충무로 2(필동1가) 매일경제 별관 2층 매경출판㈜
홈페이지 www.mkbook.co.kr   **페이스북** facebook.com/maekyung1
전화 02)2000-2632(기획편집) 02)2000-2645(마케팅) 02)2000-2606(구입 문의)
팩스 02)2000-2609   **이메일** publish@mk.co.kr
인쇄·제본 ㈜M-print 031)8071-0961
ISBN 979-11-5542-765-1(03340)

책값은 뒤표지에 있습니다.
파본은 구입하신 서점에서 교환해 드립니다.

이 도서의 국립중앙도서관 출판예정도서목록(CIP)은 서지정보유통지원시스템 홈페이지(http://seoji.nl.go.kr)와 국가자료공동목록시스템(http://www.nl.go.kr/kolisnet)에서 이용하실 수 있습니다. (CIP제어번호: CIP2017030201)